JN097092

コンビニエンスストアと日本の流通

流通経済論からの分析

加賀美太記
Taiki Kagami

佐久間英俊
Hidetoshi Sakuma

森脇丈子
Takeko Moriwaki

編著

日本の流通

Convenience
Stores and
Distribution
in Japan

はしがき

　日本にコンビニエンスストアが生まれた 1970 年代中盤から、半世紀を迎えようとしている。この半世紀、2 度のオイルショック、バブル景気、阪神淡路大震災、デフレ不況、リーマンショック、東日本大震災、そして COVID-19 の世界的流行と、日本社会と経済は大きな変動を経験してきた。そうした歴史の中で、コンビニエンスストアは本格的な拡大を遂げた 1980 年代から一貫して，日本の流通において重要な存在であり続けた。現在のコンビニエンスストアの店舗数は 5 万店を優に超え、一月当たりの来店客数は 10 数億人に達する。

　しかし、コンビニエンスストアが成長を続けたこの半世紀、その業態の基本に変化がないように見えながら、コンビニエンスストアは時代に合わせて少しずつ仕組みや役割を変えてきた。たとえば、2000 年代初頭には既存店売上高の前年割れが続き、「コンビニ飽和論」が唱えられたが、このときコンビニエンスストアは、女性やシニア層を新たな顧客層として開拓し、上限と言われた 5 万店をあっさりと突破したのである。

　こうした流通側の変化だけでなく、消費社会の構造変化もまた、流通のあり方や役割を変化させる。たとえば、国内小売販売額は 1990 年代以降ほぼ横ばいが続いてきたが、実質国内家計最終消費支出は緩やかながら右肩上がりを続けてきた。ところが、2010 年代になるとこれが横ばいに転じた。人口構成における少子化・高齢化の進展、不安定就業者の増大と賃金の伸び悩みが主な引き金となる様々な格差拡大が背景にあると考えられるが、これらは流通過程における売買の困難化をもたらしている。

　また、都市化とモータリゼーションの進展、その反対としての地方都市の過疎化は、大型ショッピングモールに代表される大手小売業の手による商業集積を拡大させた。一方で、小商圏型の商店街や地方スーパー、さらには地方問屋の淘汰が進んだ。結果として、過疎地域だけでなく、地方都市や大都市中心部においても、日常の買物にも困難をきたす「買物困難者」問題が全

国各地で深刻化している。

　こうした新しい消費社会では、可処分所得の引き下げや消費の細分化等による生産しても売れないという消費の制限がますます露わになることで、資本としての活動が厳しくなることが予見される。にもかかわらず、流通業には社会の公器として、売買に留まらず、多様な役割が社会から期待されている。多くの流通業が現実への対応に苦慮する一方で、一時の飽和論を克服し——飽和論が再び唱えられているが——、日本の小売業としては例外的に高い利益率を確保し、種々の問題を抱えながらも社会インフラとしての立ち位置を確立したのが、現代のコンビニエンスストアである。

　コンビニエンスストアのあり方からは、変化する消費社会に適応することで、しぶとく成長を遂げる資本の生命力、あるいは現代社会における流通の新たな役割を垣間見ることができよう。反面、コンビニエンスストアには、現代社会の様々な局面に通底する多くの問題が内包されている。過剰な食品ロスや長時間営業による地球環境への負荷、フランチャイズチェーン本部とオーナーとの対立、流通労働の過重化など、コンビニエンスストアは現代の日本社会とその流通過程を集約して映し出す「鏡」でもある。

　本書は大学生や流通に関心を持つ初学者向けのテキストとして活用されることを意図している。生産と消費の架橋を使命とする流通は、その役割ゆえ多様な主体が関わることになり、分析対象となる現実もまた多岐にわたる。本書ではそうした現実の諸側面を取り上げつつ、切り口についてはコンビニエンスストアに絞ることとした。現代日本における流通の代表例となったコンビニエンスストアを視点に据えることによって、流通の多様な諸側面がより明確に描き出せると考えたからである。もちろん本書だけで現実の流通の全てが学べるわけではなく、関心に応じて他のテキスト等にも当たっていただければ幸いである。また、執筆者一同より一層研究を進め、その成果を発信する努力を続けたい。

　本書は、執筆者らが続けている流通研究会による 3 冊目の出版企画である。同研究会は故・上野俊樹先生（立命館大学名誉教授、経済学）の研究会に参加していたメンバーが仲上哲（阪南大学）を中心として集まり、1997 年 11 月

に研究会活動を開始した。その後、多様なメンバーが加わって現在に至る。マルクス経済学をベースにして現代資本主義の流通過程を科学方法論に基づいて把握することを主たる目的として、分野を超える多様な先行研究の検討と、実態調査を繰り返してきた。

　2009年に1冊目である『「失われた10年」と日本の流通』（文理閣）を出版した後、2冊目である『国際比較によるプライベートブランド商品概念の再検討』（ふくろう書房、2020年、平成28年度科学研究費助成事業〔課題番号：16K03965〕最終報告書）と並行して3冊目の企画、上野先生の没後20年企画と位置づけて取りかかった。しかしその過程で、研究会の支柱であった仲上が2021年4月に不帰の客となったこともあり、20年目からは3年遅れの出版となった。

　なお、仲上は当初から社会矛盾に目を向け、独占資本による流通支配や流通の社会的役割については特別の問題意識を持っていたが、本書の企画内容が具体化された2018年頃から、とくに公益概念に着目して日本におけるコンビニエンスストアを検討してきた。この問題意識は、少子化・高齢化という人口動態による社会変化、さらに頻発する自然災害に対応する流通の役割としての公益の意義が増す現在、大きな意味を持つ。今後の研究会において、引き継いで検討を進めたい。

　最後に、厳しい出版事情の中、本書発刊に尽力いただいた文理閣の黒川美富子代表、山下信編集長に深く御礼申し上げたい。

2024年3月　編者一同

コンビニエンスストアと日本の流通

目　　次

第*1*章

現代日本における流通と
コンビニエンスストア

はじめに

　日本産業分類は、コンビニエンスストアを飲食料品小売店と定め、セルフサービス方式を採用し、売場面積 30㎡以上 250㎡未満、営業時間 14 時間以上の業態として定義している。このコンビニエンスストアが日本で普及を始めてから半世紀近くが経った。日本経済が長引く不況と低成長に苦しんだ 1990 年代以降も、コンビニエンスストアは一時の停滞こそあれ継続的に成長し、現在では日本の流通業ひいては小売業における主たるプレイヤーとしての地位を確たるものとしている。

　しかし近年、日本の人口動態や経済環境の変化がコンビニエンスストアの成長に影を落としており、結果として成長によって覆い隠されていた問題が社会的に注目を集めるようになっている。2019 年 6 月には経済産業省において「新たなコンビニのあり方検討会」が開かれ、2020 年 2 月に『「新たなコンビニのあり方研究会」報告書〜令和の時代におけるコンビニの革新に向けて〜』がまとめられた。報告書では、「私たちの生活や消費財のサプライチェーンにとって必要不可欠な存在となっているコンビニの持続的な発展は、個別企業の経営問題という範囲を超えた課題となっている。(1 ページ)」とコンビニエンスストアの社会的な立ち位置を捉えた上で、「持続的発展のためにコンビニが進むべき道はどこにあるか、というビジョンを提示することとしたい。(1 ページ)」と議論の目的を述べている。本報告書がまとめられたという事実そのものが、コンビニエンスストアという業態のあり方が小売業や流通業界内の問題だけではなく、現代の流通を考察する際になぜコン

ビニエンスストアをその代表として捉えるべきなのかという問いへの答えにもなっているといえよう。

　本章は以下、3つの節で構成される。第1節では、日本のコンビニエンスストアの現状を概観した上で、先行研究を基にコンビニの成長要因を整理する。第2節では、現代の日本における流通と、その中におけるコンビニの役割を検討する。第3節では、そうした役割を果たしていくにあたり、現在コンビニが直面している課題を整理する。

1　現代日本におけるコンビニエンスストア

(1) 2023年現在のコンビニエンスストアの概要

　2005年以降の国内コンビニエンスストアの期末店舗数と全店舗売上高の推移を示したグラフが図1である。2005年には約4万店舗だった国内店舗数は2014年に5万店舗、2017年には5万5千店舗を超えるまでに拡大している。ただし、2019年・2022年は前年比減となっており、直近6年間は5万5千店台で推移しており、以前に比べて、店舗数の増加ペースは減じている。一方、全店舗売上高は2005年の約7兆から約11兆円へと増加した。この間の売上高は、コロナ禍の影響を受けた2020年を除き、いずれも前年比で増加を続け、2022年には過去最高となる11兆1,775億円を記録した。こうした数字からは、コンビニエンスストアが2010年代以降も成長を続けてきたことが確認できよう。

　次いで、流通業界におけるコンビニエンスストアの存在感を確認するため、売上高について『商業動態統計』に基づき小売業の他業態と比較しよう（図2）。日本の小売業の歴史を振り返ると、戦後長らく百貨店が業態別売上高において首位の座にあったが、1995年にスーパーマーケットが百貨店の売上高を上回り、首位の座を維持している[1]。一方、コンビニエンスストアは1998年に商業動態統計に計上されて以降、右肩上がりの成長を続けてきた。2008年には売上高が低迷する百貨店を上回り、現在ではスーパーマーケット（約15兆円）に次いで第2位となっている[2]。

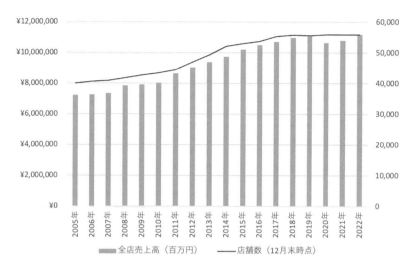

図1　国内コンビニエンスストア全店売上高および店舗数の推移
出所）日本フランチャイズチェーン協会『コンビニエンスストア統計調査時系列データ』
　　より作成。

　コンビニエンスストアの業界構造を見ると、1970 年代当初は多くの企業によって業界が構成されていたが、徐々に淘汰・再編が進み、現在ではセブン‐イレブン、ファミリーマート、ローソンの大手 3 社が圧倒的なシェアを持っている。大手 3 社のうち、業界トップはセブン‐イレブンである。コロナ禍直前の 2019 年には年間売上高で 5 兆円の大台を突破し、2022 年のチェーン店の合計売上高は約 5 兆 1 千億円に達し、店舗数も 2 万 1 千店を超える。業界第 2 位のファミリーマートは店舗数約 1 万 6,533 店、売上高は約 3 兆 2 千億円となっており、第 3 位のローソンが店舗数約 1 万 4,631 店舗、売上高約 2 兆 7 千億円で続いている（表1）。これら 3 社の売上高の合計は 10 兆円を優に超え、コンビニエンスストア業態における売上高の 9 割以上を占める。
　これら大手 3 社に次ぐのがミニストップ、セイコーマート、山崎製パン（デイリーヤマザキなど）であるが、これら 3 社の売上高はそれぞれ 1,500 億円〜3,000 億円程度、店舗数も 1,200 店舗〜 2,000 店舗程度に留まり、大手 3 社との差は極めて大きい[3]。地盤である北海道内において高いシェアを持ち、地

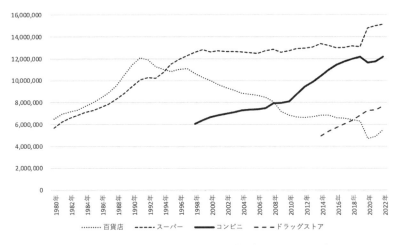

図 2　小売業態別市場規模の推移（単位：百万円）

出所）経済産業省『商業動態統計調査』より作成。

域内における競争優位を確立しているセイコーマートという事例こそあれ、基本的に国内のコンビニエンスストア業界は、前述の大手 3 社が激しく競い合う寡占構造にあると言えよう。

(2)　日本型コンビニエンスストアの形成と発展

　日本における主要な流通業へと成長したコンビニエンスストアだが、業態としての誕生は 1920 年代末のアメリカだったとされる（川辺 2003：32）。これが 1970 年代から本格的に日本でも導入されはじめ、1980 年代にかけて全国へと広がっていった。

　大手 3 社も、この時期にそれぞれコンビニエンスストア事業を開始した。共通点は、いずれもスーパーマーケットを母体として出発したことである。1974 年に第 1 号店を東京・江東区豊洲に出店したセブン - イレブンはイトーヨーカ堂を母体としており、1975 年に大阪・豊中市で 1 号店を出店したローソンもダイエーが母体であった。1973 年に埼玉県狭山市で 1 号店を開店したファミリーマートもまた、西部流通グループ（セゾングループ）のスーパー事業を展開していた西友ストアー（現西友）が経営母体であった[4]。

表1　コンビニエンスストア主要3社の概要

	セブン-イレブンジャパン		ローソン		ファミリーマート	
	全店舗 年間売上高 （億円）	期末 店舗数 （店）	全店舗 年間売上高 （億円）	期末 店舗数 （店）	全店舗 年間売上高 （億円）	期末 店舗数 （店）
1980 年度	1,535	1,040	213	225	82	74
1990 年度	9,319	4,235	5,100	3,770	3,234	1,908
2000 年度	20,466	8,661	12,754	7,683	9,609	5,812
2010 年度	29,476	13,232	16,828	9,853	15,416	8,248
2018 年度	48,988	20,876	27,389	14,659	31,752	16,430
2019 年度	50,102	20,916	28,200	14,444	31,617	16,611
2020 年度	48,706	21,167	25,433	14,476	29,452	16,646
2021 年度	49,527	21,327	26,174	14,656	30,297	16,569
2022 年度	51,487	21,402	27,429	14,631	31,517	16,533

出所）「コンビニエンスストア調査」各年度版（『日経流通新聞』『日経 MJ』各号）より作成。

　しかし1970 年代といえば、大型店舗の中に食料品や日用品、衣料品、住居関連品などを総合的に品揃えし、ワンストップ・ショッピングを実現した総合スーパーが成長していた時期である。なぜ各社は正反対の業態ともいえるコンビニエンスストア業態に参入したのか。その理由は、既存の零細・中小小売業との摩擦から生じた総合スーパーへの規制強化であった。1974 年には大型店の出店を規制する大規模小売店舗法（大店法）が施行された。総合スーパー業態を取り巻く競争環境が厳しさを増す中、各企業が模索していた時代に対応した新たな業態の1つとして、コンビニエンスストアへの参入が図られたのである（川辺 2003：32、田村 2014：61-69）。

　なお、総合スーパー業態は1980 年代から低迷をはじめ、1990 年代には専門量販店やショッピングセンターといった競合の登場により売上高を急速に低下させていく。1998 年には西友がファミリーマート株を伊藤忠商事に譲渡し、ダイエーも 2000 年にローソン株を三菱商事へと譲渡した[5]。セブン-イレブンでも、低迷する他業態とコンビニエンスストア事業を分離して、株主価値を高めるべきだと主張する主要株主と経営陣が対立する事態が生じて

いる[6]。

　新たな競争環境への適応に苦しんだ総合スーパーとは異なり、コンビニエンスストア業態は歴史的に形成された日本的流通システムに適応しつつ、同時に経済成長にともなう消費者のライフスタイルの変化にも適応することに成功した。この適応力こそが、日本のコンビニエンスストアの大きな特徴である。

　実際、アメリカで生まれた、コンビニエンスストアという概念が、日本にそのまま導入されたわけではなかった。小売業は極めてドメスティックな事業であり、各国の歴史に規定された独自の性格をもつからである（川辺2003：195）。たとえば、アメリカでは、国土が広大であることから住居費用が安く、そのため消費者の家庭内在庫費用が少なかった。消費者の自動車利用率も高く、移動費用も低かったことから、アメリカの流通システムには国土における小売店舗密度が低いという特徴があった。一方、日本では住居が狭いため家庭内在庫費用が高く、自動車利用率が低いことから消費者移動費用も高く、結果として小商圏に小売店舗が多数存在するという流通システムの特徴があった（成生1993：243-244、谷ヶ城2015：27）。もともとアメリカでコンビニエンスストアが成長した要因は、アメリカの流通システムの特徴に対して、消費者が不便を感じていたためだとされる。しかし、反対に日本では小売店舗は多数存在しており、しかも1980年代まで増加を続けていた（川辺2003：124-125）。流通システムをめぐる相違から、日本のコンビニエンスストアは、アメリカとは異なる独自の特徴を形成していった。

　では、日本の流通システムに適応したコンビニエンスストアの特徴とはいかなるものだろうか。一つ目は日本的なフランチャイズチェーン・システム（以下、FCシステム）の活用である。前述の通り、日本の流通システムは小売店舗の数が多いという特徴があり、しかもそれらの小売業は中小・零細規模であり、近代的な大型小売店に対して著しく弱い立場に置かれ、自らの将来に不安を抱いていた。すなわち、日本には潜在的なフランチャイジー（加盟店）が多数存在していたのである。FCシステムには、既存店舗を加盟店舗に転換するため、本部の投資負担が小さく、かつ早期に多店舗展開できる

というメリットがある。店舗数の拡大は本部の仕入力を増大させ、その後に続く物流・情報システムの高度化・効率化の基盤となった（谷ヶ城 2015：31）。つまり、コンビニエンスストアが急速に店舗網を拡大しながら成長した背景には、伝統的な日本の流通システムのもとで形成された多数の中小・零細小売店舗の存在があったのである。

　さらに日本の FC システムは粗利益分配方式と呼ばれるロイヤリティ徴収システムを採用している。これはセブン - イレブン・ジャパンがアメリカのサウスランド社と提携してコンビニエンスストア事業を日本に導入した際に、維持された数少ない概念の1つである（川辺 2003：196）。セブン - イレブン・ジャパンに続き、大手各社が相次いでこの方式を採用したことで、現在ではコンビニエンスストア業界における標準的な仕組みになっている[7]。

　粗利益分配方式では各加盟店の粗利益に基づいてロイヤリティが本部に支払われる。本部が収益を上げようとすれば、加盟店の個店経営を積極的に支援し、売上だけでなく粗利益も高めることが望ましい。そのため、本部は加盟店への様々な支援を展開した。近代的な経営への対応を図っていた中小・零細規模の小売業にとって、FC 本部から手厚い経営支援を受けられるこの方式の意義は大きかった（高岡 1999：61-62）。

　また、粗利益分配方式では、各店舗の粗利益の拡大が本部・加盟店双方にとっての目標となる。本来 FC システムの加盟店は独立した経営主体であって、多店舗展開が進むにつれ、加盟店間で売上確保のために価格競争が生じる可能性を含んでいる。しかし、粗利益分配方式の下で、個々の加盟店において売上ではなく粗利益が重要視されたことで、加盟店同士の価格競争が避けられることになった（河田 2013：60）。

　日本で形成されたコンビニエンスストアの第2の特徴は、高度な情報システム、およびそれを現実のものとする仕入・物流システムの構築である。FC システムによる多店舗展開で仕入力を強化した本部、とくにセブン - イレブンは先駆的に情報化を推進した。コンビニエンスストアが消費者から評価されたのは、近隣立地・長時間営業と、必要十分かつ魅力的な品揃えによって、消費者に高い利便性を提供した点にある。しかし、コンビニエンススト

8

アの売場面積は狭く限られているため、品揃えを厳選し、在庫を圧縮しなければならない。そのためには、まず品揃えの中から「売れ筋」と「死に筋」を見極める必要がある。セブン - イレブンでは、決済端末である POS（販売時点情報管理）レジを導入し、発注端末・在庫管理端末を本部とつなげたネットワークを構築した。このネットワークを通じて収集されるデータを商品一つ一つの単位、つまり「単品」まで徹底して分析することで、売れ筋商品の追及と死に筋商品の排除を実現したのである（川辺 2003：168）。

　しかし、いくら情報化が進み、消費者ニーズと売れ筋商品が明らかになったとしても、その商品が必要なときに店頭に並んでいなければ意味がない。この点に関して、コンビニエンスストアは仕入と物流の両面で対応した。仕入れについては、メーカーや卸売・問屋との協業体制を構築した。メーカーはコンビニエンスストアの販売量が拡大すると、コンビニエンスストア専用工場を新たに新設するなどして、商品力と供給力を高めながら、タイムリーな商品提供を実現していった（田村 2014：153-154）。物流面でも、複数メーカーの商品の共同配送や多頻度小口配送と呼ばれる仕組みを導入した。とくに後者は少量の商品を多頻度で各店舗に配送する仕組みであり、コンビニエンスストアにとって欠かすことのできない物流制度である。店頭から商品がなくなっても、すぐに商品が補充されるため、店舗内在庫を圧縮しつつ、鮮度の優れた商品をタイムリーに陳列することが可能となる。この多頻度小口配送では、配送先の店舗間の距離は近い方が望ましい。多頻度小口配送では基本的に 1 店舗当たりの積載商品量が少なくなるため、店舗間の距離が遠くなればなるほど、輸送効率が悪化するからである。この解決のために、コンビニエンスストア各社はドミナント戦略と呼ばれる出店戦略を採用した。ドミナント戦略とは一定のエリアに店舗を集中して出店する戦略であり、これによって一店一店の商品量は少なくとも、近隣店舗を合計すれば多頻度小口配送でも十分効率的となる商品量を確保することができたのである[8]。

　第 3 の特徴は消費ニーズへの徹底した対応と、それに応じたサービスの拡大である。1970 年代後半以降、コンビニエンスストアは年中無休と長時間営業、とくに 24 時間営業体制を構築してスーパーに対抗してきた。しかし、

1990 年代に入ると日米構造協議の影響を受けて、大店法による各種規制が大幅に緩和され、スーパーなどの大型店の営業時間が延長されるようになった。こうしてコンビニエンスストアの特徴であった長時間営業という利便性が、以前よりも相対的に低下することになった[9]。そうしたなかで、コンビニエンスストアはいっそう多様な利便性を消費者に提供する道を模索していく。たとえば、公共料金の収納代行業務、マルチメディアステーションなどと呼ばれる情報端末を活用したチケットなどの取扱い、宅配便の取次、店舗内への ATM の設置、行政の各種証明書の交付、一般医薬品の取扱いの拡大や宅配便の受け取り拠点化など、現在コンビニエンスストアが提供しているサービスは実に多岐に渡る。近隣立地・長時間営業という利便性を最大限に生かしつつ、次々と多様な利便性を提供することで、コンビニエンスストアは消費者の生活ニーズを充足し、他業態との競争に打ち勝ってきたのである。

　このようにして、日本のコンビニエンスストアは幾度かの停滞期を経験しながらも、長期にわたる成長を続けてきた。しかし、現在では成長を支えた要因のいくつかが機能不全に陥り、むしろ矛盾を生み出す状況が生まれている。コンビニエンスストアの成長要因がどのような矛盾に直面しているかは、第 3 節で改めて検討するとして、次節ではそうした状況を生み出した日本の経済環境、および流通とコンビニに求められている役割を確認しよう。

2　現代日本における流通とコンビニエンスストアの役割

(1) 現代日本の経済情勢と流通の役割

　2000 年代から続く日本経済における深刻な問題は、デフレの長期化と賃金上昇の停滞であった。その端緒は 1990 年代初頭のバブル経済の崩壊である。バブル経済の崩壊後、供給過剰の是正、とりわけ過剰商品の低価格販売による対応が図られたことで、1991 年から消費者物価上昇率が低下をはじめた（仲上 2009：3）。1990 年半ばには物価上昇率は上昇に転じたものの、1997 年の消費税率の引き上げ、さらに雇用の不安定化を背景として消費支出の伸びが止まり、物価上昇率は再び減少へと転じた（仲上 2009：7）。2000

年代に入ると、新自由主義政策による規制緩和が進展し、さらにグローバル化による世界的な供給過剰などが重なり、物価上昇率は低位で推移することとなった（図3）。

　持続的な物価下落現象であるデフレは、将来的な価格低下を見越した消費の先送りや企業間の厳しい価格競争を引き起こす。そのため企業業績は悪化し、労働者の賃金上昇の抑制もしくは低下が生じる。賃金および可処分所得が増えなければ、消費者でもある労働者は消費をさらに先送りするか、もしくは抑制せざるを得ない。こうしてさらに消費が縮小し、小さくなるパイを奪い合うために価格競争が激化し、企業業績は低迷を続ける。デフレ下で起こる一連の悪循環はデフレスパイラルとも呼ばれ、バブル崩壊から続く日本の経済成長の足かせであるとされてきた[10]。

　2000年代以降の経済環境に対応するために、流通業、とくに小売業では様々な業態が低価格販売を推し進めた。消費が縮小するデフレスパイラルの渦中にあって、小売業が売上高を確保するためには、商品の販売価格の引き下げが必要だったからである。低価格販売を進めた業態は消費者からの支持を集め、衣類や家電の専門量販店などが大きく成長を遂げた。小売業における低価格販売の追求は、労働力価値の構成要素である生活必需品全般の価格を引き下げ、デフレスパイラルの中で生じる雇用の不安定化や賃金低下にともなう問題を緩和させるという性格を有していた。このような2000年代以降において流通が果たした役割は「デフレ支援」と呼ぶこともできる（仲上2009：6）。

　政策面においても、流通規制の代表的存在であった大店法が2000年に撤廃され、2000年代前半には輸出入通関手続などの簡素化・迅速化が進み、輸入を活用した低価格化を実現できる環境が整えられた。

　しかし、流通の基本的な役割は、生産と消費を橋渡しすることにある。流通が介在することで、社会的流通費用と社会的流通時間が節約され、結果として社会全体が豊かな消費を享受できる。とくに日本の消費者は「世界一タフな消費者」と言われるほど、要求水準が高いことで知られている（三浦2013：19）。こうした消費者に対応するために、日本の流通は良質の商品を、

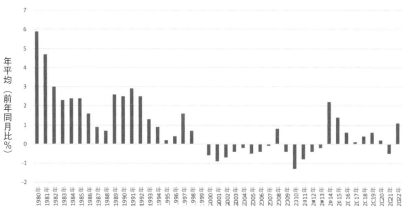

図 3　消費者物価指数の推移

出所）総務省『2020 年基準 消費者物価指数』より作成。

多品種取り揃えて、消費者の近くで販売する、きめ細やかな流通システムを形成してきた（仲上 2009：9）[11]。ところが、2000 年代以降に求められた徹底的な低価格販売を実現するためには、コスト削減が不可欠である。コスト削減を進めれば、きめ細やかな流通を維持することは困難になる。しかし、日本の消費者は「世界一タフな消費者」であり、安易に流通の品質・利便性を低下させた場合、個々の流通業の売上は大きく減少する[12]。そのため、この時期以降の流通業は、消費者を満足させる高コストな流通システムを維持しながら、同時に低価格販売を追求するという、とくにコスト面で相反する課題に直面したのである。

　この課題の解決手法は、徹底的な生産性の向上、あるいはコスト負担を外部転嫁することの 2 つである。逆にいえば、2000 年代以降に成長した小売商業は、先述したような政策的な後押しを最大限活用しながら、解決策のいずれか、あるいはその両方を実現する条件を持っていたことになる[13]。

(2) コンビニエンスストアに求められた役割

　2000 年代以降の日本の流通に期待された役割は、低価格販売によるデフレ支援と呼べるものであり、それに応えた専門量販店のような小売業が成長

を遂げてきた。では現代日本における流通の主要プレイヤーであるコンビニ
エンスストアも、専門量販店などと同じ役割を担ってきたと言えるだろうか。
2000 年代以降のコンビニエンスストア各社の動きを見てみると、低価格販
売によるデフレ支援という役割だけでなく、コンビニエンスストアに求めら
れた独自の役割、そして社会からの期待を垣間見ることができる。

　たとえば、コンビニエンスストアの平均客単価の推移をみると、2005 ～
2010 年にかけて平均客単価は低下したが、2011 年以降は反発して上昇が続
いていることがわかる（表 2）。

　また、2000 年代以降の小売業の低価格化を支えた重要な戦略がプライベー
トブランド（PB）商品の採用である[14]。コンビニエンスストアも 2000 年代半
ばから PB 商品を導入してきたが、2010 年にセブン - イレブンが高価格帯
PB である「セブンプレミアムゴールド」を投入して以降、コンビニにとっ
ての PB は他ブランドとの差別化を意図したものとしての性格を強めている
（緒方・田口 2013：36、64-65）。

　こうした事実からは、2000 年代のデフレ下において、コンビニエンスス
トアも低価格化対応を強めてきたが、2010 年代からはそれとは異なる対応
も探っている様子を伺うことができる。

　一方、コンビニエンスストアが果たしたデフレ支援以外の役割としてあげ
られるのが、可処分所得以外の消費者の消費資源の節約、たとえば可処分時
間の節約への貢献である。従来からコンビニエンスストアの差別化要素は、
多様なサービスの提供による高い利便性であった。これが 2000 年代以降、
正規労働者の長時間労働、女性の社会進出による共働き家庭の増加などで高
まった消費者の時短ニーズを捉え、消費資源の一つである可処分時間が減少
するなかで必要な消費活動を実現する役割を果たしたのである。

　さらに、こうした多種多様なサービスによって、社会や人々の生活を支え
る基盤であるインフラストラクチャとしての役割が、コンビニエンスストア
に期待されるようになっている。少子化・高齢化や経済の低成長が続いた日
本社会では、公共サービスの縮減や公共的な性格をもつ企業活動の合理化に
よって、生活の基盤そのものが毀損されつつある。コンビニエンスストアは

表 2　コンビニエンスストアの平均客単価の推移

	全店	前年増減比	既存店	前年増減比
2005 年	597.1	–1.2%	590.6	–1.2%
2006 年	593.8	–0.6%	589.8	–0.7%
2007 年	588.8	–0.8%	585.3	–1.1%
2008 年	591.5	0.5%	586.0	0.2%
2009 年	578.6	–2.2%	572.8	–2.5%
2010 年	577.1	–0.3%	570.6	–0.7%
2011 年	605.2	4.9%	597.7	4.5%
2012 年	605.8	0.1%	600.0	0.2%
2013 年	606.4	0.1%	596.8	0.2%
2014 年	606.1	0.0%	600.2	0.2%
2015 年	609.0	0.5%	601.2	0.7%
2016 年	611.8	0.5%	605.6	0.9%
2017 年	618.2	1.0%	611.5	1.5%
2018 年	629.2	1.4%	619.1	1.9%
2019 年	639.3	2.0%	632.6	2.1%
2020 年	670.4	6.4%	673.2	6.4%
2021 年	692.1	3.2%	694.9	3.2%
2022 年	711.5	2.8%	715.0	2.8%

出所）日本フランチャイズチェーン協会『コンビニエンスストア統計調査
　　　時系列データ』より作成。

あくまで小売業の競争行動として各種証明書の交付のような行政サービスの
代行や公共料金の収納代行、金融機関の ATM 設置・運用などを進めてきた。
ところが、前述のような社会環境において、公共的機能の一部を代替すると
いう、一種の公益を実現する存在としてコンビニエンスストアは捉えられる
ようになっている。こうした公共的な役割が、新たなコンビニエンスストア
の役割である。

3　現代日本の流通とコンビニエンスストアが直面する課題

(1)　市場と競争環境の変化への対応

　前節において 2000 年代以降の日本の流通に求められた役割と、その中におけるコンビニの意義について論じた。その上で、2020 年代初頭の市場環境はコンビニに対応を迫る課題を突き付けている。

　第 1 は、さらに進む国内人口の縮小と低成長が続く国内市場への対応である。2022 年の日本の合計特殊出生率は 1.26 となり、出生数も約 77 万人となった。経済成長率も新型コロナウイルス感染症（COVID-19）の影響もあって 1.1％に留まった。人口減少と国内経済の低成長という状況のもと、流通業においても限られたパイを奪い合う競争が激化している。コンビニエンスストアの店舗数も、図 1 で確認した通り 2017 年～ 2022 年にかけては横ばいが続いており、国内における出店余地が縮小している可能性がある。コンビニエンスストアにとって、店舗網を構成する加盟店は成長を支える根幹でもあり、これの維持と拡大が求められている。

　さらに、近年コンビニの成長に影響を与えていると指摘されるのが、ドラッグストア業態の伸長である。ドラッグストアは 2000 年代から店舗数の拡大を続け、2018 年には 2 万店舗を超え、2020 年には売上高も 8 兆円を突破した。ドラッグストアは、第一類医薬品という専門性の高い商品や化粧品などの嗜好性が高い商品を中心に、広く飲食料品や日用雑貨などの生活関連商品も品揃えし、比較的小規模の店舗でありながらワンストップ・ショッピングを実現し、粗利益率の高い医薬品や健康食品で収益性を確保しながら、食品や日用雑貨を低価格で販売する点を強みとしている（島永 2018：143）。価格競争力と利便性を兼ね備えた業態であり、コンビニの有力な競合となっている。

　こうした国内市場の縮小やコンセプトの重なる競合業態の登場は、コンビニの成長要因そのものに対する挑戦であり、これらをいかに克服していくかが、現在のコンビニにとっての重要な課題である。

　対応を迫られている第 2 の課題は、地域経済の担い手としての流通業への

期待に応えることである。都市への人口集中と地方経済の疲弊は、地域における消費や生活基盤そのものを弱体化させている。実際に、中小零細小売業・卸売業の減少と地方都市中心部における商業施設などの閉鎖によって、豊かな消費生活を送ることが困難になっている地域は少なくない[15]。

　こうした問題に対して、解決に貢献する小売業として期待されているのがコンビニエンスストアである。コンビニエンスストアは各種公共サービス代行を展開しており、小売業としてみても小規模ではあるが十分な品揃えを持っている。疲弊する地方における消費や生活上の各種ニーズに対応する存在として、コンビニエンスストアへの期待は高まっている。ここに商機を見いだし、行政やスーパーなどと連携しながら人口減少地域へと出店し、地域住民の生活を支える役割を担おうとする事例も現れている[16]。

　ただし、一般的にコンビニエンスストアの出店目安となる商圏人口は約3千人とされているが、9割以上の店舗でこの商圏人口を下回っているとされる[17]。いわゆる買い物困難地域など、厳しい商圏であっても採算が取れるような仕組みを、行政や他業態との連携によって模索していくことも、公共的な役割を求められるようになったコンビニエンスストアにとっては重要な課題と言えよう。

(2) 消費者の変化への対応

　コンビニエンスストアが対応すべきもう1つの変化は、消費者意識の変化、とくにSDGs（持続可能な開発目標）やエシカル（倫理的）消費といった、社会志向の高まりである。前者は2015年9月の国連サミットで加盟国の全会一致で採択された国際目標であり、後者は日本では2010年代前半、とくに東日本大震災の影響で広がった、商品やサービスを選択する際に、購入先の社会貢献や社会規範を考慮する消費行動を意味する。安価であることや、高品質といった条件だけでなく、こうした社会的な影響を消費行動において意識する消費者が拡大しており、とくに若年世代にSDGsやエシカルへの感度が高いと言われる[18]。

　消費者が消費における社会的影響を意識するようになったことで、これま

でのコンビニエンスストアの強みになってきた要素に対して、消費者からの眼差しが厳しいものに変わりつつある。たとえば、オーナーや労働者に負担を強いる粗利益分配方式や24時間営業、あるいは食品の大量廃棄や24時間営業による環境負荷があげられる。

いずれもコンビニエンスストアの強さに直結しており、仕組みの見直しや新技術の導入による解決が急ピッチで模索されている。たとえば、ファミリーマートやローソンでは、無人化・省人化店舗システムの確立や、24時間営業以外の営業形態をオーナーが選択できるようにしたり、節分の恵方巻や土用丑の日の鰻といった季節商材の予約販売を進めている。各社はコンビニエンスストアとしての強みを活かしながら、社会志向を高めた消費者からの厳しい眼差しに耐えうる事業構造への変革を模索している。

(3) 矛盾に直面するコンビニエンスストア

前述のような社会・経済環境と消費者意識の変化に対応するために、コンビニは自らの競争優位を支えた仕組みを変化させざるを得なくなっている。改めて、この点について整理しておこう。

まずFCシステムについては、活用しうる既存小売店舗と出店余地が減少しつつある。その結果、フランチャイジーとなる小売店舗を大手チェーン間で奪い合う競争が激しくなっており、アメリカ同様に大手チェーン本部が土地・建物などを用意して、オーナー希望者へと貸し出すリース型が拡大するなど、店舗網の拡大にかかるコストとリスクが増加している。加えて、店舗網の拡大によって、商圏が重なるチェーン店舗間の競争が激化するなど、ドミナント戦略における弊害が顕在化しつつある。既存店舗の売上高の伸びも停滞する中で、粗利益分配方式による本部・加盟店間のギャップは、両者に深刻な対立を誘発している。

店舗運営に目を向ければ、PB商品やオリジナル商品の拡大が顕著である。消費者と直に接する小売業が収集した膨大な購買データと、圧倒的なバイイングパワーを背景とした低価格は顧客ニーズにも適応的であり、コンビニエンスストア各社は明確にPB商品やオリジナル商品の強化を推し進めてい

る。コンビニエンスストアにとって、高い粗利益を実現できるチェーンの独自商品は生命線である。しかしながら、PB商品やオリジナル商品に依れば依るほど、店舗内の品揃えの多様性は低下する。いかにコンビニの強みが多品種小品目であったとしても、PB商品ばかりとなった売場が顧客から選好されるかは不透明である。PB商品の競争力を高めつつ、バラエティに富んだ売場をいかにつくるかという、相反する追及が続いている。

　そして、多様な消費者ニーズへの対応として展開されている多様なサービス提供による負担が増している。拡大したサービスは店舗への集客効果を発揮する一方で、利益率は食品部門に比べて高くない（後藤 2019：21）。コンビニエンスストアの店舗労働では複数業務の同時進行が定常化しており、その業務内容も複雑化している。加えて、人手不足のもとで24時間営業の負担が拡大する構造が生まれている。こうした情勢でありながら、店舗間競争と物流効率化の観点から24時間営業からの撤退は困難であり、いかに効率的な運用をなしていくかが問われている。

(4) 2010年代以降のコンビニ各社の戦略

　一連の課題に対して、2010年代以降のコンビニエンスストアはいかなる成長戦略を描いているのだろうか。本章の最後に、大手3社の現在の戦略の方向性を確認しておこう。

　近年、コンビニFCの基幹である店舗網の拡大が難しくなっていることは前述した通りである。そのなかで、大手3社は重点戦略としてPB商品とオリジナル商品の強化を図っている。ただし、その対応方法は一律ではない。たとえば、セブン‐イレブンは2020年に価格均一店のダイソーと提携して店舗内にダイソー専用コーナーを設け、またイトーヨーカ堂の低価格PB商品「ザ・プライス」を導入して低価格対応を強化している[19]。低価格帯をダイソーブランドとセブンプレミアムとは切り離した別PBで補うことで、「セブンプレミアム」の高品質イメージを維持する棲み分けを狙っていると考えられる。ローソンも2020年から良品計画と提携し、「無印良品」の低価格帯商品の取扱いを試験的に開始した。2023年には全店舗に拡大する計画だと

いう[20]。両社に共通するのは、他資本の経営資源を利活用することで、自店舗の競争優位を高めようとする戦略であり、単一資本による価格競争対応が困難を極めている状況が伺える。なお、ファミリーマートは商品レベルの提携は行っていないが、親会社である伊藤忠商事のバイイングパワーを活かした自社PBの再設計を進めている[21]。

さらに、ファミリーマートとローソンは店舗網拡大において、他業態と連携した一体型・融合型の店舗を出店している。薬局・ドラッグストアや地域スーパー、あるいは各地のJAとの連携が中心となっており、狙いはコンビニでは取り扱えない医薬品や多数の生鮮食品を品揃えすること、さらに単独では出店が厳しい地域への出店を図ることにある。その他にも、セブン‐イレブンを含め、店舗網拡大のために、より小さな商圏に対応可能なフォーマットを開発している。JRや各私鉄のキオスクのコンビニブランドへの置き換えや、工場・学校・病院内などにも設置可能な自動販売機型の導入などが、こうした取り組みの代表例である。

これらは各社の戦略のごく一部ではあるが、基本的に自らの強みであるチェーン展開の維持とPB・オリジナル商品の拡充による競争力強化を主軸に据え、新しい環境に適応しようとする方向性だと考えられる。

おわりに

私たちが生活で実感しているように、コンビニエンスストアは現代の日本社会・経済において欠かすことのできない役割を果たす一方で、業態としては重大な局面を迎えている。問われているのは、既存の優位性を維持しながら、現代の社会・経済に適応した収益源をどこに求めるのか、という問題である。コンビニエンスストアはこれまでも消費者ニーズや社会変化に適応してきた業態であり、その意味では古くて新しい問題であると言えよう。現在、大手3社を中心とした対応の方向性は、前節でみたような国内市場の深堀りにあわせて、海外進出およびデジタル化・情報化に基づく新ビジネスの創出などがあるが、これらの検討は後章を参照されたい。

　なお、2023年時点の流通業をめぐる重要な環境変化がインフレの進行である。日本では長くデフレが続いてきたことから、コンビニエンスストアもデフレに対応する仕組みを構築してきた。しかし、2019年頃から日本でも世界的なインフレ傾向や人手不足による賃金上昇圧力もあり、物価の継続的上昇、すなわちインフレへ転換する気配が漂い始めた。2020年からのコロナ禍による消費抑制から一旦は落ち着きを見せたものの、2022年2月に起こったロシアによるウクライナ侵攻による資源高騰、さらにコロナ禍からの脱却による世界的な需要拡大の影響を受け、世界全体でインフレが進んだことで、日本でも実に40年ぶりとなる物価上昇率が記録された。さらに、賃金もこうしたインフレおよび生産年齢人口の減少から上昇トレンドへと移行したといわれている[22]。

　しかし、20年以上かけて形成された消費者の「デフレマインド」を背景とした強い価格志向は、環境変化と歩調を合わせて変わっているわけではない。賃金上昇が進みつつあるとはいえ、それを上回る家計負担感と将来不安が消費を抑制している[23]。消費者の強い価格志向が変わらない限り、コスト要因による価格引き上げであったとしても、買い控えなどの反応が敏感に生じ、小売業は大きく影響を受けることになる。基本的にコンビニエンスストアは価格訴求型の業態ではないが、インフレ下であればこそ、ドラッグストアのような価格競争力のある業態の優位性は増し、結果的にコンビニエンスストア業態はこれへの対応を求められることになるだろう。デフレからインフレへの転換という歴史的な転換点において、コンビニエンスストアも新しい役割や制度構築が求められている。

第1章で学べるキーワード

粗利益分配方式、多頻度小口配送、ドミナント戦略、デフレ、プライベートブランド（PB）、公益

注

1) ただし、1960年代には小売企業別売上高で大手スーパーマーケットのダイエーとイトーヨーカ堂が、百貨店最大手の三越を上回っていた。

2) 百貨店の低迷は深刻で、2020年にはコロナ禍が直撃した関係で売上が急減し、急成長を遂げるドラッグストア（約7兆円）にも逆転された。

3) 「21年度コンビニエンスストア調査」『日経MJ』2022年8月17日付。

4) 「日経MJ 50周年——小売業界50年史、消費、変遷激しく、70〜80年代、総合スーパー、百貨店抜く。」『日経MJ』2021年1月1日付。

5) 2023年現在、ファミリーマートは伊藤忠商事の、ローソンは三菱商事の子会社となっており、これら商社を核とする流通グループの一角を担っている。商社とコンビニエンスストアとの関連性については、第7章を参照されたい。

6) 「物言う株主、お灸再び——変わらぬ企業の『統治』突く」『日本経済新聞朝刊』2023年3月21日付。

7) 粗利益分配方式はFCチェーン型組織のなかでも、とくにコンビニエンスストア業界に見られることから、俗に「コンビニ会計」とも呼ばれる。詳細については第4章、第5章および第6章を参照されたい。

8) なお、ドミナント戦略には他にも店舗経営を支援する本部アドバイザーの訪問頻度を増やす効果や、エリア内に多店舗展開することで商圏内顧客の認知度を向上させるといった効果もあるとされる。

9) 「95年度コンビニエンスストア調査——大店法緩和で影響、『やや減収』過半数。」『日経流通新聞』1996年9月16日付。

10) 2012年末、デフレ脱却を掲げた第2次安倍政権が成立すると、アベノミクスと呼ばれる経済政策パッケージが推し進められる。しかし、「インフレ率2%」という日銀目標や政権の勇ましい掛け声とは裏腹に、消費者物価指数の伸びは弱く、デフレ解消とは言い難い状況が続き、労働者の賃金上昇も生じなかった。

11) こうした流通構造は批判を浴びたことも少なくない。たとえば、1980〜90年代の日米構造協議では非関税障壁の一つとしてやり玉にあがり、国内でも前時代的で非効率だと批判されることも多かった。

12) 渡辺らの調査によれば、日本ではいつも買う商品の店頭価格が10%値上げされた場合、別の店に行くという回答が50%を超え、米英の約30%を大きく上回る。小売店舗の稠密性が高く、店舗選択の変更が容易な日本の流通構造が背景にあるが、日本の消費者の価格志向の強さを明確に現す結果である（渡辺2022：270-271）。

13) この点に関しては仲上（2019）が詳しい。

14) 2000年代における、典型的なPBの事例がイオングループの「トップバリュ」である。イオンは2000年にブランド変更を行い、開発コンセプトも刷新するなどしてPBへの注力を明確にし、自社PBを大きく成長させた（矢作2014：74-77）。

15) こうした問題は「買い物弱者」問題として近年問題視されるようになっている。この問題の現状については、政府も農林水産省などが情報発信を進めている。

16) 「ファミマ、スーパーと一体型店舗、生鮮など品ぞろえ補完。」『日経MJ』2017年12月10日付。また、こうした店舗が、高齢者の憩いの場として機能する事例も見

られる（加賀美 2017：44）。

17）「コンビニ、縮む商圏　9 割が店舗当たり人口 3000 人未満」『日本経済新聞朝刊』 2019 年 11 月 14 日付。

18）「Z 世代が消費を変える　『買い物で社会貢献』3 割　日経 MJ5000 人調査」『日経 MJ 電子版』2022 年 1 月 1 日付。

19）「セブンの中になぜダイソー？　コロナで『便利さ』再設計」『日経電子版』2022 年 3 月 10 日付。

20）「ローソン、全店で『無印良品』販売　日用品など 200 品目」『日経電子版』2022 年 4 月 27 日付。

21）「ファミマ、衣料品 PB を全国展開　肌着や下着」『日経電子版』2021 年 3 月 1 日付。 および「ファミマ、PB 比率 24 年度 35％に　『ファミマル』に刷新」『日経電子版』 2021 年 10 月 18 日付。

22）「日本の賃金強まる上昇圧力（1）『安いニッポン』に転機　時給 2000 円でも働き手来ず」『日本経済新聞朝刊』2023 年 5 月 16 日付。

23）「『コロナ貯蓄』使わぬ日本　GDP 比 10％超、将来不安映す　米では取り崩し、消費回復」『日本経済新聞朝刊』2023 年 2 月 5 日付。

参考文献

岩間信之編著（2011）『フードデザート問題—無縁社会が生む「食の砂漠」』農林統計協会

緒方知行・田口香世（2013）『セブンプレミアム進化論』朝日新聞出版

加賀美太記（2017）「地域の生活インフラとしての農協の役割：A コープとファミリーマートの一体型店舗を事例として」『くらしと協同』20：40-45

川辺信雄（2003）『新版　セブン‒イレブンの経営史』有斐閣

河田賢一（2013）「コンビニエンスストアを成長・発展させた粗利益分配方式のロイヤルティシステムとインセンティブ説の考察」『商経論叢』48(4)：51-66

金顕哲（2001）『コンビニエンス・ストア業態の革新』有斐閣

後藤亜希子（2019）「大手コンビニエンスストアの決算データによる現状と今後の成長性に関する検討」『流通情報』51(4)：15-24

島永嵩子（2018）「ドラッグストア‒薬局のイメージを変えたマツモトキヨシ」崔相鐵・岸本徹也編著『1 からの流通システム』碩学舎：133-147

谷ヶ城秀吉（2015）「日本型コンビニエンスストア・チェーンのアジア市場展開」橘川武郎・久保文克・佐々木聡・平井岳哉編著『アジアの企業間競争』文真堂：25-44

高岡美佳（1999）「日本のコンビニエンス・ストアの成長過程における資源補完メカニズム—フランチャイズ・システムの採用」『経営史学』34(2)：44-73

田村正紀（2014）『セブン‒イレブンの足跡　持続成長メカニズムを探る』千倉書房

仲上哲編（2009）『「失われた 10 年」と日本の流通』文理閣

仲上哲（2012）『超世紀不況と日本の流通　小売商業の新たな戦略と役割』文理閣

仲上哲（2019）『格差拡大と日本の流通』文理閣

中藤玲（2021）『安いニッポン　「価格」が示す停滞』日経 BP

成生達彦（1994）『流通の経済理論』名古屋大学出版会

日本フランチャイズチェーン協会「コンビニエンスストア統計調査月報（各月版・時系列データ）」(https://www.jfa-fc.or.jp/particle/320.html　2023 年 9 月 3 日最終確認)
農林水産省「食品アクセス（買い物弱者・買い物難民等）問題ポータルサイト」(https://www.maff.go.jp/j/shokusan/eat/syoku_akusesu.html　2023 年 8 月 31 日最終確認)
矢作敏行（2021）『コマースの興亡史——商業倫理・流通革命・デジタル破壊』日経 BP
渡辺努（2022）『物価とは何か』講談社

第2章

食品購入先としての
コンビニエンスストアの位置
―世帯構造の変化、消費支出との関連で―

はじめに

　第二次世界大戦後約10年間の経済復興時期を経て、日本は高度経済成長期に突入した。都市部の人口増加と企業の旺盛な設備投資により賃金労働者が増えた。企業の増大した収益がすべて労働者の賃金にまわるわけではないが、少なくともこの時代には企業増益の一部は賃金引き上げの原資に充てられていた。そのおかげで、企業の成長とともに賃金もあがり、労働者の生活環境には家電製品の導入を筆頭に便利さや快適さの面で目に見える顕著な変化が現れた。

　生鮮品を日々購入する食生活を形成してきた私たちの「買い物行動」（森脇：2006）は、家の近くの小売店の利用が中心であった時代から、購買力の上昇やモータリゼーションの後押しなどを受け、食料品を扱う大規模スーパーの出現によるワンストップショッピングへと拡大していった。私たちの日常の買い物は、零細規模の個人商店からスーパーなどの大規模小売店へ、そしてコンビニや専門量販店などへとつぎつぎと新しい場所を付け加えていった（崔・岸本：2018、土屋：2022）。現在は業態間競争に加えて、業態を超えた競争が厳しさを増している。インターネットによる商品購入はどの業態にとっても脅威となっている（第8章参照）。

　消費者の購買行動には、企業が提供する商品・サービスの発展とともに、産業構造や働き方の変化、消費に対する価値観の変化や所得状況なども影響を与えている。現在の日本では、サービス業で働く就業者は全就業者のおよ

そ7割を占め、「単身世帯」は全世帯の3割近くになっている。とりわけ65歳以上の一人暮らしは増加を続けており、人口に占めるそれらの割合は2020年に男性15%（1980年：4.3%）、女性22.1%（1980年：11.2%）に達している[1]。そうしたなか、1世帯当たりのスーパーでの食品購入が金額的にはまだ多いとはいえ、コンビニは食品の購入先としての役割を拡大し始めている。

　本章では、世帯構造の変化との関係で、「2人以上の世帯」と「単身世帯」の消費支出に焦点をあて、購入場所と主な購入品が何であるか、とくに「コンビニ」におけるそれらの特徴を明らかにする。第1節では就業者数と産業構造、ならびに、世帯構造の変化について、第2節では大規模小売店の発展について、第3節では世帯類型別にみた消費支出の現状について、第4節では世帯の収入階級別にみたコンビニの利用状況についても分析する。これらを通して、「食料」購入先としてのコンビニの位置について明らかにしたい。

1.　就業者数の増加と産業構造、世帯構造の変化

(1) 総人口、就業者数

　2023年8月1日現在の日本の総人口は1億2,454万人である。1億2,800万人をやや上回っていたピーク時期（2007〜2010年）からすでに減少に転じているが、1953年（86,981千人）との比較ではこの70年間におよそ3750万人の増加がみられた[2]。第二次世界大戦の敗戦からおよそ10年で日本は復興を実現し、その後の経済成長の中で勤労諸国民の働き方や生活は目に見えて変化した。1956年の「年次経済報告」では有名な「もはや『戦後』ではない」との言葉が現れた。経済成長率（実質国内総生産）は、1960年代前半で年率9.2%、後半で11.1%となり、1970年代はオイルショックの影響を受けた物価高が影響して前半、後半ともに4.5%であった[3]。なお、1970年代の物価高は現金給与総額の上昇を伴っていたこともあり、生活への影響は限定的であったと推測できる。具体的な数字をみると、1970〜75年の年率でみた消費者物価指数（総合）の上昇率は11.4%、同時期の現金給与総額（事業所規

模 30 人以上）の上昇率は 18.7% であり、1975 年〜80 年の消費者物価上昇率
は 6.7%、現金給与総額の上昇率は 7.9% と前者よりも後者が上回っていた[4]。

　日本の経済成長は、「有業者」数を増やしてきた（1956 年：39,802 千人、
2022 年：67,060 千人）。また、高度経済成長期には、賃金の引き上げや進学率
の高まりなども相まって、働かなくても食べていくことのできる専業主婦や
通学している者といった「無業者」も増やしていった（表 1）。なお、1990
年代後半以降は 30 年近くにわたるデフレ状況（物価も賃金も上がらない）が
続いており（第 11 章参照）、21 世紀に新しく生み出された産業は雇用吸収力
や富の配分の面ではその恩恵にあずかることのできる人数が限定されている。

表 1　就業状態別 15 歳以上人口の推移

	有　業　者			無　業　者			
	総数	仕事が主な者	仕事は従な者	総数	家事をしている者	通学している者	その他
1956	39,802,000	33,803,000	5,766,000	20,618,000	11,378,000	3,906,000	5,334,000
2022	67,060,400	55,830,100	11,119,100	43,134,800	19,395,000	6,018,100	17,476,900

出所：「就業構造基本調査」時系列統計表、第 1 表　男女、就業状態別 15 歳以上人口より作成。

（2）産業構造の変化

　第二次世界大戦後の就業者[5]の増加は、第 2 次産業と第 3 次産業により吸
収されていった。就業者全体に占める産業別就業者数の割合を示すと、1951
年の第 1 次産業は 46%、その後は一貫して低下を続け、1960 年には 30%、
1982 年には 10%、2016 年以降は 3% 台で推移している。高度経済成長を牽
引した第 2 次産業は 1951 年の 23%、1973 年にピークの 37% をつけ、2022
年の 23% まで徐々に下がっていった。第 3 次産業は 1951 年の 31% から上
り調子で 2009 年以降は 70% 台を続けており、2022 年は 74% である（図 1）。

　従業上の地位別にみた就業者人口の推移からわかる特徴は、高度経済成長
期を通して「自営業主」がほぼ半減したこと（1956 年：10,536 千人、2022 年：
5,108 千人）、「家族従業者」が激減したこと（1956 年：11,623 千人、2022 年：
1,018 千人）、「役員を除く雇用者」が 3 倍近くに増えたこと（1959 年：19,357

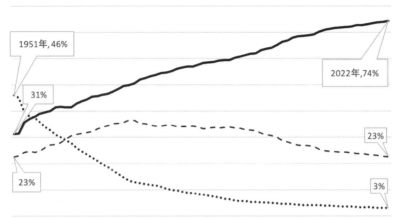

図1　産業別就業者人口の割合（%）

出所：総務省「労働力調査」、長期時系列データより作成。

千人、2022 年：57,225 千人）である[6]。中小零細小売店が減少し、代わりに大型店舗やチェーン展開する店舗が日本全国を覆いつくし、どこに行っても平板な風景が広がっていった（三浦 2004：2023）。

(3)　世帯構造の変化

　では、人口と就業者が増えるなかで世帯構造はどのような変化をみせただろうか。厚生労働省「2022 年国民生活基礎調査」によると、全世帯に占める「単身世帯」や「夫婦のみ世帯」の割合が高いことがわかる（図2）。世帯数は 1953 年の 17,180 から 2022 年の 54,310 へとこの期間に 3 倍以上に増え、平均世帯人員は 5.00 人から 2.25 人へと半分以下になった。世帯構造を 1955 年と 2022 年で比較すると、「単身世帯」は 10.8% から 32.9% へ、「三世代世帯」は 43.9% から 3.8% への推移がみられる。「核家族世帯」について世帯構造と同じ区分けで比較できる 1970 年と 2022 年の対比でみると、「核家族世帯」のうち「夫婦のみ」の世帯は 10.7% から 24.5% へ、「夫婦と未婚の子のみ」

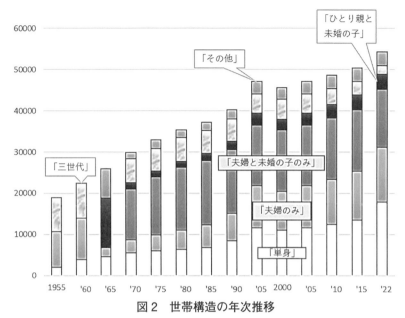

図 2　世帯構造の年次推移

注：1) 1954 〜 1963 年は、「夫婦のみの世帯」と「夫婦と未婚の子のみの世帯」とを、「ひとり親と未婚の子のみの世帯」と「三世代世帯」と「その他の世帯」とをそれぞれ一括している。2) 1964 〜 1967 年は、「夫婦と未婚の子のみの世帯」と「ひとり親と未婚の子のみの世帯」とを一括している。3) 1964、1965 年は、「三世代世帯」と「その他の世帯」とを一括している。4) 1995 年の数値は、兵庫県を除いたものである。
出所：2022 年「国民生活基礎調査」、1 世帯表_世帯数−構成割合, 世帯構造・年次別より作成。

の世帯は 41.2% から 25.8% へ、「ひとり親と未婚の子」の世帯は 5.1% から 6.8% へと推移している。

　2020 年の「国勢調査」に基づき、1985 年と 2020 年の比較で「単身世帯」の増加ぶりを年齢階級別、世帯主の男女別でみてみよう（図 3）。「世帯主：男」では 30 歳代以降の「単身世帯」の増加が目立ち、夫婦と子供からなる世帯は 20 歳代から 40 歳代の階級階層で減少している。「世帯主：女」では 20 歳代以上のあらゆる年齢階級における「単身世帯」の著しい増加、ならびに、子育て繁忙期を過ぎた年齢階級においても「ひとり親と子供の世帯」の増加がみられる。また、世帯主の別にかかわりなく、すでに親 2 人と子ども 2 人を想定した標準モデル世帯は日本社会の主流ではなくなっていることがわか

28

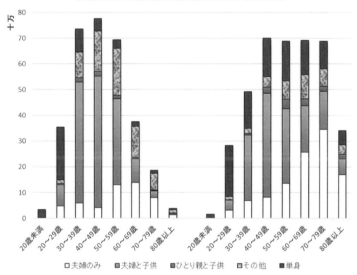

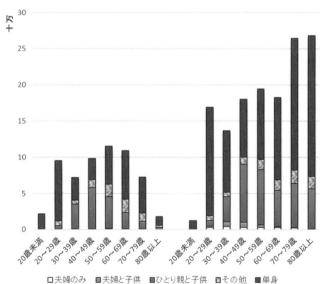

図3　世帯類型の推移（世帯主別、年齢階級別）

出所：総務省統計局「国勢調査」時系列データ＿世帯より作成。

る。

　つぎに、晩婚化と結婚についてとりあげる。平均初婚年齢で 1975 年と 2019 年を比較する[7] と、「妻」は 24.7 歳から 29.6 歳へ、「夫」は 25.7 歳から 30.7 歳へと晩婚化が進んでいる。なお、初婚年齢を「最頻値」でみると、2020 年においても女性は 26 歳、男性は 27 歳である。また、「第 1 子出産時の母の平均年齢」は 1975 年の 27.0 歳から 2019 年の 30.7 歳へと推移している。結婚した夫婦が持つ子どもの数は、1970 年代後半から 2 をやや超える水準で安定的に推移していたが、2010 年以降は 2 を割り込む状況が続いている。

　「50 歳時の未婚割合」[8] は、1970 年の「男」1.7%、「女」3.3% から、2020 年の「男」28.3%、「女」17.8% へと大幅に上昇し、現在では「男」の 4 人に 1 人、「女」の 6 人に 1 人は 50 歳時に一度も結婚していないということである。つぎに、結婚に対する価値観の変化についてとりあげる。厚生労働省「出生動向基本調査」の質問項目で「生涯を独身で過ごすというのは、望ましい生き方ではない」に「賛成」[9] と回答したのは、男性では 2015 年の 64.7% から 2021 年の 51.1% へ、女性では 58.2% から 39.3% へと大幅に減少している。同調査の「結婚したら子どもを持つべきだ」との問いに「賛成」と回答したのは、「男性」の 2015 年の 75.4% から 2022 年の 55.0% へ、「女性」は 2015 年の 67.4% から 2021 年の 36.6% であった。未婚女性が希望する子どもの人数は 2021 年の調査では平均 1.79 人（初の 2 人割れ）になっている。

　「結婚して一人前」や「結婚すること＝幸せ」といった昭和の時代にまかり通っていた価値観は大きく崩れてきている。とりわけ自ら出産する女性における価値観の変化には注目すべきであろう。新型コロナウイルスの感染拡大は、婚姻数の減少をもたらした。日本では、婚姻後の出産がほとんどであるため、婚姻数の減少はさらなる少子化を促進すると考えられる。2022 年の出生数は 77 万人 759 人で、人口動態調査開始（1899 年）以来で最小となった。1980 年の出生数は 157 万人超、1990 年は 122 万人超、100 万人を割ったのは 2016 年でありそれ以降の減少は激しい。出生数は、コロナ禍の影響を受けた 2022 年には 5.1% の減少となった。

　大学進学率が 50% を超え、働くことや結婚に対する価値観は急速に変化

している。さらには、雇用の不安定化や低賃金などによる生活の見通しが立てられないこと、それに対する適切な政策的支援が足りないことなども「単身世帯」の増加に拍車をかけている。少子化は親世代の人数により決まるため、今後も日本の少子化は変わらない。「人口統計資料集」によると、2021年の日本の平均年齢は47.4歳で、アメリカ合衆国は39.4歳、高齢化が急速に進む中国は36.5歳、経済発展の勢いのあるベトナムは33.3歳、世界で最大の人口を抱えるインドは28.5歳である[10]。

2. 大規模小売店の発展

(1) 小売業の業態別の売上高

　1970年代に勢いづいたスーパーは、品揃えがよく低価格の商品を一カ所で手に入れることができるという買い物の利便性を消費者に提供したことで急成長していった。おしゃれをして出かけたり、やや高価な買い物をしたりする場所としての百貨店は、販売高でみた主役の位置をスーパーに譲ることになった。

　経済産業省[11]によると、2022年の主要な業態から見る商業販売額は584兆9,820億円（前年比6.0％）で、そのうち卸売業が430兆5,800億円（同前7.3％）、小売業が154兆4,020億円（前年比2.6％）であった。ここでは最終消費段階の小売業を取り上げる。小売業は、「百貨店・スーパー」が20兆6,603億円（同前3.8％）、「コンビニエンスストア」が12兆1,996億円（同前3.8％）、「専門量販店3業態」が15兆7,350億円、「その他」が105兆8,070億円であった。「百貨店・スーパー」の販売額では、「百貨店」が5兆5,070億円（前年比12.3％）、「スーパー」が15兆1,533億円（前年比1.0％）の内訳である。「専門量販店3業態」の販売額の内訳は、「家電大型専門店」が4兆6,844億円（前年比-0.0％）、「ドラッグストア」が7兆7,087億円（前年比5.5％）、「ホームセンター」が3兆3,420億円（前年比−1.4％）である（第1章図2参照）。

　「商業動態統計」によると、百貨店は1991年に販売額で12兆円を超えるピー

クに達した後、長期にわたる低迷を続けている。1995年に販売額で百貨店はスーパーに追い抜かれ、2009年にはコンビニにも、そして、2019年にはドラッグストアにも追い超され、その後はこれらの業態との販売額の差は拡大している。同統計によると、百貨店の販売額に占める「衣料品」の割合は、1980年に49.0％（小数点第二位以下四捨五入、以下同様）、1990年に49.5％、2000年に50.6％とほぼ半分を占めていた。2010年になると46.7％、新型コロナウイルスによる影響を受ける直前の2019年は42.4％へと下がっており、コロナ禍が継続していた2022年は41.9％まで低下した。百貨店の販売額で過半を占めてきたのは衣料品である。だが、衣料品の販売額は1991年の6兆円超をピークに、翌年も6兆円を上回ったが、その後は低下傾向が続いている。1990年代には専門量販店が台頭し、1990年代後半にはユニクロがフリースでヒット商品を出すなど、低価格でときには品質のよい衣料品を手に入れることのできる環境が整い、消費者の衣料品購入先としての百貨店の魅力は陰りの時代に突入していった。デパ地下の総菜販売の健闘により「飲食料品」の販売額は健闘をしてきたが、百貨店全体の販売額低迷を埋めるほどの力は持っていない。

　ドラッグストアは総出店数、売上高ともに勢いがある。岡田（2023：63-65）によると、ドラッグストア全体で近年増加傾向にあるのは調剤部門と食品部門であること、売上高上位10社の商品構成の比較において医薬品は10％から30％をやや上回る水準の企業がある一方で、食品を構成比の6割前後に設定している企業もあること、同時に、比較的バランスのよい商品構成の企業があること、さらには、売上高の上位の企業で同じような商品構成がとられているわけではないことなどがわかる。つまり、ドラッグストアの粗利益率は医薬品が最も高く、調剤医薬品、ヘルスケア用品がそれに続くが、必ずしも粗利益率の高い商品を中心に構成されているわけではない。照準を当てる顧客層の年代や顧客層に好まれる商品といった各企業の戦略によって商品構成は異なっている。2000年頃から出店が増えたドラッグストアでは、薬や日用品を主力商品とした当初の形から、若年層を取り込むことを狙ってヘルス＆ビューティケアの商品構成を拡大し一気に成長してきた。だが、この

路線はすでに成長の鈍化が見え始めている。

　コンビニは1店舗当たりの面積や売上高は小さいが、出店数は5万店を超え、私たちの生活に密着した存在となっている。コンビニの販売額は過去25年で、1998年の約6兆492億円から2022年の約12兆1,996億円へと2倍に増加した。コンビニの成長に関しては、ドミナント戦略や商品開発、コピー機やATMの設置、支払い手段の多様化と利便性の強化、ドリップコーヒーの導入、駅ナカ出店などさまざまな取り組みがある（第1章、第5章、第7章参照）。また、震災の多い日本では、震災直後のコンビニの活躍や地方自治体との協力体制の構築による地域のセーフティネットとしての役割もコンビニの実践を通して期待がさらに広がっている（川邉:2011）。

　株式会社セブン&アイ・ホールディングス「コーポレートアウトライン2022年度版」によると、2022年度の営業利益は5,065億円、そのうち国内コンビニ事業が2,320億円で営業利益に占める割合は4割を超えていた。ここで示された中期経営計画では、グループの重点戦略として「『食』を軸とした国内外コンビニエンスストア事業の成長戦略」を掲げている。コンビニにおける「非食品」の取り扱い量が増えてきているとはいえ、販売額に占める主力は弁当や調理パン、乳製品、デザート類などに代表される「FF・日配食品」である。コンビニの販売額に占める割合は、「非食品」（タバコ、雑誌、乾電池など）が1998年の24%から2022年の33%へ、「サービス」（宅配便、各種チケットなど。公共料金などの収納代行は含まない）は4%から5%へと伸びており、「FF・日配食品」は36%を維持、「加工食品」は36%から26%へと下がっている（図4）。この間の販売額でみた「非食品」の伸びは、取扱商品の幅が広がったこととそれらの単価が他の商品に比べて比較的高いことが考えられる。

　少子高齢化の進む日本では、コンビニの役割も変化してきている。移動販売車の導入を加速させたり、いままで以上に公共インフラの代替（行政や金融機関の仕事の一部）を担ったり、書店の併設や市販薬の販売を行ったり、町役場の支所としての機能を持たせたりするところも出始めている[12]。

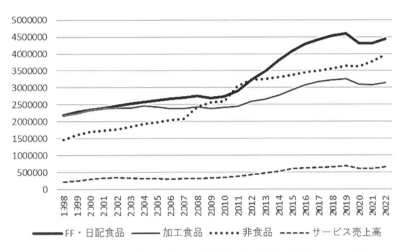

図 4　コンビニ販売額に占める商品構成の推移（単位：百万円）

出所：「商業動態統計」より作成。

(2)　コンビニ顧客層の変化

　コンビニは登場以来、頻度の高い商品の入れ替えや商品開発、近くて便利といった特徴が支持され、出店数の増加とともに消費者層も拡大してきた。コンビニの主要顧客層は、出店当初の若者・男性層からはじまったが、現在ではすでに若者は少数派になっている。コンビニの顧客層について、業界 1位の売上高を誇るセブン・イレブンの顧客層の変化をみてみよう。1 日 1 店舗当たり平均客数全体に占める 40 歳以上の割合は、1989 年が 20%、1999年が 28%、2009 年が 45%、2019 年と 2022 年が 60% と推移している（図 5）。若い頃コンビニを利用した人たちがコンビニを使い続けていること、少子化による若年層の減少、震災などによる大規模被害のなかでもいち早く営業再開したこと、コンビニによる顧客層拡大の取り組みなどがその変化を支えている。また、長時間労働やストレス社会、一人暮らしが増加するなか、調理に時間を費やすよりも手軽に食事にありつけることを望む消費者の増加もそれらを後押ししている。高度経済成長期終盤の 1970 年の日本の年間労働時間は 2,243 時間で他の先進国と比べて群を抜いて長かった。国内での長時間労働に対する改善要求や国際的な長時間労働削減に関する批判などが重なる

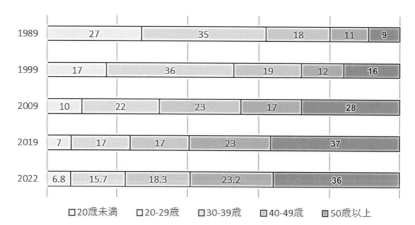

図5　年齢別の1日1店舗当たり平均客数（単位：％）

出所：株式会社セブン・アイ・ホールディングス「コーポレートアウトライン、2022年
度版、2011年度版、2019年度版より作成。

なか、日本における労働時間は2022年には1,607時間まで減少した。とは
いえ、労働時間の短いドイツ（2022年：1,341時間）と比べると日本の労働時
間は年間で266時間も長い[13]。1人用容量の商品の品ぞろえの多いコンビニ
は、高齢化が進み単身世帯が増加する日本ではますますその役割が期待され
る（久我:2018a、b）。

3. 世帯類型別、世帯主別にみた消費支出と購入先

(1) 1世帯当たり1か月の平均消費支出

　家計消費は国の経済活動のおよそ半分を支えている。家計消費には、個人
が購入する財やサービスの代金が含まれる（耐久消費財は複数年にわたって使
用できるが、購入した年に消費したものとして計算される）。内閣府のデータ[14]
によると、2022年の名目国内総生産（GDP）は約556兆円である。内訳をみ
ると、家計消費は約300.1兆円（約54％）、民間設備投資は約21兆円（約
17％）、公共投資は約29.7兆円（約5.3％）、民間住宅投資は約21.2兆円（約
3.8％）、その他は102.4兆円（約18.4％）22.0％となっている。GDPに占める

家計消費の割合は、コロナ禍前の 2019 年には約 53.3％、1995 年には約
51.8％と 50％台前半で推移してきた。

　では、それぞれの世帯ではどのような消費がおこなわれているのだろうか。
総務省「家計調査」から世帯類型別に 1 世帯当たり 1 か月の平均消費支出額
と支出項目についてみていこう。ここでは、「2 人以上の世帯」と「単身世帯」
について、2022 年 (コロナ禍による控えめな消費活動が続いていた) をとりあげ、
コロナ禍前の 2019 年と比較する。2022 年「家計調査」によると、「2 人以上
の世帯」の世帯人員は 2.91 人 (平均、2019 年：2.97、以下同じ)、有業人員は
1.33 (同前 1.34 人)、世帯主の年齢は 60.1 歳 (同前 59.4 歳) である。「単身世帯」
の世帯人員は 1、有業人員は 0.55 (同前 0.54)、世帯主の年齢は 58.3 歳 (同前
59.0 歳) である。「単身世帯」には高齢者の一人暮らしも多く含まれるため
世帯主年齢は高く、かつ、有業人員の数値は低い。通常、1 世帯あたりの構
成人数が多いほど世帯の消費支出額は多くなる。だが、一人当たりの支出額
に換算すると、複数人数の世帯のほうが一人暮らしの世帯よりも少ない出費
ですむ。1 人用パック入りキャベツのサラダを買うよりもキャベツ 1 個をま
るごと買ったほうがグラムあたりの価格は安くなる、冷蔵庫や洗濯機は家族
人数分だけ用意する必要はないといった理由による。

　図 6 では、1 世帯あたりの 1 か月間の消費支出 (単位：円) を世帯別に示
した。「2 人以上世帯」の 1 か月当たりの消費支出総額は、2019 年の 293,379
円から 2022 年の 290,865 円へと 2,514 円の減少、「単身世帯」は 2019 年の
163,781 円から 2022 年の 161,753 円へと 2,028 円の減少がみられる。支出項
目別でこの期間の増減をみると、両世帯で在宅勤務やオンライン授業をはじ
めとした外出控えや他者との交流の機会が減ったこともあり「被服及び履
物」、「交通・通信」、「教養娯楽」、「その他の消費支出」での減少がみられた。
反対に、ステイホームが推奨されたことにより家で過ごす時間が増え、日ご
ろは手の回らなかった家の修理や整理整頓などへの関心が高まったことを反
映して「住居」、「光熱・水道」、「家具・家事用品」では支出が増加した。変
化がなかったのは「教育」である。そして、世帯によって増減の差が出たの
は「食料」と「保険医療」で、「食料」は「2 人以上世帯」で 2,216 円の増加、

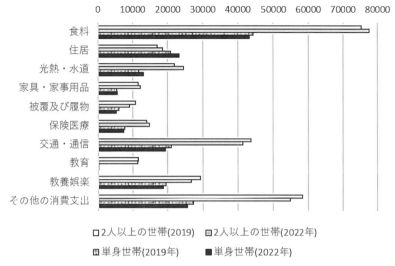

図6　1世帯当たり1か月間の消費支出（単位：円）

出所：総務省「家計調査」家計収支編より作成。

「単身世帯」で987円の減少であった。「2人以上世帯」の子どものいる世帯では学校給食が提供されなかった時期があったり、健康管理のために今まで以上に健康に配慮した食事を試してみたりしたこと、「単身世帯」では外食費が減ったことの影響などが考えられる。

　つぎに、2022年をとりあげ、それぞれの世帯の消費支出総額を100として総額に占める支出項目の割合（図7）をみてみよう。両世帯ともに1か月の支出割合の最大を占めるのは「食料」、つぎに「その他の消費支出」であり、これら2項目だけで両世帯ともに消費支出総額の4割以上を占めている。2022年消費支出に占める支出項目の割合を高い順にみていくと、「2人以上の世帯」では「食料」26.6%（2019年：25.6%）、「その他の消費支出」は18.8%（同前19.9%）、「交通・通信」14.2%（同前14.9%）、「教養娯楽」9.2%（同前10.0%）、「光熱・水道」8.4%（同前7.5%）であった。「単身世帯」の「食料」は26.8%（同前27.0%）、「その他の消費支出」は15.9%（同前16.7%）、「住居」14.4%（同前12.7%）、「交通通信」12.0%（同前12.9%）、「教養娯楽」11.6%（同

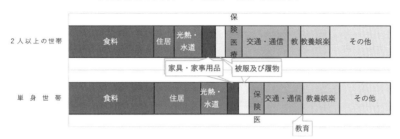

図7　1世帯当たり1か月間の支出（単位：円）

出所：総務省「家計調査」家計収支編より作成。

前11.9%）であった。「単身世帯」における「住居」の支出割合の高さが目立つ。

（2）購入先—世帯類型別

　5年に1度実施される総務省統計局の「2019年全国家計構造調査」から、世帯類型別にみた購入先をみてみよう。この調査における購入先は、9つに分類されている「通販（インターネット）」、「通販（その他）」、「一般小売店」、「スーパー」、「コンビニ」、「百貨店」、「生協・購買」、「ディスカウントストア・量販専門店」、「その他」）。

　「2人以上世帯」と「単身世帯」の両世帯において、購入先利用率で最大は「その他」（「2人以上の世帯」38.7%、「単身世帯」44.6%）である。「その他」には、他の購入先である8つ以外の店（ex. 美容院、クリーニング店、飲食店）と電気料金やガス料金などの支払いが含まれるため、支出額は多くなる。

　「その他」を除く購入先で両世帯に共通するのは、「スーパー」と「一般小売店」が購入先利用率で1位と2位を占めていることである。「スーパー」と「一般小売店」の購入先利用率を合計すると、「二人以上の世帯」は4割超（「スーパー」26.5%、「一般小売店」14.6%）、「単身世帯」は3割超（「スーパー」18%、「一般小売店」14.9%）である。「二人以上の世帯」の3番目は「ディスカウントストア・量販専門店」で約8%、4番目の「百貨店」と5番目の「生

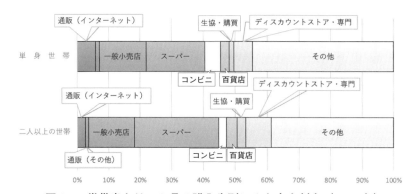

図8　1世帯当たり1か月の購入先別にみた支出割合（2019年）

出所：総務省統計局「2019年全国家計構造調査」家計収支に関する結果より作成。

協・購買」は3％付近にある。「単身世帯」では、3番目の「通信販売（インターネット）」と4番目の「ディスカウントストア・量販専門店」が6％弱、5番目の「コンビニエンスストア」5％弱である。「二人以上の世帯」で「スーパー」や「ディスカウントストア・量販専門店」の利用率が「単身世帯」よりも高いのは、大量の買い込みに適した商品（ex. 大容量の食品やトイレットペーパーなどの大型の衛生用品）がこの業態に多いことが影響していると考えらえる。「単身世帯」における「通販（インターネット）」と「コンビニ」の利用率は、「2人以上の世帯」のおよそ2〜2.5倍である（図8）。

（3）購入先―世帯主別

　つぎに、世帯主別にみた購入先利用率をとりあげる。「2人以上の世帯」における9つの購入先における1か月当たりの消費支出総額は、「世帯主・女」（以下、「女」と表記）が135,283円、「世帯主・男」（以下、「男」と表記）が181,083円で、両者には約46,000円の差がある。「2人以上の世帯」では世帯主の別にかかわりなく支出割合が最も高いのは「その他」で、「男」が70,649円（支出総額に占める割合39.0％）、「女」が48,619円（同前35.9％）である。それぞれの消費支出総額を100として「その他」を除いた購入先の順位をみると、利用率の1番は「スーパー」で「男」26.4％、「女」28.3％、2番

目は「一般小売店」で「男」14.6%、「女」14.7% となっており、両方の購入先を合わせるとどちらの世帯でも利用率の 4 割を超えている。

　「2 人以上の世帯」で「女」が「男」よりも支出割合が高い購入先は、「スーパー」28.3%（「男」26.4%）、「コンビニ」3.3%（「男」2.4%）と「百貨店」3.7%（「男」3.3%）、「生協・購買」2.8%（「男」2.7%）である。「男」の世帯には女性の構成員が含まれていることが多いと想定されるため、両世帯での購入場所の違いによる支出構成の大幅な差はあまりみなれない（「その他」以外）。では、「単身世帯」ではどのようになっているだろうか。

　「単身世帯」の世帯主別にみた消費支出の購入先はつぎのとおりである（図 9）。9 つの購入先での消費支出総額は「女」が 99,658 円、「男」が 99,751 円で、世帯主の性別による支出額の差はほとんどない。それぞれの世帯の支出総額を 100 とした場合、「単身世帯」においても、購入先を「その他」とする支出額（「男」45,745 円（支出総額に占める割合 45.9%）、「女」43,106 円（同前 43.3%）が最も高い。2 番目は「スーパー」（「男」18.3%、「女」18.6%）、3 番目は「一般小売店」（「男」14.4%、「女」15.4%）で、これら 2 つの購入先がそれぞれの世帯の消費支出総額に占める割合は 3 割を超える。「単身世帯」の購

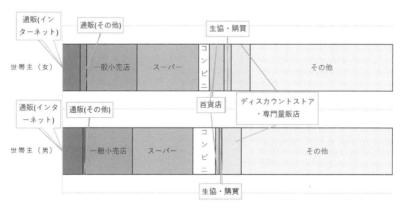

図 9　単身世帯の 1 世帯当たり 1 か月の購入先別にみた消費支出の構成 (2019 年)

出所：総務省統計局「2019 年全国家計構造調査」家計収支に関する結果より作成。

入先別支出額では、世帯主の別によりかなり明確に違いがみられる。具体的には、「女」が「男」を2倍以上引き離しているのは、「通信販売（その他）」（注；カタログ注文や電話注文など）では「男」0.6%、「女」2.0%、「百貨店」では「男」1.2%、「女」4.4%、「生協・購買」では「男」0.8%、「女」2.1%である。反対に、「男」が「女」よりも2倍以上支出しているのは「コンビニ」（「男」6.7%、「女」3.2%）である。男女別での違いは、買い物の便利さというよりも、買い物により得られるお得感や行為から得られる満足感といったものから生じていると推測できる。

4.「食料」の購入先

(1)「2人以上の世帯」

　3.(1) でみたように、世帯の消費支出総額に占める「食料」の割合は高い。では、「食料」はどこで買われているのだろうか（総務省統計局「2019年全国家計構造調査」より）。

　まずは、「2人以上の世帯」の世帯主別にみた「食料」の支出についてみていこう。「男」の1か月当たりの平均「食料」支出額は、平均76,438円、収入階級を10に分けた「十分位」（最も低い層を「十分位の1」、最も高い層を「十分位の10」とする）でみると、「十分位の1」では54,992円、「十分位の10」では105,678円である。「二人以上の世帯」の「女」の1か月当たりの食料支出額は、平均65,201円、「十分位の1」では52,175円、「十分位の10」では111,011円である。各収入階級の食料支出額を100として支出額の多い順に購入先（「その他」を除く）をみると、「男」では、どの収入階級においても「スーパー」での支出額が飛び抜けて多く、2番の「一般小売店」を5倍以上引き離している。一般的に、同じ商品をグラム数で比べた場合、コンビニの価格はスーパーよりも高いことが多いため、収入階級が低い層のコンビニ利用は少なめだと考えられるかもしれない。だが、収入階級の「十分位」で比較すると、「コンビニ」「百貨店」「生協・購買」「ディスカウントストア・専門量販店」での支出構成に収入階級間で顕著な差がみられるわけではない。

「スーパー」については、収入階級が低いほど利用が増える傾向にあるが、「コンビニ」については低価格を求めると推測されがちな収入階級の低い層の利用率は他の収入階級との明らかな差はなく、「コンビニ」は価格よりも近くにあること、営業時間が長いことなどが支持されていると推測できる。

　「女」では、すべての収入階級で利用率が最も高い購入先（「その他」を除く）は「スーパー」で、つぎに「一般小売店」と上位 2 つの購入先は「男」と同じである。違いが出るのは 3 番目以降の「百貨店」、「コンビニ」、「生協・購買」である。「2 人以上世帯」の「男」と比べると、「女」では「コンビニ」、「百貨店」の利用率が高く、「生協・購買」もやや高い。また、「百貨店」は、両世帯で収入階級の上層での利用率が高まる。

(2)　「単身世帯」

　つぎに、「単身世帯」にとっての「食料」購入先としての「コンビニ」の位置について確かめてみよう。「単身世帯」の「食料」購入先はつぎのようである。「男」の 1 世帯当たり 1 か月の「食料」の平均支出額の平均は42,322 円で、支出割額が大きいのは「スーパー」の 16,023 円（「食料」支出に占める割合 37.9%）、「その他」の 15,460 円（同前 36.5%）、3 番目に「コンビニ」の 4,686 円（同前 11.1%）、4 番目に「一般小売店」2,838 円（同前 6.7%）が位置する。

　「男」では、収入階級の「十分位の 1」から「十分位の 4」までの 4 階級で「スーパー」での支出額が最も多く、「十分位の 5」よりも収入が高い層では「その他」が 1 番、「スーパー」が 2 番目に位置している。また、収入が最も高い「十分位の 10」を除いて「コンビニ」は 3 番目に位置している。それぞれの収入階級の支出総額を 100 とした場合の購入場所別支出額で比較すると、「コンビニ」平均利用率が平均の 11.1% を超えているのは、「十分位の 6」の 13.5% と「十分位の 7」の 13.3% である。利用率が最も低いのは「十分位の 10」の 5.8% で、その他の収入階級ではすべて 8% を超えている。

　「女」の 1 世帯当たり 1 か月の「食料」平均支出額の平均は 36,765 円で、購入先利用額の高い順に上から「スーパー」15,610 円（「食料」支出額に占め

る割合 42.5%)、「その他」9,371 円（同前 25.5%）、「一般小売店」4,199 円（同前 11.4%）と続き 4 番目に「コンビニ」2,325 円（同前 6.3%）がくる。所得が低い層に位置する「十分位の 1」では「コンビニ」は 5 番目、「十分位の 2」では 6 番目、収入の高い層に位置する「十分位の 9」では 5 番目である。それぞれの収入階級の支出総額を 100 とした場合の購入場所別支出額で比較すると、「コンビニ」利用率が高いのは収入階級「十分位の 4」の 9.7% で、収入階級上位の「十分位の 10」は 3.9% と収入階級下位層の「十分位の 2」は 4.0%、「十分位の 1」は 4.8% である。

(3)「食料」購入先としてのコンビニ

「単身世帯」に絞って、コンビニ利用率とコンビニでの購入項目の詳細をとりあげる。「単身世帯」の世帯主別・収入階級別に、「コンビニ」での 1 か月当たりの消費支出額（図 10）をみると、いずれの収入階級においても「男」の支出額が「女」の支出額を上回っている。「単身世帯」の「コンビニ」での 1 世帯当たり 1 か月の支出総額（平均）は、「男」が 6,677 円でそのうち「食料」は 4,686 円、「女」が支出総額 3,149 円のうち「食料」は 2,325 円である。「コンビニ」支出額に占める「食料」購入の割合はどちらも 7 割を超えている。

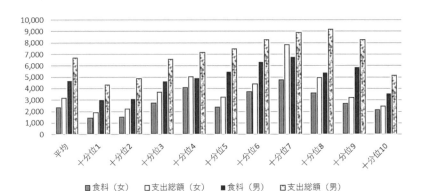

図 10　収入階級別にみたコンビニ支出総額とコンビニ食料支出額
（単身世帯、世帯主別、単位：円）

出所：総務省統計局「2019 年全国家計構造調査」家計収支に関する結果より作成。

　では、「コンビニ」では、どのような「食料」に支出されているのだろうか。「コンビニ」における「食料」購入について、「スーパー」と比較してみよう。

　購入先別にみた「食料」での1世帯当たり1か月の平均支出額は、「スーパー」が15,822円、「コンビニ」が3,537円と前者は後者の4.5倍近い。「スーパー」は品揃えが豊富でとくに生鮮品が多いことなどから、「魚介類」、「肉類」、「乳卵類」、「野菜・海藻」、「果物」、「油脂・調味料」は「スーパー」での支出額が「コンビニ」よりもはるかに大きい。反対に、「コンビニ」が健闘しているのは、「調理食品」、「飲料」、「菓子類」、「酒類」、「外食」、「穀類」である。世帯主別で「スーパー」の支出額をみると、「女」が「男」よりも多いのは、「野菜・海藻」、「果物」、「肉類」などの生鮮品であり、反対に、「調理食品」と「酒類」では「男」が「女」よりも目立って多い。「コンビニ」における支出額では、「調理食品」、「飲料」、「酒類」、「外食」は、「男」が「女」よりもかなり多いことがわかる（図11）。

　消費支出の購入先では、「2人以上の世帯」、「単身世帯」の両世帯で圧倒的に「スーパー」の利用が多い。このことは、「食料」の購入先でも同じである。だが、それぞれの世帯の消費支出を100とした場合には、「2人以上の世帯」よりも「単身世帯」が、そして「単身世帯」の「男」は「単身世帯」

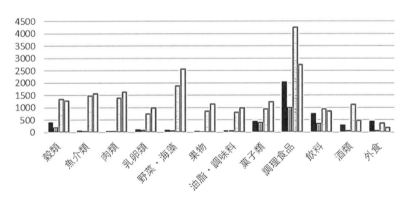

図11　「単身世帯」の「食料」支出額（「スーパー」と「コンビニ」、2019年）

出所：総務省統計局「2019年全国家計構造調査」家計収支に関する結果より作成。

の「女」よりも「コンビニ」を購入先として選択している割合が高くなる。「単身世帯」にとっては、すでに「コンビニ」での「食料」購入はなじみのある購買行動であり、時間に追われる生活の加速や一人暮らしの増加などの社会変化を踏まえると、「コンビニ」の「食料」購入先としての位置づけが今後もさらに高まっていくと思われる。

おわりに

戦後の日本は経済復興の過程を経て高度経済成長期には、物価とともに労働者の賃金も上昇した。安定した経済は人口と就業者数を増やし、経済の好循環を作り出した。家の近所の小売店でその日に食べる食品をその日に買うといった買い物習慣から、欧米諸国に比べると買い物頻度はまだ高いとはいえ、スーパーなどの大型小売店の出現により一度に大量に買い込む購買行動がみられるように変化していった。自動車保有率の高まりによっても大型店での買い物は後押しされ、家電製品の普及によって生活の便利さを実感する人たちが大勢生まれた。好況・不況の波はありつつも、日本は1990年代半ばまでは社会全体での賃金は上昇する状況にあった。1997年以降はその様相は一転し、不本意の非正規労働者の増加や賃金の伸び悩みといった経済の停滞が現れ始めた。こうしたなか、スーパー以外にも専門量販店が登場することで、コストパフォーマンスの高い消費が好まれる消費環境が広がっていった。企業も消費者も日本全体が低価格を好み、流通もその促進のための役割を果たしてきた（仲上：2019）。そして、その後30年近くにわたるデフレが続くなかで、コロナ禍とロシアによるウクライナ侵攻の影響を受け、日本でも物価高に見舞われるようになった。なお、この物価高によりデフレからの脱却が期待される向きもあったが、現実には実質賃金は上がらず、可処分所得が減ってしまった消費者にとっては消費抑制を迫られる事態となっている（11章参照）。

コンビニの消費者はすでに若者からシニアに移っている。セブン・イレブンの来店客は、2022年の時点で50歳以上が36%、40歳以上では6割になっ

ている。同時に、就業者の増加と単身世帯の増加により、手間をかけずに食事をとることに意味を見出す、あるいは、長時間営業の店が近場にあること、価格よりもトータルでみたコストパフォーマンスの高さ（移動時間、移動にかかる費用、目的の商品があればよい、店内回遊時間の短さなど）が支持され、コンビニは「食料」の購入場所としてその存在意義が広がっている。世帯の消費支出額に占める購入先別の割合では、「2 人以上の世帯」よりも「単身世帯」でのコンビニ利用率が高く、「単身世帯」では「世帯主・女」よりも「世帯主・男」のほうがコンビニ利用率は明らかに高い。また、「単身世帯」における 1 世帯当たり 1 か月のコンビニ支出総額に占める「食料」支出額は、世帯主の別にかかわらず 7 割である。すでに 5 万店を超える店舗をかかえるコンビニのインフラ的役割が注目されているが、日常の食生活を支える場所としての位置づけがますます高まっていく状況にあると考えられる。

第 2 章で学べるキーワード

世帯構造、単身世帯、家計消費、消費支出、購入先

注

1) 内閣府『令和 4 年版高齢社会白書（全体版）』、図 1-1-9。
2) 総務省、人口推計、長期時系列データ。
3) 厚生労働省「平成 21 年版 労働経済の分析」第 2-(1)-1 図。
4) 同前第 2-(1)-3 図。
5) 総務省「労働力調査」における就業者とは、15 歳以上の人口のうち、「従業者」と「休業者」を合わせたもの（「完全失業者」を含まない）。
6) 就業構造基本調査」時系列統計表、第 4 表。
7) 厚生労働省「人口動態統計」。
8) 国立社会保障・人口問題研究所「人口統計資料集（2022）」。
9) 「まったく賛成」と「どちらかといえば賛成」の合計。
10) 国立社会保障・人口問題研究所「人口統計資料集（2021）」表 2-14。
11) 「2022 年小売業販売を振り返る」（2023 年 4 月、経済解析室）。
12) 「コンビニ進化　広がる便利」『日本経済新聞』2023 年 2 月 25 日、朝刊 2 ページ。
13) OECD,stat. Average annual hours actually worked per worker.
14) 内閣府、国内総生産（支出側）および各需要項目。

参考文献

岡田一範（2023）「ドラッグストア業態内分化に関する一考察—商品構成比の観点から—」『消費経済研究』12（通関第 44 号）：56-66。

竹本遼太（2016）『コンビニ難民 小売店から「ライフライン」へ』中央公論新社

川邉信夫（2011）『東日本大震災とコンビニ』早稲田大学ブックレット、早稲田大学出版部

久我尚子（2018a）「増え行く単身世帯と消費市場への影響（1）」2018 年 5 月 9 日、ニッセイ基礎研究所。

久我尚子（2018b）「増え行く単身世帯と消費市場への影響（2）」2018 年 8 月 21 日、ニッセイ基礎研究所。

『2023 年版総菜白書』一般社団法人日本総菜協会

島永嵩子（2018）「ドラッグストア」, 崔相鐵・岸本哲哉『1 からの流通システム』碩学社、pp.133-147

崔相鐵・岸本哲哉（2018）『1 からの流通システム』碩学社

土屋純（2022）『地理学で読み解く流通と消費』ベレ出版

平野和之（2011）『コンビニがなくなる日』主婦の友社

仲上哲（2019）『格差拡大と日本の流通』、文理閣

南方建明（2019）「ドラッグストアの成長過程－小売業態間競争に着目して－」『大阪商大論集』15（2）：1-20.

真鍋倫子（2000）「高度経済成長期の賃金の上昇と家族賃金」『教育・社会・文化研究紀要』第 7 号、2000-07-30、京都大学学術情報リポジトリ、59-72。

三浦展（2004）『ファスト風土化する日本　郊外化とその病理』洋泉社新書

三浦展（2017）『中高年シングルが日本を動かす』朝日新聞出版

三浦展（2018）『100 万円で家を買い、週 3 日働く』光文社新書

三浦展（2020）『愛される街　続・人間の居る場所』而立書房

三浦展（2023）『再考　ファスト風土化する日本〜変貌する地方と郊外の未来』光文社新書

森脇丈子「コンビニ利用型の消費行動と日本的買い物習慣」『鹿児島県立短期大学・商経論叢』56：1-25。

第3章

日本型コンビニエンスストア
をめぐる垂直的関係について

はじめに

コンビニエンスストア（以下、コンビニと略す）は、先行した百貨店や総合スーパーが行き詰まりをみせる中、過去半世紀にわたって成長し続け、いまでは日本の小売業態の中で中心的位置を占めている。日本の二大流通グループの1つであるセブン＆アイホールディングス（以下、S＆Iと略す）において、コンビニのセブン－イレブン・ジャパン（以下、SEJと略す）と海外コンビニ事業は2022年度に他部門の赤字を埋め営業利益5,065億円を稼ぎ出す中心的事業部門となっている（S＆I「2023年2月期決算」）。

かつては多くの日本の商品市場でメーカーがチャネル・リーダーの位置を占めていたが、現在では小売企業がリーダーになる市場が増えている。コンビニ業界においては、売上上位の大手3社が市場シェアの大半を占めるため、これらの大手チェーンは大手メーカーにとっても重要な販路となっており、多くの商品の取引でコンビニはメーカーに対しても優位な位置にある。

本章の課題は、日本のコンビニを起点とする垂直的関係（川上と川下の取引関係）を分析対象として、コンビニの流通支配の貫徹を示すことにある。日本のコンビニ業界は、商業独占が成立している代表的市場である。既存の流通研究でコンビニ業態にかんする研究は少なくないが、生産者と流通業者との関係を協調関係で一面的に理解する流通パートナーシップ論がもてはやされるなど、商業独占の概念から展開したものは皆無に近かった（第10章を参照）。本章はコンビニの流通支配の実態を考察し、何にもとづいて、どこから、どのように利潤をえているのかを概観的に示す。

　主な論点は2つある。第一に、日本のコンビニが垂直的関係において優位に立てるのはなぜか、とりわけメーカーとの力関係は何によって決まるのか（パワーの源泉は何か）である。

　第二に、以前は多くの市場でメーカー優位が当たり前であった。コンビニと大手メーカーとの力関係の逆転はいつ頃、何によって起きたのかである。

1　日本型コンビニエンスストアの垂直的協調関係

(1)　サプライヤーと協力した物流合理化

　チェーン本部と加盟店からなるコンビニを起点とする垂直的関係には、川上と川下の2つがある。

　川上は、コンビニに商品を卸すサプライヤー（生産者や卸売業者）との取引関係であるが、それは協調と対抗という二側面を有している。コンビニにかかわる商品流通（サプライチェーン）全体で生じる流通費用の削減や、コンビニの販売する商品の魅力度向上（専用商品の開発など）などでは、コンビニとサプライヤーの利害は基本的に一致するから、両者の間に協調関係が生じる[1]。まず製販提携の1つめとして物流合理化があるが、その代表は共同配送である。

　コンビニは狭い店舗に生活必需品を中心とする限定した品揃えをし、欠品を防止しながら高い回転率で商品を販売していくため、当初は多頻度小口配送が用いられた。しかしそれは交通渋滞や騒音など近隣住民の迷惑、排ガス増加、店舗側作業の不効率などの問題を生んだ。こうした課題の解決を目指し、SEJ は 1970 年代半ばから取引先の集約化を始め、順次窓口問屋制度（共同配送）を導入していった。1976 年に日配食品メーカー 17 社が共同配送センターを設置した後、1980 年 7 月には首都圏 4 センターで牛乳の共同配送を始め、半年後には配送費を 3 分の 1 に削減した。また 1987 年 3 月からは米飯共同配送 3 便制を始めた。

　SEJ への配送で窓口となった問屋は、競合他社の商品も含めて注文品の配送を請け負い、コンビニの各店舗へ届ける。これにより、SEJ の 1 日 1 店舗

当たりのトラック配送は 70 回から 10 回に大きく減少した。

　今日それは温度帯別共同配送に発展している。その配送センターは 2023 年 2 月末時点で全国に 164 カ所ある[2]。①米飯共同配送センターは弁当、おにぎり、焼きたてパンなどの商品を対象とし、20℃で温度管理し、毎日 3、4 回配送する[3]。②常温一括配送センターはソフトドリンク、加工食品、酒類、雑貨類などを常温管理し、週に 2 ～ 7 回配送している。③チルド共同配送センターは調理パン、サラダ、惣菜、麺類、牛乳、乳飲料などを扱い、5℃で温度管理し、毎日 3 回配送している。④フローズン共同配送センターはアイスクリーム、冷凍食品、ロックアイスなど冷凍食品を扱い、-20℃で管理し、週に 3 ～ 7 回配送している（SEJ 2023「物流システム」）。温度帯別の共同配送網は、次項でみる「メーカーとのチーム MD の武器に」もなった（SEJ 2003：229）。

(2) メーカーとの共同商品開発

　コンビニの集客増や売上増は、それに商品を供給するサプライヤーの売上増にもつながるから、そこにも協調関係が生じる。

　コンビニで販売される商品は、大別すると NB、PB、その他（ノンブランド）に分かれる。NB は生産者が設定するブランドである。コンビニの扱う商品分野では加工食品、日用雑貨品、雑誌などに多いが、概してコンビニは消費者の利便性要求に適合することで、これら NB 商品に他業態と比べて相対的高価格設定をして販売している。

　次に PB とは、流通業者が自社やグループ企業で販売するため専用商品に付与するブランドで、NB の対極に位置する。流通業者が自社の専用商品に自社ブランドをつけたもの以外にも、専用商品としてはダブルチョップやノンブランドがある。前者は流通業者と生産者の両方の名前を入れた商品であるが、流通業者のブランドが入っており、かつ流通業者の専用商品となるので本章は PB に含める。一方、後者のノンブランドは文字通り特定企業のブランドをつけない商品である。事前に取り決められた一定期間は特定の流通業者の専用商品となるものも含まれるが、その場合でもなお特定の流通業者

に限ったブランドは付与されないため、本書ではノンブランドをPBに含めない。すなわち、コンビニの弁当などは当該コンビニ向けに作られた専用商品ではあるが、分類上はPBには含めない。

コンビニは独自に開発する弁当や総菜に加えて、近年、菓子や飲料など加工食品でPB商品を増やし、専用商品の取り扱い比率を高めている。

コンビニにとって、競合する他業態や同業他社と差別化できる競争力のある商品を品揃えできれば、相対的高価格設定を通じて高い利潤を獲得できるため、たとえば専用商品の開発では、POS（販売時点情報管理）システムなどを通じて獲得した顧客情報の一部を生産者側に提供し、共同で商品開発を行うなどの協調行動が生まれる。

SEJは、原材料メーカー、包装材メーカー、加工メーカー、ベンダーとチームを組んで共同で商品開発をしている。SEJとの共同商品開発に参加した最初の食品メーカーはキユーピー食品の子会社で、1985年3月に生野菜サラダの開発で提携した。二番目は1985年8月ハウス食品の子会社である㈱デリカシェフ（埼玉県上尾市）で、工場を開業し生野菜サラダを生産した。86年にはプリマハムも参加している。

このチーム・マーチャンダイジング（MD）では、SEJが保有する情報を提供し、メーカーの担当者や料理専門家なども情報やノウハウを持ち寄り、参加者が協力して商品開発することで、毎週約100アイテムの新商品を生み出している。開発では品質、安全性、おいしさに拘って理想の商品を追求しており、2021年に行った手巻きおにぎりのリニューアルでは米、海苔、具材に工夫を凝らし、パッケージはプラスチックの使用量を20％削減したという（SEJ 2022：23）。

PB商品の歴史を振り返ると、当初は低価格を訴求したものから始まり、次第に品質を高め、近年では高品質でNB商品と伍して競争するものも登場し、階層構造を形成している[4]。

低価格PB商品の価格はNB商品に比べて3割以上安いことも珍しくないにもかかわらず、一般に流通業者にとってPB商品はNB商品より利潤率が高いといわれている[5]。その理由は、①広告など販売促進費用の削減、②卸

売の縮小または中抜き、③メーカーの遊休している生産ラインの活用、④小売の保有情報の提供など共同商品開発による生産者の開発費用の低減、⑤商品の全量買い取りによる返品ロスの削減、⑥生産の安定に起因する原料調達・生産費用の削減、などにある（佐久間 1996：242）。さらには、PB 商品がメーカーの NB 商品と原材料を同じくするなど共通要素がある場合、原材料調達や商品生産などにおける規模の利益の享受も指摘できよう。

　コンビニ大手は、PB など独自商品の原材料を 1 年分まとめて仕入れることも多い（『日本経済新聞』2023 年 3 月 9 日付朝刊）。流通コングロマリット（複合体）としてコンビニを傘下にもつ小売流通グループは、コンビニで提供している PB 商品を他の小売業態でも提供することが多く、その場合、規模の利益は企業グループ単位で享受することになる。たとえば、S ＆ I の 2020 年度の連結国内売上高約 7 兆 4,600 億円のうち、食品の売上が約 4 兆 6,700 億円を占める[6] が、このうち同社の PB 商品であるセブンプレミアムの売上高は約 1 兆 4,600 億円で、グループ食品売上の 25.2 ％を占める。2007 年に 49 アイテムから始まったセブンプレミアム[7] は、2020 年に累計売上高が 10 兆円を突破し、2021 年度にはアイテム数が約 3,500 となり、日本最大級の PB 商品に成長した（SEJ2022：23）。

2　コンビニによる流通支配の実態

(1) コンビニの川上支配

　独占的小売商業資本である大手のコンビニは、生産や流通を支配することによって、独占的超過利潤をえている。

　SEJ は川上で生産を行う膨大な中小企業を組織化・系列化し、全体の剰余価値を増やす様々な支援をしている。たとえば、SEJ は日配食品の開発・生産では中小メーカーをいち早く組織化し、その成長を後押ししてきた。日本デリカフーズ協同組合は全国の SEJ で販売する惣菜や弁当、パン・ペストリー、麺類、デザートなどの日配食品を専用に生産するメーカーで構成される。東京サンド㈱の食中毒事件を契機に納入業者の品質管理の底上げ（指導・

検査）と商品開発などを目的として、1979年10月にSEJが主導して、わらべや日洋㈱など約10社の米飯ベンダーを集めて同組合は設立された。その後、惣菜、調理麺、スイーツ、漬物、焼きたてパンを加え、2023年5月現在、63社176工場が加入している。

　同組合は1990年代初頭にメーカーの自主管理に変わるまで、SEJが管理・運営してきた。SEJは地方の小規模ベンダーへは、技術援助、人材派遣、資金援助、合弁での工場建設などの支援を行った（SEJ 1991：127）。1993年から研修講座を本格開始し、加入した全メーカーに検査室の設置を義務づけるなど、品質向上を進めた。当初は自社のやり方が一番だと信じる企業が大半であったが、共同購入による食材の低コスト仕入れ[8]など共同の利点を認識する中で、秘訣を公開して加入する企業が増え、品質管理水準の引き上げに成功した（SEJ 1991：117-123）。

　大手メーカーも1980年代半ばに子会社を通じて同組合に加入している[9]。たとえば、プリマハムの子会社であるプライムデリカ㈱（神奈川県相模原市）はSEJの専用工場である。1986年10月、プリマハムのSEJ向け総菜製造企業として神奈川県厚木市にて創業し、1992年8月、SEJ東京南地区120店舗への販売を開始した。同社では現在、社員760人とパートナー従業員8,200人が働き、主に日本デリカフーズ協同組合とプリマハムから原材料を調達し、調理パン、スイーツ、惣菜、サラダ、軽食を柱に365日24時間製造を行い、SEJに販売している。2023年3月期売上高は1,016億400万円（前年は1,021億4,000万円）である（同社ホームページおよび第27期決算公告、2023年8月5日アクセス）。グルメデリカもキユーピーの100％出資子会社として1990年5月に所沢市に設立（資本金9800万円）され、12月から生産を開始した。96年11月草加工場、97年2月松本工場、2004年3月に佐賀県三養基郡に九州工場（旧菜デリカ）、04年4月三木市に関西工場（旧菜デリカ）、14年10月伊勢崎市に群馬工場（39億円、1日18万食）を新設し生産を始めている。

　次にコンビニの納入業者（川上）に対する取引の実態をみておこう。公正取引委員会が2017年7〜8月に行った調査（対象期間は2016年7月1日〜

2017 年 6 月 30 日）では、納入業者とコンビニとの取引のうち全体の 14.7%（47 ÷ 320）でコンビニ側に「優越的地位の濫用規制上問題となり得る行為」がみられた（公正取引委員会 2018:20）。その内容は、協賛金などの負担要請（7.2%）、不当返品（5.9%）、買い叩き（5.0%）、購入・利用の要請（3.4%）、減額（1.9%）、従業員派遣の要請（1.6%）、受領拒否（0.6%）、支払い遅延（0.3%）などである（表 1 参照）。

表 1　大規模小売業者と納入業者の取引実態

	質 問 項 目	コンビニ	小売全体
協賛金等	協賛金等の負担要請を受けたことがある	37.2%	24.4%
	（上記のうち）応じたことがある	97.5%	96.6%
	事前に負担額、算出根拠及び目的の 3 つについて明確にすることなく、一定額又は貴社からの納入金額の一定割合に相当する額の協賛金等の要請	21.4%	35.2%
	センターフィーについて、事業経営上のメリットに応じた合理的負担分を超える額の要請	32.1%	13.1%
	（フィー要請を受けた者で）一方的にフィーの額（率）だけを示され算出根拠の説明をしてもらえなかった	83.3%	50.2%
	（フィー要請を受けた者で）示されたフィーの額（率）が同業他社に比べて高かった	16.7%	17.1%
返品要求	返品されたことがある	15.6%	15.5%
	（上記返品で生じた損失を）主要取引先に負担してもらえなかったことがある	68.0%	66.0%
	（返品理由は）売れ残り、売り場の改装等	42.3%	38.2%
買い叩き	採算の取れないような価格での取引を要請されたことがある	9.1%	6.6%
	（上記買い叩き要請に）応じたことがある	69.0%	64.5%
	（買い叩きの内容は）原材料や人件費の上昇、設備投資等により負担するコストが増大したにもかかわらず、一方的に従来単価を据え置かれた	26.9%	16.6%
	（買い叩きの内容は）多量の発注を前提として提示した単価を、少量の場合にも一方的に適用された	15.4%	14.6%
商品購入・利用の要請	取引先から必要のない商品・サービスの購入・利用の要請を受けたことがある	5.0%	6.3%
	（上記の購入・利用要請に）応じたことがある	100%	84.6%
	（上記の購入・利用要請内容は）購買担当者等取引関係に影響を及ぼしうる者からの要請	58.3%	62.5%
	大規模小売業者から貴社に割り当てられた目標額・目標数量を示しての購入・利用要請	16.7%	14.9%

表1　大規模小売業者と納入業者の取引実態（続き）

質　問　項　目		コンビニ	小売全体
従業員派遣	従業員等の派遣要請を受けたことがある	12.8%	12.0%
	（上記派遣要請に）応じたことがある	100%	96.8%
	（上記派遣要請に応じた者で）派遣に要した費用を負担してもらえなかったことがある	61.0%	60.9%
	（上記派遣要請の業務内容は）商品の陳列（棚替えを含む）	83.3%	37.0%
減額要請	取引先の都合により、契約で定めた対価を商品等の納入後に減額されたことがある	1.9%	1.9%
	（上記減額の理由）大規模小売業者が値引きしたことを理由とした対価の減額	16.7%	36.9%
	（上記減額の理由）販売奨励金、協賛金等を徴収することを理由にした減額	66.7%	23.6%
受領拒否	取引先の都合による受領拒否	2.2%	1.6%
	（上記受領拒否を受けた者で）それによって生じた損失を負担してもらえなかったことがある	85.7%	79.9%
支払い遅延	取引先の都合により、納入した商品が契約で定めた支払期日までに支払われなかったことがある	0.3%	0.9%
	大規模小売業者の支払い手続きの遅延により、契約で定めた支払期日に対価の支払いを行わない支払い遅延	100%	52.5%

出所）公正取引委員会（2018）より作成。

　また一般財団法人食品産業センター「食品産業における取引慣行の実態調査報告書」によると、上記項目に加えて、高額の物流センターフィーの請求、過度の情報開示要求、PB商品関連の不当要求などがあがっている（表2参照）。これらの調査報告書には、中小メーカーの悲哀が表れている[10]。

表2　食品産業におけるコンビニの不公正取引

	不公正取引の具体例（生産者の声）	行使主体	対象分野	調査年度
協賛金	新規導入する商品に対して売上の8％〜40％程度。支払うことが前提で採用品を選ぶので　有無を問われない。企業によっては、ほぼ全数を新規導入の好条件で購入し、追加の発注がないこともある。	コンビニ	水産食料品	令和3年度
	初回導入協力金を半年に1度必ず求められる。シーズン商品は半年ごとにカット・導入をくりかえすため。	コンビニ	（未記載）	平成29年度

表2　食品産業におけるコンビニの不公正取引（続き）

	不公正取引の具体例（生産者の声）	行使主体	対象分野	調査年度
セ ン タ ー フ ィ ー	卸の値入（利益率）を一定水準以上確保する補填で、実質、センターフィーを補填している。	コンビニ	レトルト食品	令和3年度
	グループ会社に物流委託しているので相場がわかる。コンビニのセンターフィーは異様に高い。とくにエリアの場合、10～20%	コンビニ	水産食料品	平成26年度
	同業者平均5.8%の物流費が、センターフィーとリベートだけで13.5%とられ、経営を相当圧迫している。	コンビニ	醤油	平成26年度
不 当 返 品 等	商品カット時のセンター在庫が全て返品や補填が必須であること。返品のときだけ登録単価で赤伝計上される。納品の際は条件分値引きされるがマイナスは定価。返品を受けた場合、運賃着払いで返送される。欠品が出そうな場合、赤帽を使用して間に合わせるが、赤帽代は全てメーカー負担。全て対応せざるを得ない状況である。	コンビニ	菓子	令和3年度
	メーカーの販売単位に満たない端数については、返品になる。納品する単位はメーカーによって様々ではあるが、基本的にはその単位でしか配送できないものなので、完売を目指す姿勢があってもよいのではないかと考えます。	コンビニ	菓子	令和3年度
	採用となった商品において、CVS専売品がCVS専用センターに過剰在庫となった場合、卸側もCVS側への販売交渉をせず、一方的に返品依頼をしてくる。メーカーとしては、受けざるを得ない状態。大きな返品コスト、廃棄コストになっている。	コンビニ	レトルト食品	令和3年度
	商品が発売直後に。計画以上の発注がきて急遽販売中止をせざるを得ない状況になったときにペナルティーとして採用決定していた商品の採用がなくなり、既に原料、包装の手配をしていたために不利益を被った。事前に発注数量が上がるという情報があったわけではなく、不可抗力の部分もあり、商品を用意していないということで一方的に責めを負うことになった。	コンビニ	菓子	令和3年度
	メーカーに明らかな落ち度がある欠品以外（販売量急増や、世界情勢不安定による原料・資材の納品遅れ、天災や悪天候による交通機関欠航等）についても否応なしに納品しろ、というのは大変無理があり、必要以上のコストが掛かったり、ムダが出るので、習慣を改めてほしい。航空便手配をして莫大な費用が掛かったり、見込で納品して返品量が増えるなどの弊害が起きる。	コンビニ	菓子	令和3年度

表2　食品産業におけるコンビニの不公正取引（続き）

	不公正取引の具体例（生産者の声）	行使主体	対象分野	調査年度
不当返品等	原因不明の返品。全て受け入れています。	コンビニ	（未記載）	令和2年度
	値上げの交渉が認められない	コンビニ	（未記載）	平成25年度
過度の情報開示	知りたいだけ。消費者の利益は関係無し。知識が足りないけれども（質問してくる意味は理解していない！）こっちから質問すると逆ギレ、ルールですから、レベルが低い。	コンビニ	（未記載）	令和2年度
	商品の製造ノウハウに関わる部分までの開示。	コンビニ	（未記載）	令和元年度
	原材料の使用量や配合率の開示を求められ、価格交渉で不利になる。	食品スーパー、コンビニ、生協	（項目なし）	平成28年度
PB商品の要請	適正価格を理由にエリア別での二社購買をちらつかせ、値上げのけん制を行う。	コンビニ	その他食料品	令和4年度
バイイングパワー	新店セール商品は返品可能商品となっているルールがある。他社品も混ざって返品され、消費期限も切れているために廃棄費用の負担をさせられている。要請に対して何もできない状況である。断ることで取引が一切なくなる可能性もある	コンビニ	菓子	令和4年度
	フェア商品の生産量の要請があるが実際に発注が入らずに見込み生産したものは廃棄している。無理やり見込み製造させれる（ママ）ときもあり、全て買い取ってほしい。メールなど記録が残る要請は一切行わず、口頭だけ行う。こちらからメールをしても返信が無い。	コンビニ	菓子	令和4年度
	納入期限（販売許容範囲）の小売独自のルール決めに伴い、消費・賞味期限内の商品であっても納品を受け入れてもらえず、それに対応する為に在庫があるにも関わらず、追加で製造している。但し、製造ロット数の関係上、不必要な在庫を積み上げることになる。	全国系スーパー、コンビニ	（未記載）	平成30年度
リードタイム等	リードタイム。数量が普段より多い場合は3日以上前には注文があれば対応ができるが、前日発注でかなり多い数量を注文してくる。	総合スーパー・食品スーパー・コンビニ・DS・生協・ドラッグ	水産食料品	令和3年度

出所）一般財団法人 食品産業センター（各年）より作成。

　大手小売企業への納入業者の取引依存度と不公正取引との間には正の関係
があることが示されている（公正取引委員会 2018：17）が、SEJ に食品を納
入する製造工場が全国に 176 工場あるうち、SEJ の商品だけをつくる専用工
場は 159 工場で、専用工場比率は 90.3％ となっている（2023 年 2 月末現在、S ＆
I 2023：33）。

　上記のようにコンビニは、取引関係にある大手メーカーとは協調と競争の
関係にある。すなわち、物流合理化によるコスト削減、消費者の求める商品
の開発、商品の相対的高価格販売や経済的弱者の支配・収奪など、独占利潤
を増やす点では協調しながら、それら超過利潤の分配においては競争し、力
関係に応じて分け合っている。

　他方、中小メーカーとの間でも、消費者の求める商品開発や物流合理化など
の面では協調し支援もするが、生まれた価値の分配にあたっては、大手コンビ
ニは卓越した地位を利用して有利な条件で取引を行い価値収奪している[11]。

(2)　コンビニの川下支配

　もう一方の垂直的関係である川下には、コンビニが商品を販売する顧客（消
費者）との取引関係がある。

　一般にコンビニの顧客は、通常コンビニで売られている商品の原材料や製
法を詳しく知らないし、売れ筋や死に筋商品も知らない。コンビニチェーン
と顧客との間には生産情報や取引情報について大きな情報格差が存在する。
顧客に対してコンビニは絶大なパワーを発揮し、商品を独占的高価格で販売
することによって独占利潤を獲得している[12]。

　コンビニは消費者が求める生活必需品を中心とした品揃え[13]と便利なサー
ビスを提供し、加盟店を軸とした多店舗展開によって消費者の近在に立地し、
年中無休で長時間営業するという利便性を提供している。顧客が当該コンビ
ニの利便性を評価する程度に応じて、他業態に比して相対的高価格設定が可
能となる。

　表 3 で商品の小売店頭価格をみると、調査対象とした分野の NB 商品につ
いては、同一商品を食品スーパーの店頭価格より 6 割ほど高い価格設定をし

表3　商品の小売店頭販売価格

	業態	所在地 （東京都）	パナソニック 乾電池 EVOLTA （単3）4本入	カルビーの ポテトチップス うすしお味 80g入り1袋	コカ・コーラ のボトル入り コーラ 500ml 1本	メロンパン 1個 〔参考〕
セブン－ イレブン A店	コンビニ	八王子市	935 円	164 円	160 円	ふんわり メロンパン 128 円
ファミリー マート B店	コンビニ	八王子市	1080 円	164 円	160 円	ファミマ メロンパン 110 円
ローソン C店	コンビニ	八王子市	1098 円	164 円	159 円	118/138 円
ミニストップ D店	コンビニ	八王子市	655 円 （アルカリ 565 円）	164 円	160 円	さくふわっ メロンパン （山崎パン） 118 円
イオンフード E店	食品 スーパー	八王子市	655 円	60g 98 円、 152g 254 円	98 円	さくふわっ メロンパン （山崎パン） 98 円
イオンモール G店	総合 スーパー	日野市	648 円	60g 98 円、 152g 254 円	98 円	生メロンパン （フジパン） 98 円

出所）独自調査により作成。
注1）2023年3月下旬から4月中旬に調査し、複数日に同一価格だった商品を選定。価格は
　　すべて税別。
注2）メロンパンは各社で販売する商品が異なるため、参考として挙げている。

て販売している。高価格設定のこうした構造はATMや各種支払い決済の手
数料、チケット販売などのサービス商品でも同様である。川下の消費者に対
してコンビニは市場支配力を行使して有利な条件で商品取引をしている。
　現在、大手コンビニチェーンは強力なバイイングパワーと、POSシステム
などを使って排他的に取得した取引情報や顧客情報を軸にして多くの商品
分野でチャネル・リーダーとなり、小売価格の決定権を掌握している。川上
では力関係に応じてサプライヤーから買い叩いて仕入れた商品を、相対的高
価格で川下の顧客に販売している。一方、物流や店舗業務などを効率化し流

通費用を節約しているが、基本的にはそうした削減分を商品の小売価格から差し引かず、自己の利潤に組み込んで超過利潤をえている。

3　コンビニの垂直的パワー関係

(1) パワー源泉としての取引規模

　本章では、コンビニとは、食料品を中心とする生活必需品を品揃えし、長時間営業する小型のチェーン型店舗を通じて得た商業利潤を、本部と加盟店が力関係に応じて分け合う独占的小売商業資本であると定義する。コンビニは、一方では生産者や卸売業者と最終消費者とを架橋する商業資本として機能しながら、同時に独占資本として市場支配力を有し、経済的弱者を支配・収奪することによって高い利潤をえている。

　ではコンビニに市場支配力を与え高利潤をもたらす源泉はどこにあるのだろうか。本章はそれを、①商品取引の集積・集中と、②それらを基礎としてえられる情報（取引情報、商品や生産者情報、顧客情報など）の蓄積・活用にあると考える。

　コンビニはフランチャイズチェーン（FC）を中心に店舗数を拡大してきた[14]。経済産業省によると、現在、コンビニの店舗は国内に 56,232 店舗（2022年）あり、売上高は 12 兆 1,996 億円で小売販売額 154 兆 4,020 億円の 7.9％（2022年）を占める重要なチャネルとなっている。

　コンビニは基本的には使用頻度が高い、あるいは必要時の重要度が高い生活必需品に品揃えを焦り込み、かつ浅い品揃えを特徴としている。コンビニが扱う商品アイテム数は約 3,000 品目といわれており、百貨店の 100 万品目や総合スーパーの 10 万品目など他業態と比べると非常に少ない。消費者の選択肢は限られるとはいえ、必要な物を切らさずに取り揃え、長時間営業や多店舗展開による近在立地といった利便性を基に、コンビニは毎日大量の買物客を引きつけている。大手コンビニはその絞り込んだ商品の大量販売により、仕入れにおける価格交渉力を獲得しコストを削減している。個別店舗の商品発注は個店のオーナーが行うが、それらを総計した膨大な仕入量を背景

に、納入先との仕入れ価格交渉はチェーン本部が行い、リベート（割戻金）も本部がまとめて受け取っている。

SEJ の年間商品販売量は、すでに 2013 年時点で、ソフトドリンクが 26.3 億本、弁当が 4.6 億個、おにぎりが 17 億個、セブンカフェが 0.5 億杯（2013 年 1 〜 5 月の販売累計）、ビール系飲料が 4.6 億本、カップ麺が 3 億個、アイスクリームが 5.7 億個、雑誌・書籍・コミックスが 2.4 億冊、ATM 利用が 6.9 億件に達していた（週刊東洋経済 2013：38-39）。今ではセブンプレミアムだけで、単品の年間販売金額が 10 億円以上の商品は 2022 年度に 286 アイテム（20、21 年度はともに 300 アイテム）あり、内訳は、デイリー・日配 193、飲料・酒 51、菓子 20、加工食品・雑貨 22 であった（S & I 2023：5）。

コンビニが有する絞り込んだ商品の単品販売力は絶大であるから、コンビニのチェーン本部はそれら商品の仕入れ価格交渉などにおいて強力な商品購買力を背景に、有利な形で取引を進めることができるのである。

(2) パワー源泉としての情報取得

コンビニは、取引の集中・集積と POS システムを使って取引情報（売れ筋、死に筋、取引量と価格など）や生産者情報をつかむとともに、顧客カードなどによって取得した顧客情報を、マーチャンダイジング（商品仕入れ、専用商品開発など）に生かし、欠品を防止しながら価値実現を促進している。

コンビニは、絶対単品といわれるそれ以上細分化できない SKU（最小在庫管理単位）レベルで商品を管理している。POS システムをはじめとする情報システムを駆使して、個々の商品の販売情報（売れ筋、死に筋）を把握し、死に筋商品を早期に発見し、他商品と入れ替える。コンビニが扱う 3,000 品目の商品のうち 100 品目ほどが 1 週間で入れ替わることもあるという（公正取引委員会 2019：72）。

SEJ の情報システムは 6 次にわたり発展してきた。第 1 次は 1978 〜 82 年で、発注番号にバーコードを入れ、商品台帳兼発注表を作った。第 2 次は 1982 〜 85 年で、商品仕入れに POS 情報の活用を図った。第 3 次は 1985 〜 90 年で、販売データをグラフ表示した。第 4 次は 1990 〜 96 年で、商品情

報に加え催事や気温情報の提供と、店舗とベンダーと本部のリアルタイム情報伝達を実現した。第 5 次は 1996 ～ 2003 年で、衛星通信と ISDN（統合デジタル通信網）を経由し、マルチメディアを使ってオープンアーキテクチャに移行した。第 6 次は 2003 年以降で、伝票などのペーパレス化、店舗ネットワークの光ファイバー統合、店内 LAN の無線化などを進め、2007 年 3 月に全店導入を終えた（SEJ 2023「情報システム」）。これらにより情報把握の速度と精度が向上した。

(3)　メーカーとの力関係の逆転

　現在、日本のコンビニ市場では市場シェアの上位集中が進んでいる。上位 5 社の市場シェアは 2001 年に 80％余であったが、2000 年代半ばに 90％を超え、2013 年には 94％に達した（公正取引委員会 2016 添付資料：34）。現在は大手 3 社のシェアだけで 2022 年度に 92.5％となっている[15]。

　表 4 は、『日経流通新聞』（現・日経 MJ）が毎年行ってきたコンビニ調査の対象企業数を表しているが、特に 2000 年代末以降、大手による他チェーンの吸収合併が活発化し、資本の集中が進んだことが分かる。個別にみると、ローソンは 1989 年 3 月にサンチェーンを、2010 年には九九プラスを完全子会社化した。またファミリーマートは 2010 年 3 月にエーエム・ピーエム・ジャパンを、2015 年 12 月にココストアを吸収するとともに、2016 年 9 月にユニーグループ・ホールディングスを吸収合併し、サークル K サンクスを傘下に収めた。

　日本のコンビニ資本は取引の集積・集中と、それを基礎とする資本の集積・集中を通じて独占資本に転化し、その後もそれらを繰り返すことによって独

表 4　『日経 MJ』によるコンビニ調査の対象企業数と回答企業数

	2002	2004	2006	2008	2010	2012	2014	2016	2018	2020	2022
調査対象	243 社	208 社	228 社	74 社	62 社	62 社	47 社	38 社	44 社	14 社	8 社
回答企業	75 社	58 社	56 社	47 社	43 社	38 社	32 社	20 社	17 社	8 社	8 社

出所）各年度「コンビニエンスストア調査」『日経流通新聞』（現・日経 MJ）より作成。
　注）2006 年度以前の調査対象数にはミニスーパーを含む。回答はコンビニのみの数。

占支配を深化させてきた。コンビニが登場した当時は、加工食品をはじめとしてメーカーがチャネル・リーダーの位置を占め流通を支配する市場が大半であったが、今日では大手メーカーといえども、コンビニからの様々な要請を受け入れざるをえず、コンビニがチャネル・リーダーとなる市場が大半となっている。

製販のパワー関係を考察するとき、本章が重視する指標は以下である。

まず、個々の商品の納入ロット数の削減の承認である。従来、大手メーカーは見込み大量生産した製品を大量販売するため、商業者には大きなロットでの仕入れを強要してきた。これに対してコンビニは、限られた面積の店舗に、生活必需品に限定した中では比較的多種類の商品を並べ、かつ在庫を圧縮する必要から、小ロットでの仕入れを必要とした。この対立は最終的にコンビニがメーカーを説き伏せる形で解決し、顧客の求める新鮮な商品をタイムリーに納品する体制を確立した。さらに窓口問屋制度は、従来メーカーが敷いてきた一店一帳合制度を変革するものでもあった。

第2に、コンビニによる高額のリベート、協賛金、物流センターフィーなどの徴収である。これらは川上のサプライヤーによる川下の大手小売企業に対する価格譲歩であり、その大きさは製販の力関係を反映していると思われる。

第3に、大手メーカーによるコンビニ向け専用商品の生産受託がある。SEJの専用商品である「焼き立てパン」の開発は、味の素と伊藤忠商事に地方のパンメーカーを巻き込んで取り組まれたが、最初の専用商品の供給が始まったのが1993年11月であった（SEJ 2003：23-25）。専用商品を共同開発すると、コンビニ側は使用する原材料の特性や原価、特別な製法などメーカーの有する特別な情報を知ることができる。逆にメーカーからすると、小売側が有する取引情報は入手できるとはいえ、NB商品の仕入れ条件に影響を及ぼしかねない情報を流出させることを意味している。また一般にメーカーにとってはNB商品に比べてPB商品は利潤率が劣り、自社のNB商品の需要が奪われる危険もはらんでいる。しかしながら、今日では大手メーカーといえども、大手コンビニの存在を無視することはできなくなっており、大手コンビニからの専用商品の生産依頼を基本的には断れない状況にある。表5は

表5　セブン−イレブンの専用商品

	商品名	メーカー	専用商品区分
2008 年	蒙古タンメン中本	日清食品	PB
2014 年 6 月	コカ・コーラ レモン	日本コカ・コーラ	専用商品〔期間限定〕
2014 年 7 月	アイスの実 マンゴー	江崎グリコ	専用商品〔数量限定〕
2015 年 4 月	トップ Platinumα	ライオン	専用商品
2015 年 11 月	毎日飲むヤクルト	ヤクルト	専用商品〔関東限定〕
2015 年	フレア フレグランス	花王	専用商品
2018 年 3 月	一番搾り	キリン	PB（ダブルチョップ）
2018 年 4 月	フルグラ	カルビー	PB（ダブルチョップ）
2019 年 6 月	一（はじめ）緑茶 一日一本	日本コカ・コーラ	PB（ダブルチョップ）
2020 年 4 月	毛穴つるつるクレイパック	ファンケル	PB（ダブルチョップ）
2020 年 10 月	ヤシノミ洗濯洗剤など	サラヤ	PB（ダブルチョップ）
2021 年 3 月	セブンプレミアムゴールド 金のレモンサワー	サッポロ	PB（ダブルチョップ）
2021 年 9 月	カップヌードル 復刻版ポーク チャウダーヌードル ビッグ	日清食品	PB（ダブルチョップ）
2022 年 10 月	Skip Style	花王	PB（ダブルチョップ）

出所）日経ビジネス（2018.4）、同社ホームページ、新聞記事などより作成。

SEJ の専用商品の開発を示しているが、近年の特徴として、各業界のリーダー企業の参加がみてとれる。

　第4に、ライバルメーカーと同席した PB 商品の共同開発である。SEJ のアイスクリームの PB 商品開発では、作り置きの是正などを目的に、SEJ がライバル関係にあるメーカーに働きかけ、共同商品開発を行った。最初に協力を表明したのは赤城乳業㈱、森永乳業㈱、森永製菓㈱の 3 社で、1993 年 6 月の勉強会から取り組みが始まった（SEJ 2003：26）。

　ところで、一般に生産者と流通業者とのパワーの大小は商品市場ごとに異なるし、パワーシフトが生じた場合も、移行の時期は市場により異なる。公正取引委員会（2016）によると、日用雑貨品では1991 年頃は「小売業者よりもメーカーが強かった時代であったが、近年、その立場は逆転している」（日用雑貨品メーカー）（公正取引委員会 2016：32）。また「食品業界において

は……20 年前も現在も同様にメーカーよりも小売業者の方が力が強い」（加工食品メーカー）（同前）。

コンビニについていえば、1998 年時点ですでに、コンビニ業界 2 位の「X 社と継続的な取引関係にある日用品納入業者の大部分は、……X 社からの種々の要請に従わざるを得ない立場にあ」った（平成 10 年 7 月 30 日勧告審決・平成 10 年（勧）第 18 号）。

次に、ファストフードや日配食品については前記のとおり、1979 年に SEJ が、中小メーカーを集めて日本デリカフーズ協同組合を立ち上げ、当初から管理・統制する立場にあった。その後、これらメーカーは成長し、また大手加工食品メーカーも子会社を通じて加入しているが、チャネル・リーダーの地位に変更はない。つまり、ファストフード・日配食品分野では当初からコンビニの力が強く、リーダーの変更は生じていない。

一方、加工食品分野では、大手メーカーがそれぞれの市場に存在し、当初はチャネル・リーダーの地位を占めていたが、その後大手コンビニ側にパワーシフトが生じたと考える。たとえば、加工食品分野で SEJ が POS 情報に基づき、メーカーの NB 商品開発に影響を及ぼしだしたのが 1990 年前後であった。1988 年に新潟の菓子メーカーに依頼した商品が 90 年 9 月に登場し、インスタントラーメンやうどんも 1990 年に SEJ がかかわった商品が登場し始めた。当時、加工食品の大手メーカーはコスト削減を重視して大量生産品に集中した見込み生産を行い、多段階の流通チャネルに乗せていた。その結果、保存料を大量に使った画一的な製品が多くなっていた。こうした政策は、消費者の健康志向や食の多様化、鮮度重視などに直面して成長限界に達していた。逆にコンビニが重視した惣菜は地域特性もあり、こうした環境変化に適合していた。地域別にみても数千店の取引情報はメーカーにとって貴重であった（SEJ 1991：127）。また前記のとおり、SEJ は 1993 年にライバル関係にあるアイスクリームメーカーを組織化し、共同商品開発の席につかせた。

さらに今日では、大手コンビニは新しい地域に進出する際、大手食品メーカーに自社商品の専用工場の建設を依頼し作らせるまでに成長した。2014 年頃には大手メーカーによるコンビニ向け専用工場の建設ラッシュが起き

た[16]。ただしメーカーにとって特定コンビニ向け専用工場の建設は関係特定的投資となるから、近年のようにコンビニの成長に伸び悩みが生じると、重い負担に転化する。

　以上を総合的に判断して、大手コンビニは遅くとも 1990 年代半ばには、主要な商品市場でチャネル・リーダーの地位を占めていたと判断する[17]。

おわりに

　本章では日本のコンビニを起点とする川上と川下の垂直的関係を考察してきた。今日では独占的小売商業資本に成長した大手コンビニチェーンは、垂直的な取引関係では大手メーカーに対してさえ強力なパワーを行使するなど、大半の商品分野でチャネル・リーダーの位置を占めるに至っている。

　垂直的関係においてコンビニが優位に立てるのは、巨大な取引規模と、そこからえられる情報の掌握（取引、顧客など）などによる。

　コンビニをめぐる垂直的関係には協調と対抗の側面がみられた。その背景には現代の市場に貫く独占と競争の法則がある。一方では、共同商品開発や物流合理化など製販連携によりグループ全体で獲得する剰余価値の増大が図られ、独占的商業資本として支配力を強めるコンビニも重要な役割を果たしているが、他方、獲得された剰余価値の配分を巡っては、独占的産業資本との間でさえ力関係に応じた分配があり、非独占資本からは不等価交換を通じた収奪が行われている。また川下の顧客に対しても、情報格差と利便性要求への対応などを軸に顧客を囲い込み、有利な条件で販売してきた。

　大手コンビニが急成長できた主要因は独占支配にもとづく独占利潤の獲得にあり、それゆえコンビニ業態の分析には資本主義的独占の考察が不可欠となる。

　製販の力関係は商品分野ごとに多様であるが、コンビニが得意とする中食分野は中小企業が中心であったため、コンビニは創業当初から優位な立場にあった。他方、加工食品など他の分野でも遅くとも 1990 年代半ばにはコンビニがチャネル・リーダーの地位についていたと考える。

第3章で学べるキーワード

共同商品開発、共同配送、社会的流通費用の節約、市場支配力、専用商品、単品管理、チャネル・リーダー、取引の集積・集中、不公正取引、POS 情報

注

1) これに対して、商品の仕入れ価格の決定、配送頻度や物流コスト負担、さらにはコンビニ専用商品の開発・販売が生産者の NB 商品と競合しカニバリゼーションが発生する場合には、両者の利害は対立関係にある。流通パートナーシップ論などは、これら二側面のうち協調の面だけを重視するが、対抗の面を看過してはならない。このことは、チェーン本部と加盟店の関係でも同様である（以上については、本書第 10 章も参照されたい）。

2) プロセスセンターは、調味料 9 カ所、野菜 9 カ所がある（S ＆ I 2023：33）。

3) 労働時間の上限規制によりトラック運転手の不足が懸念される「物流の 2024 年問題」に対応して、SEJ は加工食品の当日配送を翌日配送に改め、弁当類も 1 日 4 便を 3 便に削減する方針を発表した。ローソンも店舗配送を 1 日 3 便から 2 便に削減する（『日本経済新聞』2023 年 6 月 6 日付朝刊）。

4) PB の発展段階についていえば、Humphries & Samways(1993) は、日本に先行して展開したイギリスの PB 発展段階を 4 つの段階に整理した。第一段階は低品質だが低価格のジェネリック商品が登場した 1970 年代、第二段階は NB を模倣した PB の品質が向上した 1980 年代前半、第三段階は高品質のプレミアム PB が導入された 1980 年代後半、そして第四段階は PB の階層化として特徴づけられる 1990 年代前半以降の時期である。これに対して木立（2010）は、後発で発展した日本の PB を 3 つの段階で整理している。

5)「小売業の PB の粗利益率は商品によって差は大きいが、NB よりも『5 〜 10 ポイント程度は高い』（コンビニ関係者）とされる」（日経ビジネス 2018：8-9）。

6) S ＆ I の井阪隆一社長によると、同社のスーパー事業には、食品 PB だけで 1 万 5,000 品目の品揃えがあるという（『日本経済新聞』2023 年 5 月 26 日付朝刊）。

7) 2023 年 9 月 22 日時点で、セブンプレミアムには、セブンプレミアム、セブンプレミアムゴールド、セブンプレミアムフレッシュ、セブンプレミアムライフスタイル、セブンカフェ、セブン・ザ・プライスの 6 種類がある。

8)「地方でセブン－イレブンとの取引店舗数が少ない惣菜ベンダーは、たとえばマヨネーズに関しては 2 次卸から原材料を仕入れていたが、首都圏でメーカー 1 次特約店からタンクで仕入れるベンダーに比べて、約 3 割高い原材料仕入れになっていた」（SEJ 1991：119）。なお、同組合を通じた共同購入は、1981 年の 981,138 円から 90 年の 36,755,749 円へ増えた（同前：121）。

9) メーカーにとって総菜など中食は利潤率が高く、広告宣伝費がかからないことも魅力であった（『日本経済新聞』2014 年 3 月 21 日付朝刊）。

10) コンビニと取引する納入業者は、商品の価格決定ではコンビニ側の意向が強く反映

される状況にあるとして次のように述べている。「価格交渉で用いる為替レートの変更によって価格が値下げになる場合は、かなりのスピードで価格に反映される。一方、為替レートの影響で原材料が上昇し、コストが増加しているにもかかわらず、それに伴う価格の値上げには応じてもらえない。」（公正取引委員会 2018：24）。

11）収奪とは経済的強者である独占資本が、非独占資本や生業者など経済的弱者との取引において、不等価交換を通じて富をえる行為を指す。

12）独占価格とは独占資本が設定する価格である。それは通説が理解してきたような吊り上げ価格とは必ずしも限らない。たとえば、市場環境の激変期に独占資本が将来の高利潤をも当て込んで、市場に新規参入したり、一気に市場シェアを高めたりする際に採られる赤字価格などの低価格設定も独占価格といえる。一方、独占的高価格設定については、次の 3 つの方式がある。第一に、吊り上げ価格である。独占資本が市場支配力に基づき、競争の作用を抑止することによって高価格設定をしたり、生産力向上による個別商品の価値の低下や流通効率化によるコスト削減が生じても、商品の販売価格に反映させず高止まりさせたりするものである。第二に、価格を据え置いた商品の品質削減である。品質が低下した商品が、原材料費用などからみて価値が下落しているにもかかわらず、価格を据え置くものである。第三に、価格を据え置いた商品の数量削減である。菓子の個数削減や化粧品の容量削減などで、Shrinkflation という。これも商品 1 単位当たりでみれば、明らかに値上げであるが、ひとまとまりで販売する全体価格を据え置くことで、買い手を欺こうとするものである。

13）コンビニの商品構成は、ファストフード・弁当・惣菜が 25.1％、日配品 13.1％、飲料 7.1％、菓子 6.5％、加工食品 6.4％、書籍・サービス 5.9％、酒類 5％、雑貨・化粧品 4.3％、その他食品 1.8％、生鮮食品 0.3％、たばこ他 24.5％となっている（公正取引委員会 2019：72）

14）SEJ の店舗数は 1980 年国内 1,000 店、87 年 3,000 店、93 年 5,000 店、2003 年 1 万店を経て、18 年 2 万店を突破した（SEJ 1991、2003）。

15）日本フランチャイズチェーン協会（2023.8）、および各社決算報告より計算。

16）「キユーピー傘下のグルメデリカ（埼玉県所沢市）は、大手コンビニに供給する弁当やおにぎりなど米飯類の新工場を群馬県伊勢崎市に建設」し、2014 年秋に「コンビニ向け米飯の初の専用工場を……稼働させる」（『日本経済新聞』2014 年 3 月 21 日報道）。ハウス食品も SEJ 向けの「パスタやサラダなどを手掛けるデリカシェフ（埼玉県上尾市）の新工場を埼玉県久喜市に建設する」（同前）。また日本ハムは 2014 年 5 月に「コンビニエンスストア向けの弁当・総菜の製造を始めると発表した」。全額出資子会社のプレミアムキッチン（兵庫県小野市）が関西工場（小野市）を 14 年 7 月に、中部工場（三重県桑名市）を 15 年 6 月に稼働させ、SEJ の関西や東海地区の店舗向けに供給を始める計画である（『日本経済新聞』2014 年 5 月 14 日報道）。この他「食肉大手ではプリマハムがサンドイッチなど 10 工場をコンビニ向けに運営し、伊藤ハムも 2 工場で弁当などを作っている」（同前）。

17）『週刊ダイヤモンド』は、バブル崩壊によって「景気が悪化して消費が落ち込み、大手食品や消費財メーカーの収益も圧迫され、背に腹は代えられなくなった」ことを理由にあげ、「乳製品のトップメーカーだった雪印乳業（当時）がセービングの

68

低脂肪乳を手掛けた」1994 年をパワーシフトの転機にあげている（週刊ダイヤモ
ンド 2020：40）。

石原武政・矢作敏行編著（2004）『日本の流通 100 年』有斐閣

一般財団法人・食品産業センター（各年）「食品産業における取引慣行の実態調査報告書」

川辺信雄（2003）『新版 セブン－イレブンの経営史―日本型情報企業への挑戦―』有斐閣

木立真直（2010）「日本における PB の展開方向と食品メーカーの対応課題」『食品企業
　　財務動向調査報告書』食品需給研究センター、140 〜 152 ページ

公正取引委員会（2016.12）「流通・取引慣行と競争政策の在り方に関する研究会報告書」

公正取引委員会（2017.6）「優越的地位の濫用に関する独占禁止法上の考え方（改正）」

公正取引委員会（2018.9）「大規模小売業者との取引に関する納入業者に対する実態調
　　査報告書」

公正取引委員会（2020.9）「コンビニエンスストア本部と加盟店との取引等に関する実
　　態調査報告書」

公正取引委員会（2021.4）「『フランチャイズ・システムに関する独占禁止法上の考え方』
　　の改正について」

仲上哲編著（2009）『「失われた 10 年」と日本の流通』文理閣

仲上哲（2019）『格差拡大と日本の流通』文理閣

仲上哲編著（2020）『国際比較によるプライベート・ブランド商品概念の再検討』ふく
　　ろう出版

日本フランチャイズチェーン協会（毎月）「コンビニエンスストア統計調査月報」

日本流通学会監修、木立真直・齋藤雅通編著（2013）『製配販をめぐる対抗と協調―サ
　　プライチェーン統合の現段階―』白桃書房

尾崎久仁博（1998）『流通パートナーシップ論』中央経済社

佐久間英俊（1996）「流通における革新」林正樹・坂本清編著『経営革新へのアプローチ』
　　八千代出版、pp.227-257

セブン＆アイホールディングス（2022）「セブン＆アイ経営レポート」（2022 年 1 月 12
　　日版 一部補正版）

セブン＆アイホールディングス（2023）「コーポレートアウトライン 2022」

セブン－イレブン・ジャパン（1991）『終わりなきイノベーション 1973 - 1991』

セブン－イレブン・ジャパン（2003）『終わりなきイノベーション 1991 - 2003』

セブン－イレブン・ジャパン（2022）「セブンイレブンの横顔 2022-2023」

セブン－イレブン・ジャパン（2023）「セブン－イレブン徹底解剖」同社ホームページ（2023
　　年 6 月 7 日アクセス）

田村正紀（2014）『セブン－イレブンの足跡―持続的成長メカニズムを探る―』千倉書
　　房

矢作敏行（1994）『コンビニエンス・ストア・システムの革新性』日本経済新聞社

矢作敏行編著（2014）『デュアル・ブランド戦略―NBand/orPB―』有斐閣

矢作敏行（2021）『コマースの興亡―商業倫理・流通革命・デジタル破壊―』日本経済

新聞社

「コンビニ―搾取の連鎖―」『週刊ダイヤモンド』ダイヤモンド社、2020 年 3 月 7 日号、
　　pp.28-68

「PB 商品の裏側―生産・流通・消費が激変！―」『週刊東洋経済』東洋経済新報社、
　　2012 年 12 月 22 日号、pp.36-67

「セブンの磁力―独り勝ちの秘密を徹底解剖―」『週刊東洋経済』東洋経済新報社、2013
　　年 7 月 13 日号、pp.36-55

「セブンの覚悟―カリスマ後のコンビニ回帰―」『日経ビジネス』日経 BP 社、2022 年 2
　　月 14 日号、pp.8-35

「セブン、強まるメーカー動員力」『日経ビジネス』日経 BP 社、2018 年 4 月 30 日号、
　　pp.36-67

第4章

日本のコンビニ FC の特殊性

はじめに

　コンビニエンスストア（以下、コンビニ）は 2022 年 3 月時点で日本全国に 5 万 5,912 店を展開する日本を代表する小売業態である。その特徴のひとつは、経営形態としてフランチャイズチェーン（以下、FC）を採用している点である。

　日本にコンビニ FC が導入された当初、セブンイレブン・ジャパンの創業者である鈴木敏文氏は「中小小売店経営の近代化・活性化と大型店との共存共栄の実現」を理念として掲げていた。実際に、セブンイレブンの加盟店第一号のオーナーである山本健司氏は、酒店から転換してコンビニを始めている（山本：2017）。零細な個人店がコンビニという近代的な小売業態を取り入れることで成長し、それにより本部も成長するという相互利益の関係が想定されていたはずである。

　しかし、現在では東大阪市のセブンイレブンの加盟店と本部の対立が社会的な注目を集めるなど、コンビニ FC は社会課題のひとつとなっている。以前から本部と加盟店との衝突は定期的に生じている。本間編（1999）など、コンビニ加盟店オーナーの過酷な労働実態などを紹介した本は多数発刊されており、少なくとも 2000 年代にはコンビニ FC が必ずしもバラ色ではないことは認知されているはずである。それにもかかわらずコンビニ FC 加盟店の希望者は絶えることなく存在していた。ここではコンビニ FC の特殊性について論じることを通して、その存立の条件を明らかにしていく。

1. フランチャイズチェーン全体における コンビニ FC の特殊性

(1) フランチャイズチェーンの定義

　FC の業界団体である日本フランチャイズチェーン協会は FC を「事業者（「フランチャイザー」と呼ぶ）が、他の事業者（「フランチャイジー」と呼ぶ）の間に契約を結び、自己の商標、サービスマーク、トレード・ネームその他の営業の象徴となる標識、および経営のノウハウを用いて、同一のイメージのもとに商品の販売その他の事業を行う権利を与え、一方、フランチャイジーはその見返りとして一定の対価を支払い、事業に必要な資金を投下してフランチャイザーの指導および援助のもとに事業を行う両者の継続的関係をい

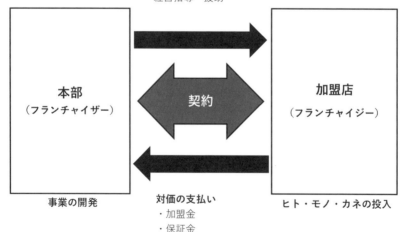

図1　フランチャイズシステムの全体像

出所）日本フランチャイズチェーン協会。

う」と定義している。

　同協会は FC のポイントとして、①本部と加盟者は各々独立した事業体であり、契約に基づく共同事業であること、②本部から加盟者にフランチャイズパッケージが提供されること、③提供されるフランチャイズパッケージの見返りとして、加盟者は本部に一定の対価を支払うことの 3 点を指摘している。

(2)　フランチャイズチェーンの歴史

　フランチャイズ（Franchise）には「人や会社などに特権を与える」という意味がある。FC の起源とみなされるのがアメリカのシンガー・ソーイング・ミシン（以下、シンガー）である。同社は、1850 年代にミシンを発明し、販売するために新しい販売網を構築する必要があった。資金面で直営店での販売は困難であったため、既存の商業者を代理店として利用することになった。そのため、特定の地域でミシンの販売権を与え、その販売台数に対して対価を徴収するという方式で販売組織をつくった。

　1920 〜 30 年代には、飲料業界ではコカコーラがボトリングと販売の権利をライセンス契約したり、自動車業界では、GM がフリーのセールスマンに自動車販売権を供与しカーディーラー制度をつくるなど様々な業界で採用されていった。

　このように当初の FC は、主にメーカーが販売網を構築することを目的として、商業者などに地域独占販売権を与え、その見返りにフィーを受け取るというものであった。このような FC を、伝統的フランチャイズシステムまたは商標ライセンス型フランチャイズシステムと呼ぶ。

　第二次世界大戦後に、その代表的な企業が、ケンタッキー・フライドチキン（以下、KFC）とマクドナルドである。KFC は、契約した事業者に調理器具や調味料を販売し、三日間程度のトレーニングを行い、チキンの販売数量に応じてロイヤリティ（royalty）を受け取るビジネスを始めた。マクドナルドも同様に、マクドナルド兄弟から買収したレイ・クロックが長期的な経営支援を提供する形でチェーン展開を進めていった。その後、1960 年代には

ブームを迎えることになり、海外にも拡大していった。

　このように、製品や商標だけでなく、事業形態なども提供するFCをビジネス・フォーマット・フランチャイジングと呼ぶ。日本では一般的にFCという場合、こちらを指す。このようなFCが発展した背景には、スーパーマーケットなどのチェーンストアの成長による小規模小売業者への圧迫や、第二次世界大戦後の復員軍人の雇用の受け皿という面などがあった。

　日本では1963年にダスキンと不二家がフランチャイズビジネスを始めたのが最初と言われている。その後、1969年の第二次資本の自由化により、外資のフランチャイズビジネスが参入することになる。1970年にKFCやミスタードーナツ、1972年にマクドナルドなどが次々と入ってきた。その流れの中で、1974年にセブン‐イレブン、1975年にローソン、ファミリーマートが1号店を出店している[1]。

(3) FC全体におけるコンビニFCの特質

　前項の歴史で分かるようにFCには様々なものがある。日本では大きく小売業、外食、サービスの3つに分類されており、コンビニは小売業に含まれている。

　図2をみると、FCが全体として成長していることが分かる。その中でも外食業やサービス業の増加が緩やかであるのに対して、小売業の成長が大きく、コンビニも大きく成長していっていることが分かる。

　図3は、コンビニを除く小売業と外食業、サービス業、コンビニをマッピングしたものである。縦軸は店舗数、横軸はチェーン数、円の大きさは売上高の大きさを示している。これをみると、第1にコンビニは他の業種に比べてチェーン数が非常に少ないことが分かる。最も多い外食業が547チェーン、次いでサービス業が426チェーンであるのに対して、コンビニは16チェーンしかない。第2に、コンビニは外食業に並ぶほどの店舗数を出店していることが分かる。店舗数ではサービス業が9万2,661店ともっとも多く、次いで外食業が5万1877店、コンビニを除く小売業が4万8,206店となっている。小売業の1つにすぎないコンビニが5万7,544店と外食業を上回る店舗数で

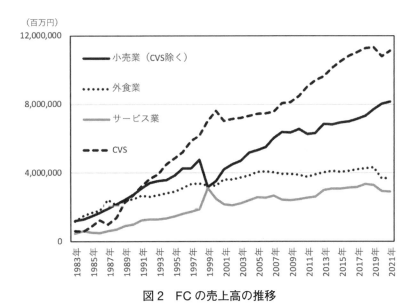

図2　FCの売上高の推移

出所）日本フランチャイズチェーン協会「JFA フランチャイズチェーン統計調査」各年版に
　　基づき作成。

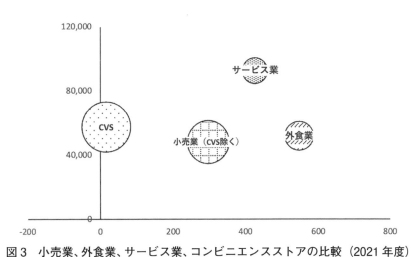

図3　小売業、外食業、サービス業、コンビニエンスストアの比較（2021年度）

出所）日本フランチャイズチェーン協会「JFA フランチャイズチェーン統計調査」2021年度
　　版に基づき作成。

あり、コンビニを除く小売業全体よりも多い。1チェーン当たりの店舗数で
みると、サービス業が約218店、コンビニを除く小売業が1チェーン当たり
約162店、外食業が約95店に対して、コンビニは約3,597店となり、もっ
とも多いサービス業と比べても16.5倍もの開きがある。FC業界の中でコン
ビニが1つのチェーンで図抜けて多店舗展開していることが分かる。第3に
コンビニはサービス業や外食業よりも大きな売上高規模であるということで
ある。コンビニの売上高は11兆1,095億円であり、外食業の3兆7,117億円
やサービス業の2兆9,160億円を大幅に上回っており、これは小売業の19
兆2,531億円の約58%を占めている。

　このようにコンビニはFC業界の中でも、少数のチェーンへの上位集中が
進んでおり、特定のチェーンがかかえる店舗数も売上高も抜きん出て大きい
業界であることが分かる。

2.　コンビニFCの仕組み

(1) 本部から加盟店に提供されるFCパッケージの特徴

　前節で述べたように、FCでは本部から加盟店に対して商標やノウハウが
提供される。コンビニFCの特殊性は他のFCに比べてシステムを含めた提
供されるサービスの豊富さや高度さにある。コンビニでは、図4のようにコ
ンビニ独自の品揃えや商品開発、業態を支える情報システム、物流システム、
継続的な経営相談サービスなど幅広いサービスが提供される。

①商品開発

　コンビニは衣食住の商品を品揃えする総合業態の小型店である。当初は、
日用雑貨品が中心の品揃えであったが、セブンイレブンが1978年に和風の
ファストフードとしておにぎりを開発するなど、購入後すぐに食べられるコ
ンビニ独自の商品を開発していった。その結果、現在では日配食品とFF商
品が35%、加工食品が29%と食品が売上の大部分を占めている。[2]

　商品だけでなく、セブンイレブンは1979年に衛生管理を徹底する目的で
メーカー24社によびかけ共同で独自の日配商品を開発・製造する日本デリ

商標など	ロゴ	
	店名	
	制服	
	PB 商品など	
ノウハウ・システム	商品開発	
	情報システム	
	店舗開発評価	
	物流システム	
店舗指導・援助	店舗指導	
	援助	
		情報提供サービス
		販売設備の無料貸与
		広告宣伝活動
		オープンアカウントシステム
		最低保証制度
		働く人のための制度
		その他

図 4　コンビニ本部から提供される FC パッケージ

出所）国友（2004）、21 ページの図に基づき作成。

カフーズ協同組合（NDF）を設立した。1980 年代以降は大手食品メーカー
もこの協同組合に加盟し、その中でわらべや日洋、武蔵野、フジクーズの 3
社が主要なベンダーとなっている。セブンイレブンはこの NDF に加盟する
メーカーと戦略提携を結び、弁当やおむすび、パンといった商品を共同開発
している。セブンイレブンの専用工場が 2023 年時点で全国に 63 社 176 ヶ所
存在する。

　このようにコンビニは既存の商品を販売するだけではなく、メーカーと協
力して構築した供給網を基礎に、独自の商品を企画・製造している。近年で
はセブンプレミアムのような PB（プライベートブランド）商品の開発も活発
に行われている。

②情報システムサービス

　コンビニの標準的な店舗面積は 30 坪（およそ 100㎡）程度であり、その狭

い店舗に 3,000 品目の多数の商品を取りそろえている。そのため、大型店に比べてスペースが貴重であり、効率的に販売しなければならない。また、商品ごとに陳列や在庫するスペースが制限される。そのため、売れ行きを正確に把握し、売れ行きが思わしくない死に筋商品を早めに売り切り他の商品に切り替える一方で、売れ筋商品は欠品による機会ロスを防ぐために適切に商品を補充する必要がある。そのためコンビニでは商品の単品管理が行われている。単品管理とは SKU（最小在庫単位）レベルで発注や在庫管理を行う管理手法のことである。

この単品管理を支える情報システムが POS システムである。POS とは Point of Sales の略称で、販売時点情報管理と訳される。POS レジで精算された商品情報がそのまま自動的に売上情報として蓄積されていく仕組みである。それにより手間をかけることなく単品ごとの売れ行きを正確に把握することができる。これに商品情報やイベント情報、天気予報などの情報を加えて導き出された需要予測に基づき発注が行われている。

また、最初は発注にかかわる納品書や請求書などですべて紙が使用されていたため、処理に膨大な時間がかかっていた。それが店舗とベンダー、本部の間でリアルタイムに伝達する情報システムが導入された。それにより発注から納品までのリードタイムを短縮できるようになり、発注のタイミングをより実需に近づけることになり需要予測の精度が向上した。

以上のようにコンビニは多額の資金を投入して情報システムを整備することで、小型店を効率的に運営することが可能になっている。他にも店舗作業を効率化するシステムや銀行 ATM など様々な情報システムが導入されており、近年ではキャッシュレスへの対応などが行われている。

③物流システムサービス

情報システムに基づく単品管理を実現するのが、短リードタイム・小ロットの供給体制である。

開店当初のコンビニは膨大な過剰在庫の問題に直面していた。その原因として、1つめにベンダーから納品される商品の単位がケース単位であったことがある。ケース単位とは段ボール単位ということで、商品を1つだけ欲し

い場合にも段ボール 1 箱単位で発注しなければならなかった。単品管理のためにはバラ単位（商品 1 単位）の小ロットでの発注・納品が必要であった。

　2 つめに、日本独自の特約店制度が挙げられる。特約店制度とはメーカーが契約した卸売業者に対して特定の地域における販売代理権を与える契約のことである。この特約店制度のもとでは、卸売業者は競合メーカーの商品を取り扱うことができず、小売店が商品分野ごとに複数メーカーの商品を幅広く品揃えしようと思うと複数の卸売業者と取引しなければならず、結果として多数の卸売業者と取引しなければならない。

　この特約店制度のもと，小ロットで配送すると、積載効率が悪くなってしまう。しかし、取引関係そのものを変革することは困難であった。そのため小ロットかつ効率的な配送を実現するために構築されたのが窓口問屋制という多頻度小口配送である。これは商流を維持したまま、卸売業者が共同配送センターに納入し、そこで納入された複数のメーカーの商品を店舗別に仕分け、混載して各店舗へ納品するというものである。

　現在では、温度帯別に取引も集約され、温度帯別に短リードタイム・小ロットで配送するコンビニ独自の物流の仕組みが構築されている。

④経営相談サービス

　コンビニでは本部のスーパバイザー（SV）が週 2 回程度の頻度で店舗を訪問し、経営の支援などを行う。他業種の FC では月 1 回から数か月に 1 回程度といわれており、コンビニは非常に高い頻度であるといえる。その理由として、コンビニは他業種に比べて新商品の投入や商品の入替え頻度が高く、後述のようにコンビニ以外の業種では、FC の加盟者が法人である場合が多く、店舗運営に関与する必要がないことがある。

　矢作（1994）はスーパーとの比較からコンビニが小売業務システム、商品供給システム、組織間関係のすべてにかかわる深いイノベーションの上に成立していると論じている。そのようにコンビニは単なる小型店ではなく、取扱い商品、物流、情報といった様々な面でコンビニ専用の仕組みによって成立している。それらの仕組みにより「消費の即時化」ニーズに対応する高度な流通サービスを実現し、成長を遂げてきたのである。コンビニ FC では加

盟者は素人であっても、これらの充実した FC パッケージにより、すぐにコンビニ・ビジネスに乗り出すことができるのである。

(2) 加盟店から本部に支払われる対価

　FC では、本部から提供される商標やノウハウ、システム、店舗指導などの対価として加盟店はロイヤリティを支払う。ロイヤリティの主な算出方法には、①一定金額方式、②売上分配方式、③粗利益分配方式がある。一定金額方式は売上高など多寡にかかわらず定められた金額を支払うものである。売上分配方式は店舗の売上高のうち一定の割合を本部に支払うものである。粗利益分配方式は店舗の売上高から商品原価を引いた粗利のうち一定の割合を本部に支払うというものである。日本のコンビニ FC では基本的に粗利益分配方式が採用されている。

　このコンビニ FC の粗利益分配方式の特殊性として、粗利益の計算に用いられる商品原価に売れ残って廃棄される商品を含まないことがある。廃棄分の商品は粗利益を分け合った後に、加盟店が負担することになる。そのため、本部はこの廃棄ロスを負担しない仕組みになっている[3]。

　このロイヤリティの割合は FC ごとに異なっており、さらに同一チェーンでも契約によって異なる。コンビニ FC の契約には、加盟者自身が店舗の土地・建物を準備する自前店舗契約と、本部が準備する本部店舗型契約とに分かれる。セブンイレブンでは前者を A タイプ、後者を C タイプと呼ぶ。この契約の違いにより、加盟店が本部に対価として支払うロイヤリティなどが異なる。表 1 は A タイプと C タイプとの違いをまとめたものであるが、A タイプのロイヤリティの割合が 43% であるのに対して、C タイプでは 56% ～ 76% と相対的に高い割合になる[4]。

　粗利益分配方式で本部がロイヤリティを算出するためには加盟店の売上高と売上原価を正確に把握する必要がある。そのためコンビニ FC ではオープンアカウントシステムが採用されている。オープンアカウントシステムとは、加盟店は日々の売上を本部に送金し、本部はその中から商品の仕入代金や水道光熱費、ロイヤリティなどを差し引き、翌月に払い戻すという仕組みであ

る。不足が生じた場合は、本部が加盟店に対して運転資金を自動的に融資する。このオープンアカウントシステムによって、本部は経費などを正確に算出することが可能となり、加盟店から遅滞なく支払いを受けることができる。また、加盟店は支払業務が不要となり店舗運営に専念することができ、赤字の場合も本部から迅速に借入が可能である。その一方で、加盟店は本部に売上や経費などを完全に把握され、本来独立した事業主がもつ売上金の裁量権を実質的に失うことになる。[5]

　契約期間に関して、他業種の FC では契約期間は 2 ～ 5 年程度であるのに対して、表 1 のようにセブンイレブンでは 15 年となっており、相対的に長期間である。

　FC における本部と加盟店の関係性は千差万別である。ノウハウなどを提供した後は、ロイヤリティの支払いだけでほとんどやりとりのない場合もある一方で、コンビニ FC は SV の巡回や売上の送金など本部と加盟店が常時やりとりするきわめて密接な関係にある。

表 1　セブンイレブンの契約タイプの概要

	A タイプ	C タイプ
土地、建物、販売什器などの所有		
土地、建物	加盟店が用意	セブン‐イレブン・ジャパンが用意
販売什器、コンピュータなど	セブン‐イレブン・ジャパンが用意	
契約期間	15 年	
水道光熱費負担	セブン‐イレブン・ジャパン 80%、加盟店 20%	
セブン‐イレブン・チャージ	売上総利益に 43% を乗じた金額	売上総利益に対してスライドチャージ率を乗じた金額
	5 年経過インセンティブ、15 年契約更新インセンティブあり（チャージの減額）	
最低保証	オーナー総収入（年間）1,900 万円	オーナー総収入（年間）1,700 万円

出所）セブン‐イレブン・ジャパンの資料に基づき作成。

3. フランチャイジーの変化

(1) 個人オーナーの実態

　図5は公正取引委員会（2020）に基づき、コンビニ FC のフランチャイジーの属性別の割合を示したものである。これを見ると、個人オーナーが58.6%、法人オーナーが41.4%とおよそ6割を個人オーナーが占めており、加盟店の60%弱が個人オーナーで構成されている。川端（2021）によれば、FC ビジネス全体では約7割が法人オーナーとなっており、個人オーナーの多さはコンビニ FC の特殊性の1つである。

　この個人オーナーについてより詳しくみる。図6をみると、その75%は経営店舗数が1店だけであり、5店以下が99.7%となっている。また、図7で店舗の契約タイプをみると個人オーナーの93.8%は本部店舗型契約（Cタイプ）となっており、自前店舗型契約（Aタイプ）はごく一部である。

　次にオーナーの属性をみていく。オーナーの年齢分布をみると、平均年齢53.2歳で、50代が最も多く、50代以上で60%を超える。加盟時の年齢をみると、平均は40.2歳で、30代、40代が多い。加盟年数は、平均年数は14.2

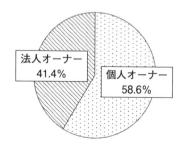

個人オーナー、法人オーナーの数
（2018年度末時点、n=31,107）

図5　コンビニ FC フランチャイジーの属性

出所）公正取引委員会（2020）に基づき作成。

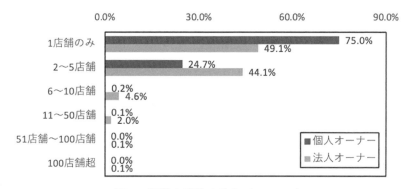

図 6　経営店舗数の分布 (n=3,499)

出所）同上。

図 7　店舗の契約タイプ (n=4,851 (個人オーナー)、3,507 (法人オーナー))

出所）同上。

年で、最も多い区分は 10 年超 20 年以下である。2000 年代に 30 代～ 40 代で加盟し、10 年以上経って 50 代前後になっているとなる。

　個人オーナーの事業経営経験をみると、経験があるのは 28% にすぎず、72% は事業経営の経験がない。加盟前の社会人経験をみると、コンビニを含めた小売業の経験者は半数弱で、小売業以外が半数以上を占めている。

　ここから、現在の個人オーナーの典型的な姿としては、コンビニ経営以前に事業経験はなく、小売業その他の業界で一定の社会人経験をした後に退職し、本部店舗型契約でコンビニオーナーとなり、1 店舗のみを経営し、その収益に頼って生活しているというものである。

　コンビニ FC は当初、個人店の近代化を掲げ自前店舗型契約中心で始まっ
たが、現在では個人オーナーに関してみるとその大部分が本部店舗型契約と
なっている。

(2) 法人オーナーの増加

　上述のように、コンビニ FC のフランチャイジーの 4 割は法人オーナーで
ある。その中には、「法人成り」したばかりの事業者から鉄道会社系事業者
のような大企業まで様々な主体が存在する。公正取引委員会 (2020) の調査
をみると、法人オーナーの 89.3% は資本金 1,000 万円以下であり、経営店舗
数が 1 店舗のみが 49.1% となっておりおよそ半数は「法人成り」しただけで
個人事業主と変わらないと考えられる。

　その一方で、2 店舗以上の複数店舗を経営するオーナーが半数以上を占め
ている。その中には、数十店といった単位で経営するメガフランチャイジー
が存在する。公正取引委員会 (2020) では、8 チェーンの中でコンビニを 10
店舗以上経営する法人オーナーが 323 名存在し、そのオーナーが経営する店
舗数は合計 5,911 店（2020 年 1 月時点）で、全体の 10.3% に達している。大
規模な法人オーナーとしては、鉄道会社系事業者、元コンビニエンスストア
チェーン本部、薬局系の事業者、小売系の事業者、本部の関連会社などがあ
り、50 店舗以上のものをまとめたのが表 2 である。

　上述のように法人オーナーの半数以上は複数店舗の経営を行っている。当
初コンビニ FC は個人オーナーを基本としており、特にセブンイレブンは複
数店舗の経営を禁止するなど複数店舗を経営する法人オーナーに否定的で
あった。しかし、ローソンやファミリーマートは 2000 年代後半から複数店
舗の経営を推奨するようになった。その背景には、1990 年代以降の積極的
な店舗出店や M&A により市場が飽和したことで個店の売上が伸び悩み、
また労働力不足や人件費などのコストが増加する中で 1 店舗だけの経営では
売上や利益が確保できなくなっていたことがある。複数店舗を経営すること
で、アルバイトなどのスタッフを店舗間で融通したり、売上を複数店舗で補
い合うこともできる。また、出店余地が減少することで、同一チェーンの店

表2　コンビニ FC のメガフランチャイジー

名称	本社	型	ブランド	店舗数	主たる事業内容
セーブオン	群馬県	専業・転業型	ローソン	371	元コンビニエンスストア・チェーン本部
JR 西日本デイリーサービスネット	兵庫県	専業・子会社型	セブンイレブン	226	鉄道会社系事業者
JR 九州リテール	福岡県	兼業・低関連型	ファミリーマート	244	鉄道会社系事業者
近鉄リテーリング	大阪府	専業・子会社型	ファミリーマート	124	鉄道会社系事業者
アイル・パートナーズ	香川県	専業・転業型	セブンイレブン	110	鉄道会社系事業者
新鮮組本部	東京都	専業・転業型	ローソン	70	本部の関連会社
東急ステーションリテールサービス	東京都	専業・子会社型	ローソン	52	鉄道会社系事業者
コミュニティー京成	千葉県	専業・子会社型	ファミリーマート	52	鉄道会社系事業者

出所）川端（2021）の表 6-2 に基づき作成。

舗同士の競合も問題になっていたが、同一オーナーであればその問題もなくなる。積極的に複数店舗の経営を進めていたローソンでは、開店準備手数料の減免やロイヤリティの優遇、奨励金の支給など様々な支援を行っており、2020 年の時点で同社のフランチャイジーの 75% が複数店を経営するオーナーになっている。当初は否定的であったセブンイレブンも 2010 年頃から方針転換し、複数店舗の経営を容認、推奨している。

　以上のように、日本にコンビニ FC が導入された当初は、鈴木敏文氏が「中小小売店経営の近代化・活性化と大型店との共存共栄の実現」を掲げていたように、もともと事業を営んでいた自前店舗型契約の個人オーナーが中心であったが、業態が確立し、その競争力をもって積極的な広域展開を進めた 1990 年代以降は事業経験のない個人オーナーを本部店舗型契約で取り込んでいった。

　しかし、業態が成熟し、労働力不足など厳しい経済環境の中で個人オーナーでの経営は困難になっている。川端（2021）は、個人オーナーと法人オーナー

の違いについて、①資金調達力、②人材確保力、③店舗不動産確保力、④事業リスクの対応力、⑤経営者としての経験蓄積を挙げているが、そうした経営力に勝る法人オーナーが今後ますます増えていくことが予想される。先に述べたようにFCビジネス全体の約7割は法人オーナーになっており、コンビニFCでもますますその比率が高まると考えられる。

おわりに

コンビニFCは、他業種と比較して著しく少数のチェーンにより多数の店舗展開がなされている。

そのFCパッケージをみるとコンビニという業態を成立させるためにコンビニ専用の商品の開発や情報・物流システムが整備され、多様なサービスが提供され、小売業などの経験のない加盟者であってもすぐにコンビニ・ビジネスを始められるものであった。その一方で、コンビニFCでは一般的にロイヤリティに粗利益分配方式が採用されており、その支払いのためにオープンアカウントシステムが導入されていた。それにより加盟店の販売やお金の流れが完全に把握される仕組みになっている。SVの頻繁な店舗訪問などと合わせて他業種に比べて非常に強い管理が行われている。

コンビニFCが始まった当初は、元々事業を行っていたAタイプの個人オーナーを中心に店舗拡大していったが、1980年代に品揃えや供給体制が整備され業態が確立して以降は脱サラして事業を始めようとするCタイプの個人オーナーを取り込み、積極的な店舗展開を行った。

コンビニFC本部は粗利益分配方式のロイヤリティや強力な管理により高い利益率を実現し、成長していった。仲上（2012）はこのコンビニのあり方を販売リスクの外部転嫁として論じた。しかし、業態が成熟化し、出店余地が乏しくなり、さらに労働力不足や人口減少といった環境の大幅な変化の中で、この大規模なコンビニFC本部と個人オーナーという圧倒的なパワーの格差を含む関係は限界を迎えており、今後は法人オーナーがより一層増加し、その関係が変化していくと考えられる。

```
┌─────────────── 第 4 章で学べるキーワード ───────────────┐
│                                                              │
│  フランチャイズチェーン、FC、フランチャイザー、フランチャイジー、 │
│  ロイヤリティ、粗利益分配方式、オープンアカウントシステム         │
│                                                              │
└──────────────────────────────────────────────────────┘
```

注

1) ファミリーマートは 1973 年に出店しており、コンビニエンスストア第 1 号店と見られることもある。

2) 日配食品はおにぎりや弁当、サンドイッチ、惣菜、サラダ、パンといった毎日店舗に配達される賞味期限の短い食品のことである。FF 商品とはフライドチキンや肉まん、おでんなど店舗で調理され、主にレジカウンター横で販売されている商品である。

3) この廃棄ロスの負担に関して、店舗からの抗議や社会的な批判もあり現在では本部も一部負担するようになっている。

4) どちらの場合も 24 時間営業を実施することで、売上総利益の 2% が控除される。

5) オープンアカウントシステムでは、支入先に対して本部が加盟店に代わって代金を支払う仕組みになっている。一般に加盟店からの売上の納入は、支入先への買掛金の支払いよりも先になるので、本部はその期間に運用して利益を得ることができる。一方で、加盟店は本部から借入を受けた形になるためその分金利が発生する。

参考文献

安藤一平（2007）『コンビニ欺瞞商法』本の泉社

川端基夫（2021）『日本の法人フランチャイジー』新評論

川辺信雄（2010）「コンビニ FC システムにおける本部対加盟店の軋轢と調整」『早稲田商学』423：381-443

金顕哲（2001）『コンビニエンス・ストア業態の革新』有斐閣

木下安司（2011）『コンビニエンスストアの知識〈第 2 版〉』日本経済新聞出版社

国友隆一（2004）『なぜセブン - イレブンは優良加盟店をつくれるのか』日本実業出版社

近藤忠孝・小山潤一（2000）『現代コンビニ商法：サークル K に見る奴隷契約』かもがわ出版

公正取引委員会（2020）「コンビニエンスストア本部と加盟店との取引などに関する実態調査報告書」

日本フランチャイズチェーン協会（2011）『新版　よくわかる！フランチャイズ入門』同友館

日本フランチャイズチェーン協会（2017）『改訂版　フランチャイズ・ハンドブック』商業会

本間重紀編（1999）『コンビニの光と影』花伝社

矢作敏行（1994）『コンビニエンス・ストア・システムの革新性』日本経済新聞出版

山本健司（2017）『セブン - イレブン 1 号店 繁盛する商い』PHP 新書

第5章

コンビニ店舗を支える労働とその課題

はじめに

　20019年2月、当時セブン‐イレブン・ジャパンに加盟していた東大阪市のコンビニオーナーが、人手不足による長時間労働を苦にして、フランチャイズ本部に無許可で深夜休業を行った。本部との相談・合意なく店舗を閉めることはフランチャイズ契約違反となることから、本部は深夜休業の即刻中止を求め、仮に続行する場合、契約解除と違約金1,700万円が発生する旨をオーナーに伝えた[1]。

　両者の対立は全国紙で大きく報じられ、24時間営業をはじめとして、既存のビジネスモデルに一石を投じることとなった[2]。経済産業省は同年6月、「新たなコンビニのあり方検討会」を設置し、大規模な実態把握調査を行った[3]。さらに、公正取引委員会は2019年10月〜2020年8月にかけて、本部と加盟店の取引の実態を把握すべく、大手チェーンすべての加盟店を対象とした初めての大規模調査を行った[4]。

　この2つの調査からは、日々長時間店舗にて就業し、かつほとんど休みなく働くオーナーが少なくないことが明らかになった。たとえば、公正取引委員会（2020）によれば、厚生労働省が「過労死ライン[5]」とする週60時間以上就業しているオーナーの割合は、32.5％に上る。これは、類似業種の自営業と比較しても高い水準である[6]。また、直近1年間の休日日数は10日以下とする者の割合が63.2％に上っている。さらに、経済産業省の調査では、オーナーだけではなく、家族の長時間就業の実態も明らかになった[7]。

　コンビニは、高度な情報システムや物流システムを構築することで時間、立地、品揃え、サービスなど多面的な利便性を消費者に提供してきた。しか

し、どんなに便利な仕組みが作り出されたとしても、店舗で直接消費者に相対し小売サービスを提供する働き手がいなくては、市場価値を実現することはできない。本章では、コンビニ産業の持続可能な発展を見据えて、コンビニの店舗運営を支える就業者たちの働き方について、論点整理と若干の考察を行う。なお、本章でオーナーという場合念頭に置かれているのは、日常的に店舗にて就業し、経営者でありかつ店長としての役割を果たす者である。

1 コンビニのフランチャイズ契約

(1) 契約上の役割分担と加盟店側の経営権にたいする制約

コンビニのフランチャイズ契約においては、加盟店は店舗経営と販売に専念し、従業員の募集・採用・教育といった労務管理、品揃えや発注、店内設備の管理といった、商品管理、そして経営数値の管理に責任を負っている。一方で、本部は、店舗経営支援というかたちで、様々なサービスを加盟店に提供している（フランチャイズ契約の詳細については本書第4章を参照）。

加盟店は店舗経営と販売に対する責任を負っているが、店舗経営にかかわるすべての事項について自己決定できるわけではない。そもそも、フランチャイズ・システムの利点は、当該事業にかんするスキルやノウハウを一切持たない者であっても、本部の提供するビジネスモデルにしたがって独立して事業を行えることにある。しかし、このような経営手法の標準化は利点であると同時に、加盟店の経営権を制限するという側面をもつ（徳永1991：201-202）。

そこで、コンビニのフランチャイズ契約における加盟店の経営上の権限について整理したい。経済法を専門とし、コンビニ契約の問題をいち早く指摘した本間（2000：73-74）は、小売業における経営機能を①営業（営業時間・日数、店舗の内外装、商品価格、品揃え）、②仕入・開発、③労務、④資金・会計の4つの側面からとらえている。本稿においても、この4つの観点にしたがって、加盟店が店舗経営に対して有する権限について整理したい。

まず、店舗の営業に関する事項についてである。営業時間と営業日数につ

いては、原則 24 時間年中無休であるが、本部と協議・合意のうえで、営業時間についてのみ短縮が可能である[8]。店舗の内外装については、加盟店は本部の指示に従うとされ、裁量は一切認められていない[9]。商品の品揃えや店舗が提供するサービスについては、本部は加盟店にあっせんするが、最終的な決定権は加盟店にあるとされている。ただし、独自に仕入をする場合であっても、本部の許可が必要である。販売価格についても本部は推奨価格を提示するにとどまり、決定権は加盟店にある。労務については、募集・採用から労働条件の決定、配置に至るまで加盟店の裁量に任される。最後に、資金・会計については、本部が会計代行サービスを提供しており、加盟店は資金調達や帳簿作成業務から解放されている代わりに、売上金を毎日本部に送金しなければならず、また日報という形で店舗経営の詳細なデータを毎日本部に提出することが義務付けられている。

　以上のとおり、契約上は店舗の営業時間・日数や内外装については裁量がないか大幅に制限されている。品揃えや店頭サービス、販売価格の最終的な決定は加盟店に委ねられている。しかし、このような契約上加盟店に与えられているはずの権限は、チェーン・イメージの遵守を加盟店に義務付けることによって実質的には大幅に制限されているとする見解もある（近藤・山本1999：230-234）。

(2) コンビニの会計方式

　次に、フランチャイズ契約における利益配分と費用負担のしくみであるコンビニの会計方式についてみていきたい。コンビニでは、加盟店が販売活動に専念できるよう、会計実務を本部が代行するサービスを加盟店に提供している。そのため、加盟店が発注した商品の代金や加盟店が店舗で雇用している従業員の給与などは、本部が代行して支払う仕組みとなっている。本部と加盟店間の様々な会計処理を行うための仕組みとして、一般的に、「オープンアカウント」と呼ばれる仕組みが用いられている[10]。図 1 はオープンアカウントにおける本部と加盟店間の金銭の流れを図式化したものである。

　まず、加盟店は 1 日ごとの売上を本部に送金しなければならない（図 1 上

の①）。次に、1カ月ごとに、売上から商品の仕入原価が差し引かれた残額が売上総利益となる（図1上の②）。ただし、ここで差引かれる仕入原価は、実際に売れた分の原価しか含まれず、売れ残った分の仕入原価（一般に廃棄ロスと呼ばれる）は含まれない。この方法によって算定された売上総利益が、契約上定められたロイヤリティ率にもとづいて本部と加盟店の間で配分される（図1上の③）。ここにコンビニにおける会計の特徴がある。すなわち、仕入れた商品の総数のうち、実際に売れた数だけを仕入原価として計算し、売れ残った分は仕入原価に含まないため、加盟店の売上総利益は実際のそれよりも高く見積もられる。この実際よりも高く見積もられた売上総利益にロイヤリティ率がかけられるため、本部が得るロイヤリティ収入はより多くなり、加盟店の手元に残る部分はより少なくなる。なお、ロイヤリティの率はフランチャイズ本部によって異なっているのはもちろんのこと、同一チェーンにおいても、契約形態、1カ月の売上総利益、営業年数、24時間営業であるか否かによって異なる。たとえば、セブン‐イレブン・ジャパンの契約タイプCの場合、1カ月の売上総利益のうち250万円以下の部分の56％、250万円超から400万円以下の部分の66％、400万円超から550万円以下の部分の71％、550万円を超える部分の76％がロイヤリティとして徴収される[11]。

　ロイヤリティ徴収後の残額は加盟店収入という扱いになるが、ここからさらに店舗従業員の人件費や売れなかった分の仕入原価、その他営業費を負担しなければならない（図1上の④）。仮に人件費など、店舗運営にかかわる経費が支払えない場合には本部から利息付きで自動的に融資される（図1上の⑤）。そして、人件費など店舗の営業経費を差し引いて残った利益が、最終的にオーナーに振り込まれる（図1上の⑥）。以上が、オープンアカウントシステムの概要である。

　このようなオープンアカウントシステムを用いることによって、加盟店は、帳簿作成業務などから解放されている。しかし問題は、その仕組みが加盟店側に利益が残りにくいものになっていることである。たとえば、すでに述べた廃棄ロスの負担が加盟店だけにあることや、ロイヤリティが高率であることがあげられる。そのうえ、本部が作成する損益計算書の項目には含まれな

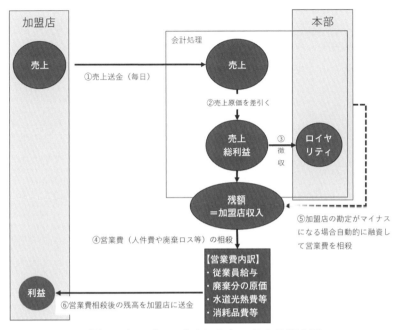

図 1　オープンアカウントシステムの概念図

出所）中小企業庁（2021）、中村（2012）などの資料をもとに筆者作成。

いが、店舗経営上必要な経費が存在する。つまり、図1上の最終的な利益か
ら、さらに、差し引かれる経費が存在する。この経費について、はじめて調
査を行ったのは、公正取引委員会（2020）である。その調査結果をみると、
たとえば、「税理士・社会保険労務士・会計事務所への報酬」「店舗で用いる
車のガソリン代」「交通費」「防犯カメラ関連の費用」「業務用の携帯電話等
通信費」「専従者給与」「事務用品等消耗品代」「折り込み求人費用・その他
採用関係の費用」などが列挙されている（公正取引委員会 2020：83）。

　以上、コンビニオーナーの働き方を方向付けるフランチャイズ契約につい
て、加盟店と本部の役割分担、加盟店の経営権の制約、コンビニ会計という
観点から概観してきた。この契約のもとで、加盟店オーナーは日々店舗経営・
運営を行っている。次節では、コンビニ店舗を支える労働をめぐる論点整理
を行いたい。

2　コンビニを支える労働をめぐる論点の整理

(1)『コンビニエンス・ストアの経営と労働に関する調査研究』が提示した
論点

　まず日本労働研究機構（現労働政策研究・研修機構）が 1995 年に発表した『コンビニエンス・ストアの経営と労働に関する調査研究』をみていきたい[12]。これは、コンビニ店舗における労働に焦点を当てた初めてのまとまった調査研究であり、労働省（当時）の要請を受けて実施されたものである。この報告書は 24 時間年中無休営業やフランチャイズ契約上の本部と加盟店の役割分担を所与のものとし、契約内容の問題について言及していないという限界をもっている。しかし、この調査報告書で明らかにされているオーナー店長の働き方は、経済産業省が 2019 年に行った一連の調査や公正取引委員会（2020）の調査で明らかにされているオーナーの就業実態と重なる部分が多く、オーナー店長の労働負荷を軽減し、就業環境を改善するうえで示唆に富んだものである。

　日本労働研究機構（1995：134）ではオーナー店長の働き方について、週当たりの勤務時間数、連続勤務時間数、休日数から「ニュー・ハードワークとでも言い得る働き方が展開されている」と指摘している。また、このような就業状況に対して、「店を任せられる従業員を確保し、健康管理などを徹底したいと希望する人は多い」とまとめている。

　このような働き方の背景について、報告書が指摘するのは、第一に、24 時間年中無休営業というコンビニの業態コンセプトそのものが労働負荷を大きくすることである。第二に、短時間勤務のパート・アルバイトが主力であるため、必要な時間帯に必要な労働力が確保できない場合には、店長が代替せざるを得ず、それが労働負荷を大きくしていることである。第三に、店長はプレイング・マネジャーであり、店長が負う責任に比してパート・アルバイトの責任は小さいことである。このことは、24 時間年中無休の店舗運営において、店長は片時も休まるときはなく、労働負荷が大きくなる。最後に、

店舗面積に比して品揃えが豊富なことである。発注業務は店舗の売上に直結するが、だからといってすべてを店長が担うことは大変な労働負荷となる。

　以上の分析を踏まえて、日本労働研究機構（1995）では 24 時間年中無休営業、短時間勤務のパート・アルバイト中心の従業員構成、本部のマニュアルと経営指導を前提とした、コンビニ店舗の今後の課題を提起している。そこで指摘されているのは、まず①発注業務の分散化と店長代行者の育成である。そして、②店長代行者育成の前提となるパート・アルバイトの戦力化である。第三に、③パート・アルバイトに期待する労働に見合った労働条件の引き上げである。最後に④加盟店によるマニュアルの柔軟な活用を本部が許容することである。

(2)　「『新たなコンビニのあり方検討会』報告書」が提示した論点

　次に、経済産業省が設置した有識者会議「新たなコンビニのあり方検討会」が 2020 年に公表した報告書の内容をみていきたい。本報告書が日本労働研究機構（1995）と大きく異なるのは、加盟店オーナーの就業環境改善のために本部が果たすべき役割は何かという観点からまとめられていることである。

　まず、経済産業省（2020）では、売上高の低迷や人手不足といった店舗経営を取り巻く環境変化を念頭に、加盟店が抱える最大の課題は従業員の確保と定着にある、としている。このことについて、本部がチェーン全体で加盟店従業員の募集・採用を行うことや、本部による加盟店従業員に対する教育・研修を充実させる必要性が述べられている。また、人手不足への対応として、外国人人材の活用も志向されている。

　店舗従業員の労働条件については、賃金水準が最低賃金近傍にとどまり他業種との比較で競争力のない水準でとどまるのであれば、店舗運営上必要な従業員の確保は難しいと指摘し、加盟店の利益をどう伸ばすかが喫緊の課題であるとする。さらに、ロイヤリティの算定方法の見直しについても場合によっては勘案すべき事項であると指摘している。

　また、店長やリーダー人材については、「オーナー自身の労働環境に対してもしっかりとサポートを行うことが求められる」と指摘されている。具体

的な方向性としては、急病など緊急時の対応および高齢化を見据えて共同経営者となる人材を供給する形でのサポートの必要性が述べられている。

　以上のとおり、経済産業省（2020）では、加盟店が直面する経営・店舗運営上の課題について、本部を含めたフランチャイズ組織全体の直面する課題として、論点整理を行っていることが評価できる。一方で、疑問も残る。それは、加盟店の従業員管理において、採用活動が強調され、日本労働研究機構（1995）が提起していた従業員の育成という観点がほとんどないことである。もちろん、経済産業省（2020）では、深刻化する人手不足にいかに対処するのかという問題意識が強く反映されていることはわかる。しかし、現在ほど人手不足が深刻化していなかったと考えられる日本労働研究機構（1995）の調査時点ですでにオーナーの働き方は長時間かつ休みのないハードワークだったのであり、そこで求められていたのは基幹的労働力の育成であった。このことは、単に24時間の各時間帯において従業員の頭数さえそろえば、オーナーの長時間かつ休みの取れない就業状況が改善するわけではないことを示唆している。したがって、コンビニの店舗経営・運営を円滑に行っていくうえで、求められている労働の質とは何かを明らかにする必要があろう。

　また、経済産業省（2020）では本部主導の従業員研修の充実などが提起されているものの、そもそも、コンビニの店舗オペレーションは標準化されているとはいえ、対人サービスを提供するコンビニにおいてその労働を完全に標準化することは不可能である。発注業務や従業員教育といった非定型的な業務を担う基幹的従業員の育成を画一的に行うことはなおさら難しい。実際に、オペレーションの実行段階においては店舗の状況に応じてさまざまに工夫が施されている（日本労働研究機構1995：124；居郷2017：59-60）。したがって、本部が加盟店向けに実施する画一的な教育だけでは限界があるだろう。本部による加盟店従業員の教育・研修の充実だけではなく、加盟店主導の従業員育成をいかにサポートするのか、という観点から本部の役割やフランチャイズ契約の内容について今後検討を加えていくべきだと考えられる。

(3)　論点の整理

　本節の最後に、日本労働研究機構（1995）および経済産業省（2020）のレビューをふまえて、コンビニ店舗を支える労働をめぐる論点を整理したい。

　第一に、コンビニにおいて求められている労働の質について、コンビニ店舗で働く者全員に求められるような基礎的な業務の内容やそこで求められるスキルとは何か明らかにする必要がある。また、オーナーが店舗不在時においても安心して従業員に店舗運営を任せるにあたってオーナーの代理となる従業員に求められるスキルとは何なのか、明らかにする必要がある。前者は通常業務の遂行におけるコンビニ労働の質であり、後者は基幹的業務の遂行における労働の質についての分析である。

　第二に、新人教育や基幹的従業員の教育を加盟店が行うにあたって、必要な店舗経営・運営上の条件とは何か、明らかにする必要がある。日本労働研究機構（1995）において、休みなく長時間働く状況を改善する施策として、基幹的従業員の教育を課題として挙げるオーナーは 7 割を超えていた。しかし、なぜ課題として認識しながらも、それが実現できなかったのか。実現するための条件は何か明らかにする必要がある。この分析によって、本部が加盟店支援として有効な施策は何か、提示することができるだろう。

　第三に、コンビニにおいて求められる労働に見合った賃金水準や、雇用形態とは何か、既存のフランチャイズ契約における利益と負担の配分にかかわって、明らかにすることである[13]。

3　論点に対する若干の考察

(1)　コンビニ店舗において求められる労働の質

　本節では、第 2 節において整理した論点について、若干の検討を試みたい。ただし、紙幅の関係上、第一の論点と第三の論点についてふれたい。

　まず、コンビニ店舗において求められる労働の質についてみていきたい。本稿では、コンビニ店舗のオペレーションを各業務の遂行レベルに応じて 3 つに大別する。まず、オーナーやその家族から新人従業員にいたるまで、店

舗運営にかかわる全員が習熟することを求められる通常業務である。通常業務はさらにレジ操作やサービスなどの接客業務と検品、陳列、調理、清掃といった非接客業務に分けられる。次に、発注業務や陳列レイアウトの構想、新人教育、売上の管理といった基幹的業務である。基幹的業務の担い手は、個々のオーナーの運営方針に左右されるが、多くの店舗においてオーナーやその家族だけではなく一部の従業員によって担われている。一部の従業員に基幹的な業務を任せることは、24 時間年中無休営業のコンビニ店舗経営とオーナーや家族の健康的な就業生活を両立するためにはほとんど必須の条件といってよいだろう。最後に、基幹的業務の方針決定や、人件費や廃棄費など、店舗経営において発生する各経費の予算作成、従業員の募集や採用、賃金決定、基幹的業務にかんする教育など、店舗経営にかかわる業務である。オーナーが店舗にて就業している場合には、これらの業務はオーナーが行っている。

　次に、日々の業務の遂行過程についてみていきたい。コンビニの店舗業務の遂行過程においては、来店客数の多い繁忙時間帯を中心として、次のようなパターンが存在する。すなわち、①繁忙時間帯に向けたピーク前準備、②繁忙時間帯の業務、③繁忙時間帯を過ぎたあとの店舗状態の回復である。ピーク前準備としては、陳列棚への在庫補充やカウンター前で販売される唐揚げなどの店内調理品の調理、コーヒーマシンへのコーヒー豆の補充や砂糖やミルク、マドラー、無料で提供するカトラリー類といった用度品の補充業務が中心的に行われる。いくら来店客数が多くても、それに応じた商品在庫がなければ売上を伸ばすことができないため、補充業務を中心としたピーク前準備が十全に行われることが必要である。

　繁忙時間帯には、来店客数の増加に合わせて接客業務が中心となるが、その合間にも在庫補充や、陳列棚の商品の前出し作業（フェイスアップと呼ばれる）、店内調理が同時並行で行われる。コンビニは売場面積が小さいために、繁忙時間帯においても接客業務だけを行うということはなく、在庫補充の業務が同時並行で行われる。そのため、従業員はせわしなくレジカウンター内と売場を往来しながら業務を遂行する。

　繁忙時間帯を過ぎたあとは店舗状態の回復を行う時間である。繁忙時間帯を過ぎたあとは、陳列棚の商品が乱れていたり、コーヒーマシンやごみ箱、トイレなどの店内設備が汚れていたりする。そのため、次のピークに向けて在庫補充や陳列棚の整理整頓、店内設備の簡単な清掃が行われる。そのほかにも、毎週入れ替わる新商品の陳列棚に値札付けをしたり、販売促進のためのPOP広告を作成・展示したりする業務も行われる。このように、形式的には、①→②→③の過程が、朝・昼・夜と日々繰り返されていくのである[14]。

　ただし、これらのパターンは店舗内業務がマニュアルどおりに進行可能な定型業務であることを意味していない。確かに、コンビニ店舗で発生する業務1つ1つはマニュアル化された誰でもできる性格のものである。しかし、上記でみたように、多岐にわたる店舗業務を通常2人の従業員で遂行する必要がある。各従業員は1つの業務に専念することはなく、来店客数や陳列棚にある商品在庫の変化、自分以外の従業員の動きに常に気を配りながら、様々な業務のうちどの業務を優先的に行うべきなのか、判断して店舗オペレーションを遂行している。それは、裏を返せば、コンビニの従業員には、通常業務を遂行するレベルにおいても、このような判断能力が求められるのであり、オーナーにはそのような従業員を育成することが求められていることを意味している（居郷 2004：294-295）。

　さらに本部の方針によって追加されるサービス業務や販売促進のためのキャンペーンによって、従業員の負担は増している。経済産業省のヒアリング調査によれば、コンビニ店舗の業務の複雑性について次のような発言が記録されている（表1）。

　表1上の発言者識別番号1～5ではコンビニの通常業務において、様々な業務を同時並行で遂行しなければならないことの負担の大きさが述べられている。また、発言者識別番号6～9では、通常業務の中でも、公共料金などの収納代行や宅配便の受け渡しなどのサービス業務の負担と、それを従業員に教える立場である管理者としてのオーナーの負担について述べられている。そして最後に、発言者識別番号10では、本部が決めた販売促進のためのキャンペーンの多さによって現場が混乱している様子が読み取れるだろう。

表1　店舗業務の複雑性にかんするオーナーの発言

発言者 識別番号	発 現 内 容
1	学生には、コンビニの作業がおでんやフライヤー、中華まんやドーナツなど多方面にわたり、複雑な割に時給が最低賃金近くということから敬遠されている。
2	バイトの範囲を超えている。レジをやりながらファーストフード作って、ファーストフード作りながら掃除してというように、やることが多すぎて。
3	コンビニの仕事は離職率が高いと思うが、理由の1つが思ったより大変だというのがある。我々手捌きがいいため、お客さんから見ると簡単に見えるが、実際入ってみると大変だから辞めるという人が本当に多い。
4	あまりにやることが多すぎるので、アルバイトを雇って教育する時に、全部を理解できない。そういう子が非常に多い。
5	今のコンビニエンスストアというのは人材に対してのオペレーションが多すぎる。
6	高齢者の方には、レジ、コピー機、宅急便の受け渡しなど、以前よりさらに作業が複雑になっているため、誰にでもできる仕事ではない。
7	代行業務がとにかく多すぎる。行政も含め、みんながコンビニを使えばいいという発想。インフラ化して使おうとするが、従業員に落とし込むお店の努力は大変。
8	今のオペレーション、作業の問題で一番の大きな問題がサービス部門。サービス部門が一番手はかかるのに利益が入って来ない。
9	コンビニ各社が過剰サービスや追加業務を続けた結果、しわ寄せは現場へ来ており、人も集まらなくなっている。
10	キャンペーンや指示が非常に多くて、店が消化できない。こっちも覚えなければならないこと、新しい発送サービスなどの業務がどんどん入って来て。でもお客さんはどんどん言って来るという状況で店が混乱してしまうという時もある。人件費を削る中で、人も少ない中で対応せざるを得ないというのは非常に厳しい。

出所）経済産業省（2019b）より一部抜粋。
※表上の発言者識別番号は、便宜上筆者が付したものである。

このような店舗オペレーションの複雑性は、コンビニ店舗における求人難や従業員を定着させることを困難するだけではなく、従業員育成の負担をも増大させているといえる。

(2) コンビニ店舗で働く従業員の労働条件の引き上げ

　次に、コンビニ店舗で働く従業員たちの賃金水準の現状を踏まえて、個別店舗の収支状況についてみていきたい。

　コンビニ店舗におけるパートの時給が地域別最低賃金をどれだけ上回っているのかを調査した竹本（2017）によれば、調査した店舗全体の73％が最低賃金とほぼ同額（最低賃金と募集時点のパート時給の乖離が1％未満）の水準でパートを募集していた。また、リクルートの調査研究機関であるジョブズリサーチセンター（JBRC）が2023年4月に行った調査では、「販売・サービス系」の職種のうち「コンビニスタッフ」の平均時給は1,045円であり、同分類の中で最も低かった[15]。

　このように、コンビニ店舗で働く従業員の賃金水準は低い。では、現状の契約を前提とする場合、加盟店はどの程度賃金を引き上げることが可能なのだろうか。店舗Aの事例をもとにみていきたい。なお、店舗Aの平均的な日商は53万円程度であり、国内のコンビニ店舗の日商の平均と同等の額である（公正取引委員会 2020：77）。また、2019年12月時点において店舗Aで雇用していた従業員は20人であり、全員が非正規雇用のパート・アルバイトである。業務遂行レベルに応じて少々時給に差をつけているものの、ほとんどの従業員を最低賃金と同等の時給で雇用している。

　表2は店舗Aの収支状況である。売上高は約1,655万円であり、ここから売上原価を引いた売上総利益は約511万円である。この金額にたいして、定められた分配率をもとに算出されたロイヤリティの額が、約263万円である。売上総利益から、ロイヤリティを引いた差額の約248万円が、店舗収入となる。ここから、店舗の営業にかかわる費用が引かれる。主な営業費の項目と各項目の金額は、①人件費が約137万円、②廃棄ロスが約24万円、③棚卸ロスが約7万円、④水道光熱費が約4万3千円、⑤その他営業費が約18万5千円である。

　以上、コンビニ加盟店における収支の具体的項目および金額について、店舗Aの事例をみてきた。本章第1節（2）のコンビニ会計方式の末尾で述べたとおり、実際には、さらに表2中の［7］当期利益から引かれる経費が存

表2 店舗Aにおける収支状況（2019年12月）

単位：円

[1] 売上高		16,551,432
[2] 売上原価		11,440,678
[3] 売上総利益		5,110,754
[4] 本部ロイヤリティ		2,628,666
[5] 店舗総収入		2,482,088
[6] 営業費	①人件費	1,367,776
	②廃棄ロス	241,799
	③棚卸ロス	69,108
	④水道光熱費	43,266
	⑤その他	184,375
	⑥合計	1,906,324
[7] 当期利益		575,764

出所）筆者が行った店舗Aオーナーへのインタビュー記録をもとに作成。

在する。この「隠れた経費」について、店舗Aの2019年12月の実際の額は不明である。しかし、公正取引委員会（2020：82）によれば、この「隠れた経費」の中央値は年間90万円であり、単純に12カ月で割ると月間7.5万円である。仮に、同等の額が引かれると仮定した場合には、店舗Aオーナーの手元に残る最終的な利益は約50万円である。当然、課税前の所得であるため、課税後の所得はさらに低くなるだろう。

　以上、店舗Aの事例からコンビニ店舗の収支状況についてみてきた。先に述べたとおり、店舗Aでは約20人の非正規雇用のパート・アルバイトを使用しており、正社員は雇っていない。従業員の賃金水準は、最低賃金と同等であり、その意味で、店舗Aにおける人件費は最低レベルに抑えられていると考えられる。しかし、それでもオーナーの所得水準は、課税前で約50万円である。この水準で、従業員の労働条件を向上させる余地がどれほど残されているだろうか。

　経済産業省（2019a）によれば、オーナーの年間収入の分布は、割合が高い順に「250万円以上500万円未満」（32%）、「500万円以上750万円未満」（25%）、「250万円未満」（15%）、「750万円以上1000万円未満」（13%）、「1000

万円以上」（8%）となっている。ほとんど休みがなく、日常的に長時間にわたって就業しているにもかかわらず、オーナーの約 3 割は年間収入が「250万円以上 500 万円未満」なのである。「500 万円以上 750 万円未満」も少なくないが、留意すべき点は、コンビニは原則として夫婦もしくは同一生計の家族 2 人で加盟しなければならず、この金額は世帯収入として考えるべきだということである。

（3）店舗経営・運営を担う就業者たちの高齢化

　最後に、第 2 節で示した論点からはすこし外れるが、今後、より深刻さを増すと考えられる、コンビニの店舗オペレーションを担うオーナーと従業員の高齢化についてみていきたい。

　図 2 は、日本労働研究機構（1995）、経済産業省（2018）[16]、公正取引委員会（2020）の結果から、オーナーの年齢構成の変化についてみたものである。

　日本労働研究機構（1995）と公正取引委員会（2020）の結果を比べると、加盟店オーナーの高齢化が進行していることは一目瞭然である。経済産業省（2018）と公正取引委員会（2020）の結果を見比べても、「30 歳未満」が大幅

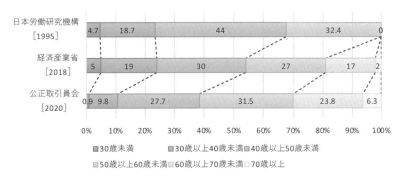

図 2　加盟店オーナーの年齢層の推移

出所）日本労働研究機構（1995）、経済産業省（2018）、公正取引委員会（2020）をそれぞれ参照して作成した。
※ 日本労働研究機構（1995）では、年齢区分の上限が「50 歳以上」であったため、それ以降の年齢層の分布は不明である。
※ 経済産業省（2018）では、小数点以下が省略されているため、そのまま示した。

に減り、「60歳以上70歳未満」と「70歳以上」の割合が大きく増加している。これらの事実を踏まえると、以前よりもより速いスピードで加盟店オーナーの高齢化が進行していると推察される。

　次に、コンビニ店舗で働く従業員の年齢階級別の変化についてみていきたい（図3）。ただし、コンビニで働く従業員の年齢を調査した資料は存在しないため、総務省「労働力調査」から、コンビニが含まれる「その他の小売業」の年齢階級別雇用者数の割合の変化を代理指標として用いる。

　図3の結果をみると、20歳〜39歳までの比較的若い労働者層の割合が緩やかに減少していることがわかる。また、2004年〜2012年までは最も割合が多かった30代の減少が顕著に見て取れる。2020年には、50代の割合が、30代の割合を上回っている。2014年以降最主力となっている40代は、現在のところ著しい変化はみられないものの、2014年をピークに若干減少しており、代わりに、50歳以上の労働者層が増加している。

　すでにみてきたように、コンビニの店舗オペレーションは、レジ打ち（接

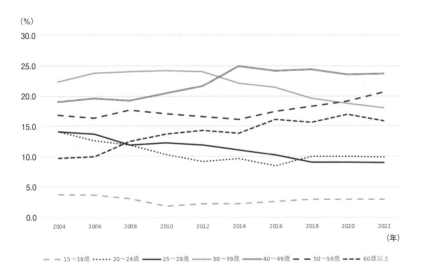

図3　小売業における年齢階級別雇用者割合推移（男女計）

出所）総務省「労働力調査」2004年-2022年の結果をもとに作成。
　　※ 労働力調査基本集計、年齢階級、産業別雇用者数のうち、コンビニが含まれる「その他の小売業」の集計結果にもとづき年齢階級別雇用者数の割合を算出した。

客）、商品陳列、レジカウンター前で販売している揚げ物の調理など、業務1つ1つは単純であるものの、業務内容は多岐にわたっている。どの時間帯にも最優先されるべきはレジ打ち（接客）であり、店舗従業員には、レジ打ちを中心として、その場で今何をすべきなのか、秒単位で判断し、次々に取り組むべき職務を変化させながら全体のオペレーションを円滑に遂行することが求められる。しかし、そのような変化の激しい労働であるがゆえに、年齢層があがるほどその肉体的負荷についていくのは難しくなると考えられる。つまり、コンビニは「誰でもできる仕事」とみなされているが、そこには実はある程度「体力のある」年齢層を前提に店舗小売業務が設計されているのである。しかし、本節でみてきたように、コンビニ店舗の労働を担う従業員層には高齢化の傾向が表れている。このようなコンビニ経営の条件が変化していることを踏まえたビジネスモデルの発展が求められているといえよう。

おわりに

　コンビニ業態は確かに、それまでの小売業のシステムを刷新する革新的なものであった。その革新性はコンビニ草創期においては零細小売業の近代化を可能にし、コンビニチェーンに加盟することで淘汰されずに生き残ってきた零細小売業者も多くいただろう。現在では本部店舗契約型のオーナーが主流となり、雇用者から加盟店オーナーになる者が多数であるが、専門的な知識がなくても少ない資金で事業を始められる道を提供しているという意味ではコンビニ業態には意義がある。広く社会全体を見渡したときにも、全国で5万店を超えるコンビニは人々の生活を支える社会インフラとして重要な存在である。しかし、その産業を支える労働者の立場に立ってみれば違う側面がみえてくる。コンビニが社会インフラとして持続可能な業態であり続けるためには、消費者ニーズに合わせて様々な策を打ち出し、戦略を進化させてきたのと同様に、加盟店との関係を支えるフランチャイズ・システムを時世に合わせて進化・発展させていく必要があると考えられる。

注

1) オーナーが深夜休業を始めた2月の段階では本部は即刻中止を求め、そうでなければ契約違反による契約解除と違約金の支払いをオーナーに伝えていた。しかし、2019年7月には対応を軟化させ、本部から、当該店舗を非24時間店舗として契約変更を行う案が提示された。しかし、オーナーは社長と直接面談できないことなどを理由に契約変更を拒否した。また、深夜休業のほかにも本部は利用客へのオーナーの対応を問題視し、両者の信頼関係は回復しないまま2019年12月31日付で本部からオーナーへ契約解除の通知がだされた。

　なお、本件は本部側からオーナーに対して営業店舗の引き渡し、および賠償金約1,451万円の支払いを求めた第1事件、オーナー側から本部の契約解除は無効であることなどを求めた第2事件の訴訟が提起された。第1審（大阪地裁、2022年6月24日判決）・第2審（大阪高裁、2023年4月27日判決）ともに本部側の主張が全面的に認められ、オーナーの敗訴が確定している。事件の詳細な経緯については、第1審の大阪地方裁判所の判決（事件番号：令和2（ワ）341）を参照（https://www.courts.go.jp/app/files/hanrei_jp/323/091323_hanrei.pdf、2023年10月3日アクセス）。また、第2審の大阪高等裁判所の判決（事件番号：令和4（ネ）1762）も参照されたい（https://www.courts.go.jp/app/files/hanrei_jp/134/092134_hanrei.pdf、2023年10月3日アクセス）。

2) たとえば、朝日新聞「24時間、店やれますか　コンビニオーナー『連日16時間勤務』『妻倒れても営業』」2019年2月28日付朝刊。

3) 同検討会は、2020年2月10日に報告書を公表した（URLは参考文献に掲載）。

4) 2020年9月に報告書が公表された（URLは参考文献に掲載）。

5)「過労死ライン」とは、過労死の直接的な原因である脳・心臓疾患の発症と業務との関連性が強いと評価される時間外労働時間の目安である。厚生労働省は、発症前1カ月間におおむね100時間または発症前2カ月間ないし6カ月間にわたって、1カ月当たりおおむね80時間を超える時間外労働が認められる場合は、業務と発症との関連性が強いと評価している（厚生労働省2021「資料2　血管病変等を著しく増悪させる業務による脳血管疾患及び虚血性心疾患等の認定基準について」3頁、https://www.mhlw.go.jp/content/11201000/000832042.pdf、2023年5月26日アクセス）。1カ月あたり80時間を超える時間外労働を4週で割った場合20時間であり、それを法定労働時間の40時間と合算して、週60時間以上の労働に従事した場合には厚生労働省が公表している「過労死ライン」と同等の水準になると考えられる。

6) 2016年度版の「過労死等に関する実態把握のための労働・社会面の調査研究事業報告書」（厚生労働省による委託調査）では、自営業者の週間労働時間について、

業種別、仕事内容別に集計が行われている。この調査の結果をみてみると、「販売の仕事」に従事している者のうち、1 週間あたりの実労働時間が 60 時間以上の者の割合は、21.5％である。また、業種別では「卸売業・小売業」に従事する者のうち、1 週間あたりの実労働時間が 60 時間以上の者の割合は 18.9％である（https://www.mhlw.go.jp/content/11200000/000511969.pdf、2023 年 9 月 19 日アクセス）。

7) 経済産業省（2019a）によれば、家族の店頭対応時間は、「12 時間以上」が 56％と最多であり、次に「店頭対応していない」15％、「6 時間以上 12 時間未満」13％、「6 時間未満」12％となっている。

8) 大手 3 社のチェーン本部がそれぞれ公表している「フランチャイズ契約の要点と概説」より。セブン - イレブン・ジャパン（https://www.jfa-fc.or.jp/fc-g-misc/pdf/71-2.pdf）、ファミリーマート（https://www.jfa-fc.or.jp/fc-g-misc/pdf/120-3.pdf）、ローソン（https://www.jfa-fc.or.jp/fc-g-misc/pdf/163-2.pdf）、以上すべて 2023 年 9 月 30 日アクセス。

9) 同上。

10) 大手 3 社のコンビニチェーンではオープンアカウントが使われているが、チェーンによってはこのシステムを導入していない。詳しくは各社が公開している「フランチャイズ契約の要点と概説」を参照。

11) 注 8 を参照。

12) 調査の対象は、1993 年の年間売上高上位 23 チェーンから、各チェーンの店舗数に応じて全国から無作為に抽出された 5,000 店舗で働く店長およびパート・アルバイトである。また、調査方法は店長およびパート・アルバイトに対する質問紙調査である。店長用調査票の回収数は 528 票（回収率 11.6％）であり、パート・アルバイト用調査票は 942 票（回収率 10.4％）である（日本労働研究機構 1995）。

13) この論点については、たとえば、岩佐（2019）、土屋（2017；2019）、坂本（2020）などを参照。

14) ただし、来店客数が大幅に減る深夜の時間帯は例外的であり、主に翌日の営業に向けた在庫補充を行ったり、時間をかけて店内設備や什器類の清掃が行われたりしている。

15) ジョブズリサーチセンター（JBRC）「2023 年 4 月度アルバイト・パート募集時平均時給調査」4 頁（https://jbrc.recruit.co.jp/data/pdf/202304_AP.pdf、2023 年 6 月 8 日アクセス）。

16) 日本フランチャイズ・チェーン協会に加盟する 8 社の加盟店オーナーを対象に実施。対象者約 30,757 人に対し、11,307 の回答を得た（回答率 37％。重複回答、店舗確定不能の回答を除く）。

参考文献

飯塚盛康（2019）「セブン共済の分析から浮かぶコンビニオーナーの在職死亡 (特集 24 時間社会と『夜休む権利』：コンビニを中心に：第 5 回過労死防止学会第 6 分科会の報告と討論から)」『労働法律旬報』1940：12-14

居郷至伸（2004）「キャリア形成なき能力育成のメカニズム——コンビニエンス・ストアにおける非正規従業員を事例として」『教育社会学研究』74：289-307

居郷至伸（2017）「フランチャイズを支える労働—ある店長のキャリア形成に注目して—」『日本労働研究誌』678：52-62

岩佐和幸（2019）「コンビニ・フランチャイズにおける『働き方』と地域経済」『地域経済学研究』37：35-54

経済産業省「新たなコンビニのあり方検討会」（2019a）「調査報告資料　オーナーアンケート」https://www.meti.go.jp/shingikai/mono_info_service/new_cvs/003.html（2023年9月19日アクセス）

――（2019b）「調査報告資料　オーナーヒアリング」https://www.meti.go.jp/shingikai/mono_info_service/new_cvs/pdf/003_02_02.pdf（2023年9月19日アクセス）。

――（2020）「『新たなコンビニのあり方検討会』報告書—令和の時代におけるコンビニの革新に向けて—」https://www.meti.go.jp/shingikai/mono_info_service/new_cvs/pdf/20200210_report_00.pdf（2023年9月19日アクセス）

公正取引委員会（2020）「コンビニエンスストア本部と加盟店との取引等に関する実態調査報告書」https://www.jftc.go.jp/houdou/pressrelease/2020/sep/kitori0902/200902_02.pdf（2023年9月19日アクセス）

近藤充代・山本晃正（1999）「コンビニ契約の構造と問題点」本間重紀編著『コンビニの光と影』花伝社、第4章

坂本秀夫（2020）「岐路に立つコンビニエンスストアをめぐっての諸問題に関する若干の考察」『明星大学経済学研究紀要』52（1・2）：5-26

竹本遼太（2017）「コンビニが直面する2つの環境変化—人手不足と最低賃金引き上げが迫るさらなる業態の進化—」https://www.smtri.jp/report_column/report/2017_10_18_3953.html（2023年6月8日アクセス）

中小企業庁（2021）「フランチャイズ事業を始めるにあたって」https://www.chusho.meti.go.jp/shogyo/shogyo/2021/download/r3fy-FC-all.pdf（2022年9月14日アクセス）

土屋直樹（2017）「コンビニエンスストアにおける経営と労働」『日本労働研究雑誌』678：41-51

土屋直樹（2019）「コンビニエンスストアの『人手不足』と経営」『流通情報』541：32-40

徳永豊（1990）『アメリカの流通業の歴史に学ぶ』中央経済社

中村昌典（2012）「コンビニ・フランチャイズの会計問題—二つの最高裁判決を手がかりとして—」北野弘久先生追悼論集刊行委員会編『納税者権利論の課題』勁草書房：89-107

日本労働研究機構（1995）『コンビニエンス・ストアの経営と労働に関する調査研究（調査研究報告書 No.73）』日本労働研究機構

本間重紀（2000）「コンビニの光と影」日本流通学会『流通』（13）：70-77

第6章
コンビニエンスストアにおける
食品ロス問題

はじめに

　大手コンビニチェーンにおけるコンビニエンスストア（以下 CVS と略）第1号店が1974年に生まれた際、小規模な店舗に酒屋時代の6倍の品揃えが必要になったことによって、当初は段ボール単位で大量の商品が納品され、店頭在庫がバックヤードから溢れ出し加盟店オーナーの居住スペースを埋め尽くすまでに膨れ上がってしまった。しかしその後、この第1号店は問屋での小分け配送、後の POS など情報システムの導入に繋がる単品管理の導入による「売れ筋」「死に筋」の把握などによって店内の在庫は劇的に減少し、CVS という業態が成立することになった。しかし、CVS が進化させてきた高度な情報システムと優れた物流システムを以てしても CVS から排出される食品ロス問題は決して解決できているわけではない。

　本章の目的は以下の通りである。第一に、CVS 業態における食品ロスの現状について明らかにする。第二に、なぜ高度な情報・物流システムを有する CVS において食品ロスが発生しているのか、その要因について調べる。第三に、CVS 自身は食品ロス問題に対してどのような対策を行っているのかについて明らかにする。第四に、これら CVS における食品ロス問題を取り巻く諸相の CVS 業態のみに見られる特殊性についても明らかにする。

1　CVS をめぐる食品ロスの現状

　最初に「食品ロス」の定義について述べておく。2019年に公布、2019年

10月に施行された「食品ロスの削減の推進に関する法律（以後「食品ロス削減推進法」と略）」によると、「食品ロスの削減」について、「まだ食べることができる食品が廃棄されないようにするための社会的な取組」と定義されている。これに従い本章では、「食品ロス」を「まだ食べることができるにもかかわらず捨てられる食品」と定義する。

　食品ロスの類義語として「廃棄ロス」が存在する。廃棄ロスについては既に第5章において、「仕入れた商品のうち、売れ残って販売期限が切れ、廃棄処分となった商品の原価である」と定義づけられている。本章でも廃棄ロスについてはこの定義に従う。

　CVSにおいて発生する食品ロスは、主に加盟店（＝食品小売業）から発生するものと、いわゆるベンダー（＝食品製造業または卸売業）から発生するものの2種類の経路が存在する。本章では特にCVSにおける食品ロス問題の特殊性を明らかにする目的から特に前者に焦点を絞って考察を進める。

　まず、CVS加盟店から発生する食品ロスの金額ベースでの実態を明らかにする。公正取引委員会（2020）によると、2019年時点におけるCVS加盟店1店舗あたりの食品ロス額は中央値で年間468万円とされている。表1から、2019年におけるCVS加盟店全店の売上高は11兆1,600億円、店舗数は約55,000店であるので、売上高に対する食品ロス金額の割合は約2.2％となる。ただ、この数値は食品だけでなく、日用品や雑誌、文房具、様々なサービス手数料なども含んだCVS総売上高全体に対する割合となる。

　食品のみに絞って、どの程度の割合で食品ロスが生じているのかについても公正取引委員会（2020）のデータからある程度明らかにできる。同報告書では、おにぎりおよび弁当というCVSにおいて代表的な食品カテゴリーにおける1日あたり仕入数、廃棄個数、廃棄率、そして売価ベースでの廃棄金額および原価ベースでの廃棄金額が公開されている。表2より、おにぎりの1日あたり仕入数198.6個に対し、1日あたり廃棄個数は18.9個で、廃棄率は9.5％となる。一方、弁当の1日あたり仕入れ数は39.0個、1日あたり廃棄個数は5.2個で、廃棄率は13.3％と計算できる。

　CVS本部と加盟店本部とのあいだで発生する食品ロスを考える上で、第5

表 1　食品ロスおよび CVS 全店舗売上高の推移

	2012 年度	2013 年度	2014 年度	2015 年度	2016 年度	2017 年度	2018 年度	2019 年度	2020 年度
食品小売業（単位：万トン）	58	59	60	67	66	64	66	64	60
食品製造業（単位：万トン）	141	142	144	140	137	121	126	128	121
食品小売業増減率	－	101.7%	101.7%	111.7%	98.5%	97.0%	103.1%	97.0%	93.8%
食品製造業増減率	－	100.7%	101.4%	97.2%	97.9%	88.3%	104.1%	101.6%	94.5%
全店舗売上高（単位：100 万円）	9,027.205	9,388.399	9,735.214	10,206.066	10,507.049	10,697.520	10,964.625	11,160.772	10,660.833
全店舗売上高増減率	－	104.0%	103.7%	104.8%	102.9%	101.8%	102.5%	101.8%	95.5%

出典）農林水産省「食品ロスの推移（平成 24 〜令和 2 年度）」https://www.maff.go.jp/j/press/shokuhin/recycle/22069.html（採録日：2023 年 4 月 4 日）、日本フランチャイズチェーン協会「コンビニエンスストア統計データ（2017-2022 年）」https://www.jfa-fc.or.jp/particle/320.html（採録日：2023 年 4 月 4 日）。

表 2　代表的な食品カテゴリーにおける廃棄個数、廃棄率、廃棄金額

	1 日あたり仕入数	1 日あたり廃棄個数	廃棄率	廃棄金額（売価ベース）	廃棄金額（原価ベース）
おにぎり	198.6	18.9	9.5%	5,400	2,300
弁当	39.0	5.2	13.3%	5,200	2,200

出典）公正取引委員会 [2020]「コンビニエンスストア本部と加盟店との取引等に関する実態調査報告書」

章で示したコンビニエンスストアにおける特徴的な会計方式（以下「コンビ
ニ会計」と略[1]）を無視して分析することはできない。コンビニ会計によって
食品ロスは加盟店にとっては減益要因となる一方、本部にとってはロイヤリ
ティ収入の向上につながる仕組みになっている[2]。

　コンビニ会計によって食品ロスが加盟店の負担になる仕組みは以下のとお
りである。ロイヤリティが売上総利益の50％、売価が500円、原価が300
円の弁当を10個仕入れ、4個売れ残った場合を考えてみる。通常会計の場合、
本部が獲得するロイヤリティおよび加盟店の収益は次の通りになる。売上高
は売価500円の商品が6個売れたので3,000円となる。売上総利益は売上高
3,000円から売上原価300円×10個の3,000円を差し引いて0円となる。ロ
イヤリティは50％だが売上総利益が0円のため0円となる。加盟店の収益
も同様に0円となる。

　ところがコンビニ会計に基づいて計算すると、売上総利益およびロイヤリ
ティそして加盟店の収益は大きく異なってくる。売上高が3,000円なのは通
常会計の場合と同様であるが、コンビニ会計においては、定義の通り売上原
価に食品ロスの仕入原価は含まれないため、300円×6個の1,800円が売上
原価となる。そうなると売上総利益は売上高3,000円から売上原価1,800円
を引いた1,200円となる。ロイヤリティは50％だから本部の取り分は600円
となる。一方加盟店の収入は、売上総利益（1,200円）からロイヤリティ（600
円）を差し引いた金額（600円）に仕入れにかかった金額（300円×4個で
1,200円）を差し引いた－600円、すなわち600円の赤字となる。

　コンビニ会計の下では加盟店がいくら食品ロスを発生させても、本部に
とっては損失になるどころか、むしろロイヤリティが向上する仕組みになっ
ている。また上の事例でも見られたように、コンビニ会計においては廃棄ロ
ス、すなわち売れ残った4個の原価に相当する1,200円にも50％のロイヤリ
ティが課せられていることになる。この廃棄ロスなどに課せられたロイヤリ
ティのことをロスチャージと呼ぶ[3]。

　ロスチャージはCVS本部にとって非常に大きな収益源となっている。実
際に年間どれぐらいの金額のロスチャージが発生しているのか、公表されて

いるデータを用いて試算してみる。年間廃棄ロス金額は公正取引委員会
（2020）より2019年においては468万円であることが明らかにされている。

　これが大手CVS3社のうち最も利益率の低いBチェーンの場合、当期利
益に占めるロスチャージの貢献度は非常に大きくなる。同社の2019年にお
けるロスチャージは店舗数が1万6,500店であるので、468万円×16,500×
0.5で約386億1,000万円になる。売上高は5,171億円であるので、売上高に
占めるロスチャージの割合は7.5％になる。ロイヤリティに変動費は含まれ
ないため、仮にロスチャージが減少しても総費用は一切減少しない。そのた
め、ロスチャージの低下はそのまま最終的な利益となる当期利益の直接的な
減少をもたらす。同社の2019年度における当期純利益は471億5,000万円
であるので、ロスチャージは当期利益の約81.9％もの割合を占めることにな
る[4]。

　上記より、CVSにおける食品ロス問題には、他業態または他産業で見ら
れるような機会ロス削減を優先するか、それとも食品ロス削減を優先するか、
といった対立軸に、本部と加盟店との間の粗利益の配分をめぐる対立軸が加
わってくるという特徴を持っている（図1）。この構造が、CVSにおける食
品ロス削減への動きに大きな負の影響を与えてきた。

2　CVS業界における食品ロスの発生源

　本節では、CVSにおける食品ロスの発生源について概括する。結論を先
取りすると、①商慣行による食品ロス、②季節商品のプロモーション活動に
よる食品ロス、③日本の気候条件と消費者行動による食品ロス、④政策・税
制上の不備による食品ロス、そして⑤フランチャイズ契約の特性および本部
と加盟店との力関係の非対称性による食品ロス、の5点がCVSにおける食
品ロスの発生源であると認められる。

(1)　商慣行による食品ロス
　商慣行による食品ロスで最も有名なのは、3分の1ルールによるものであ

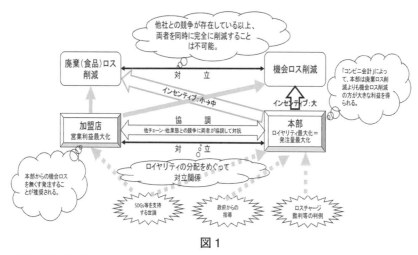

図1

出典）筆者が作成

る。3分の1ルールとは、賞味期限を3等分し、最初の3分の1でメーカーないし卸から小売に納品し、次の3分の1が店頭で販売できる期限とし、それぞれの期限までに売ることができなかった商品は廃棄しなければいけない、というルールである。1994年の食品衛生法改正によって製造日表記から期限表記に変更されたことがきっかけで生まれた商慣行である[5]。

　次に、日付後退品の納品禁止ルールについて述べる。日付後退品とは、その日に納入された商品がその前日に納品した商品よりも一日でも古い賞味期限または消費期限の場合、納品拒否を行うという日本特有の商慣行のことである[6]。

　最後に、定番カットによる返品・廃棄について説明する。定番カットとは「新商品への入れ替えや商品の仕様変更のため、店頭から撤去される商品のこと」[7] を指す。CVS一店舗に品揃えされる商品数はおよそ3,000から4,000品目程度であるが、大手チェーンは毎週50から100の新商品を投入しており、一年間で全商品の7割が入れ替わっている[8]。これら新商品の導入によって、まだ賞味期限や消費期限に出していないにもかかわらず、旧商品は廃棄され食品ロスとなる。

(2) 季節商品のプロモーション活動による食品ロス

　CVS は同業態の他チェーンまたは他業態の店舗と激しい競争を繰り広げている。CVS の成長要因の一つとして、精緻化された情報システムが指摘されている[9]。他方で、CVS は決して過去のデータにのみ市場を限定しているわけではなく、積極的な販売促進活動によって自ら新たな市場を創造するケースがしばしば登場する。

　節分の日の夜に「恵方」と呼ばれる方角を向き、無言で太巻き寿司を丸ごと食べきると福が来るという習慣が関西にはある。1990 年代後半に CVS がこの恵方巻きを販売開始し、急速に売上高を伸ばし、市場を全国に拡大することに成功した[10]。

　筆者による CVS 加盟店のオーナーに対する聞き取り調査によると、恵方巻きについては、「毎年、前年よりも 20％から 50％程度多く発注しなさい」という指導が何年も続いてきたという。毎年一定割合で発注量を増やしていった結果、2019 年には約 257 億円の恵方巻きが全国で発売されたが、関西大学の宮本勝浩名誉教授の推計では、そのうち 4％にあたる約 10 億円分が廃棄されたとされている[11]。

　2017 年に大量に廃棄された恵方巻きの画像が SNS に投稿され、大きな反響を呼び起こした。その後も恵方巻きの廃棄問題は改善されず、2019 年 1 月に農林水産省は小売業界に対し、需要に見合った販売を行うよう要請するに至った。

　CVS という業態は上述したように POS システムによる売れ筋・死に筋の発見、地域集中出店による低コストでの多頻度小口配送などといった非常に効率的な仕組みを発明してきたが、他方で恵方巻きやクリスマスケーキといった季節商品に対する無際限な販売促進キャンペーンも断続的に行い、新市場の開拓と同時に多くの食品ロスを生じさせている。筆者による聞き取り調査によると、近年は本部が発注数を強制する事は無くなってきており、加盟店が前年比や前週比などを踏まえて自主的に発注するようになってきたと言われている。とは言え、後者による食品ロスについてはコンビニ会計の仕組みも後押しするかたちとなっており、どれだけ情報システムや物流システ

116

ムが発展しても、コンビニ会計を一般会計に転換しない限り食品ロス問題は
防ぎようがない。

(3) 日本の気候条件と消費者行動による食品ロス

　日本経済新聞2019年5月20日付によると、消費者庁が2019年1月に
3,000人を対象に行った意識調査によると、調査対象者の70％が食品ロス問
題を「知っていて削減に取り組んでいる」と回答した。その一方で、賞味期
限が近い商品を選んで購入したことが「ほとんどない」「全くない」と回答
した者も半数を超えていた。

　このように、たとえ食品ロスに関心を持っていたとしても、たとえば同じ
売り場に新しい商品と古い商品が置かれている場合、多くの消費者は新しい
商品を選んで購入する傾向がある。衛生面に敏感な日本人の購買行動は食品
ロスを発生させやすい傾向がある。

(4) 政策・税制上の不備による食品ロス

　日本では廃棄食品をフードバンクなどに寄付した際、税制上の優遇措置も
なければ、食品事故が発生した時の免責制度もない。そのため欧米と異なり、
売れ残った食品を施設などに寄付するという活動がほとんどなされていな
い[12]。

(5) CVS本部と加盟店との力関係の非対称性による食品ロス

　第1節で見たように、日本の大手CVSチェーンでは、「コンビニ会計」す
なわち荒利益をベースとしてロイヤリティが課される仕組みが採用されてい
る。この仕組みだと、廃棄ロスは加盟店負担になるので、会計上CVS本部
には食品ロスを削減してもそのことによる利益が発生しないことになる。そ
れゆえしばしば本部と加盟店との間で食品ロスの負担に関する対立が生じて
きた[13]。

　木村（2010、2011a、2011b）では加盟店が食品の廃棄を避けるために見切
り販売を行うことに対して、CVS本部が契約解除などちらつかせて不当に

制限していた問題について判例など裁判記録をもとに詳細に研究を行っている。同論文では「コンビニ会計」を加盟店のみに廃棄ロスを負担させる要因とみなし、これを利用して「本部は商品廃棄リスクを負わずに加盟店に過剰発注させている」と批判している。

　一方楠田（2018）は経済学的モデルを用い、コンビニ会計をモラルハザードの観点から検討した。同論文では、ロスチャージを課す事によって加盟店によるモラルハザードをある程度緩和することができることを認めた。他方、食品ロスの極小化という社会的な経済厚生を考えた場合、このコンビニ会計に基づくコンビニ本部と加盟店との関係が非効率を生み出しているとも指摘した。ただし、この非効率が発生するのは、CVS 本部が「小売価格を加盟店の代わりに設定できる」「加盟店に対して発注量を強制させることができる」という、独占的地位の濫用を発揮した場合のみであると限定している。コンビニ会計を前提としても、加盟店はロスチャージを低減しようとして、発注量を予想された需要量まで抑えようとすることができる。加盟店が自らの裁量で発注量を決めることができるのであれば、食品ロスの発生は回避できる。つまり、「本来の問題は垂直的制限」すなわち機会ロス削減のためのCVS 本部による加盟店への発注量拡大に対する強制であって、モラルハザード問題の解決の観点からそれをどこまで認めるべきか、という問題設定の立て方を主張した。

　では実際には、この CVS 本部による加盟店に対する発注量や小売価格の強制はどの程度存在したのだろうか。この点に関しては、公正取引委員会（2020）が詳細な資料を提供している。

　いわゆるコンビニ会計を前提とした場合、本部側には店舗における売上ではなく店舗から本部への発注金額を増加させようとするインセンティブが働く。実際、公正取引委員会（2020）によると、必要以上の数量を仕入れるよう強要された経験の有無に関する質問に対して、「経験がある」と答えた加盟店オーナーは、自前店舗型契約の場合 33.3%、本部店舗型契約の場合だと49.9% となっている。自らの資産として店舗を持っているオーナーよりも本部所有の店舗を使っているオーナーの方が本部に対して立場が弱いことを反

映して、より必要以上の数量を仕入れるようより強要される傾向にある（図2）。必要以上の仕入れを行っている頻度については、「恒常的にある」と答えたオーナーは33.5％、「チェーン統一の販促キャンペーンなどの時にある」と答えたものは59.3％、「過去に例外的にあっただけ」と答えたものは7.1％となっている（図3）

　CVS本部が加盟店により大量の仕入れを促進する方法として仕入れコンペがある。仕入れコンペとは、恵方巻きやクリスマスケーキと言った季節商品の他、新商品、ファーストフード、キャンペーン商品などに対してCVS本部の指導員がその地区での平均販売個数や先行販売地区での販売数、成績優秀店などを事例として引き合いに出し、それに合わせて加盟店により多く

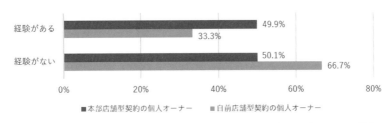

本部店舗型契約の個人オーナーの回答数 4,512
自前店舗型契約の個人オーナーの回答数 297

図2　必要以上の数量を仕入れるよう強要された経験の有無（個人オーナー）
出典）公正取引委員会［2020］

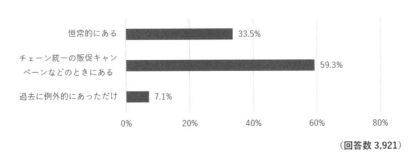

（回答数 3,921）

図3　必要以上の仕入を行っている頻度
出典）公正取引委員会［2020］

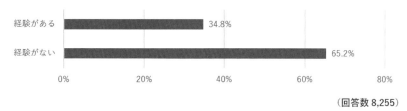

（回答数 8,255）

図4　仕入コンペ経験の有無

出典）公正取引委員会［2020］

　の仕入れを行わせようとする活動のことを言う[14]。公正取引委員会（2020）によると、このような仕入れコンペを受けた経験があると答えた加盟店オーナーは全体の 34.8% であった（図4）。

　中には、より直接的に本部指導員に無断で発注されたという経験を持った加盟店オーナーも少数ながら存在する。公正取引委員会（2020）によると、恒常的に本部指導員に無断で発注されたことがあると答えた加盟店オーナーは、自前店舗型契約の個人オーナーでは全体の 2.3%、本部店舗型契約の個人オーナーでは全体の 4.8% であった。また恒常的にではないが過去に本部指導員に無断で発注されたという経験があると答えた加盟店オーナーは、自前店舗型契約で 15.8%、本部店舗型契約のオーナーで 22.3% 存在した。また本発注ではないが不要なものを仮発注状態にされたことがあると答えたオーナーは、自前店舗型契約で 15.4%、本部店舗型契約で 19.7% となっている。その一方本部指導員に無断で発注された経験がないと答えたオーナーも多数存在しており、自前店舗型契約のオーナーの 66.4%、本部店舗型契約のオーナーの 53.2% が「ない」と答えている（図5）。

　これまで見てきたように、加盟店全体の半分程度が必要以上の数量を仕入れるよう CVS 本部から強制された経験があり、またその頻度も、そのおよそ 1/3 が恒常的に、6割弱が販促キャンペーンのときなど特殊な場合に行われていたことが明らかになった。また全体の5割弱程度は少なくとも一度は無断で発注された経験を持ち、5% とわずかとは言え、恒常的に本部指導員が無断で発注していると答えた店舗も存在した。

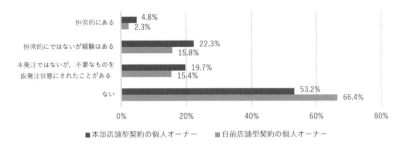

図5　本部指導員に無断で発注された経験の有無（個人オーナー）

出典）公正取引委員会［2020］

　こういった事実から、木村（2010、2011a、2011b、2013）が批判し、楠田（2010）が懸念した CVS 本部による加盟店への優先的地位の濫用は、限定的とは言え存在していると判断せざるを得ない。

3　CVS による食品ロス問題への対応とその限界

(1)　食品ロスの社会問題化

　上述した事情があるにもかかわらず、近年、CVS における食品ロス削減についての動きが活発化している。本節では、まず最初に純粋経済学的以外の要因、すなわち社会的政治的要因によって食品ロス削減へ舵を切らずにはいられない状況になっていることを示した上で、どこまで食品ロスの削減が進んでいるのか、その到達点と問題点について明らかにする。

　「コンビニ会計」によって CVS 本部には食品ロスを低減することによる経済的な利益はないはずなのに、食品ロスの低減のための施策を複数実施していることになる。その理由として考えられるのが、消費者や政府からの食品ロス低減を求める圧力である。

　たとえば日経流通新聞 1999 年 7 月 22 日付の記事によると、CVS チェーンが環境対策に本腰を入れている理由について、環境保護への意識を高める

消費者から批判を受けているためであると述べられている。また、日経MJ2001 年 8 月 7 日付の記事では、CVS において賞味期限切れの弁当などの生ごみをリサイクルすることで食品ロスを低減する取り組みが行われている背景として、2001 年の食品リサイクル法および容器包装リサイクル法の施行が存在することが指摘されている。

　2007 年 12 月には改正食品リサイクル法が定められ、食品を扱う小売業は 2012 年度までに全体の 45％をリサイクルしなければならなくなった。この時期における食品ロス削減への活動として特徴的なのは、リサイクル率の向上である。たとえば日経 MJ2008 年 7 月 23 日付の記事によると、セブン - イレブン・ジャパンやミニストップが食品廃棄物を飼料化する取り組みを行っている。

　CVS が食品ロス削減に本格的に動き出したきっかけは、2015 年に国連サミットで採択された「持続可能な開発目標（SDGs）」であると考えられる[15]。日経テレコンのデータベースでも、2014 年までの CVS による食品ロス削減に関する記事は 7 本しか掲載されていないのに対して、2015 年以降は 200本以上の CVS による食品ロス削減活動が掲載されている。

　また 2019 年には恵方巻きなどの大量投棄による食品ロスを農林水産省が問題視し、小売業者の団体に「需要に見合った販売を行うように」と異例の要請を行った[16]。同年、環境省が設置する中央環境審議会は食品ロスの削減のために、CVS やレストランなどの食品関連事業者が出す食品ロス量を 2030 年度までに 2000 年度比で半減させ、27 万 t とする基本方針をとりまとめた[17]。さらに同じ年の 5 月、「食品ロス削減推進法」が成立し、国、地方公共団体、事業者、消費者などの多様な主体が連携し、国民運動として食品ロスの削減を推進することが求められることになった[18]。これを受けてたとえば、カルビーやハウス食品といった大手食品メーカーがスナック菓子や飲料などの製造年月日の表示を「年月表示」に切り替え、消費者による賞味期限が多く残されている商品から購買して行く行動を抑制しようとしている[19]。

　SDGs に関する関心の高まりすなわち世論からの圧力と、食品リサイクル法や食品ロス削減推進法といった政府からの圧力が、CVS 本部によるさま

ざまな食品ロス削減への取り組みを促進したといえよう[20]。

　リサイクルの促進による食品ロスの削減は、機会ロス削減と廃棄ロス削減の対立軸については限定的な影響しか及ぼさない。まず、リサイクルの促進は機会ロス削減への取り組みを一切犠牲にすることはない。他方、廃棄ロスすなわち仕入れた商品のうち販売期限が切れたために廃棄処分となった商品の原価については、廃棄食品をリサイクル資源として販売できたときにのみ限定的に削減できる。よって、リサイクルの促進による食品ロスの削減は、CVS本部にとっては取り組みやすい反面、加盟店にとっては限定的な効果しかもたらさない。

(2) 商慣行の見直し

　食品ロス削減推進法の成立に呼応するかのように、2019年8月から、セブン‐イレブンは即席麺で従来の「3分の1ルール」を緩和し「2分の1ルール」に変更すると発表した。従来の3分の1ルールの場合と異なり、図6のように小売店は、納品を受け入れる基準を、従来の賞味期限まで3分の2残っ

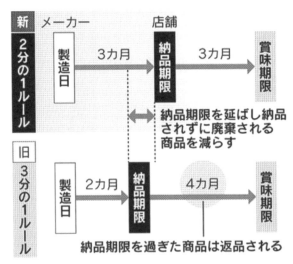

図6　「3分の1ルール」から「2分の1ルール」への納品期限の緩和
出典）日本経済新聞2023年4月3日付。

ている状態から 2 分の 1 残っている状態へと緩和した[21]。

「3 分の 1 ルールの見直し」は、販売期間を延ばすことができるため、廃棄ロスの削減に役立つ。他方、それは鮮度の高い商品を求める消費者を店舗から遠ざける働きをもたらす可能性があるため、機会ロス削減を犠牲にしている。

(3) 季節商品のプロモーション活動の見直し

ファミリーマートは 2019 年の土曜の丑の日のうな重やクリスマスケーキを予約制に変更した。その結果売上高は 2 割減少したものの廃棄ロスは 8 割削減し、そのため加盟店の利益は 7 割上昇した[22]。この試みは翌年以降も継続され、たとえば 2020 年にもファミリーマートは恵方巻きの予約制を継続し、廃棄ロスを 2019 年比 2 分の 1 に削減した[23]。

同様の試みはセブン・イレブン・ジャパンでも行われており、たとえば 2020 年の恵方巻きの販売では積極的に予約を利用客に流したため廃棄ロスが 7 割減になった[24]。

主要 CVS チェーンによる季節商品への予約制導入は恵方巻きに限られない。たとえばファミリーマートは「土用の丑」いやクリスマスケーキについても 2019 年に予約制を導入し、18 年比の廃棄量を半分に抑えることに成功した[25]。

(4) 需要予測の精緻化

冒頭にも述べたように CVS という業態は単品管理による売れ筋死に筋の把握、すなわち需要予測の精緻化の実現によって成立したといっても過言ではない[26]。

現在も大手 CVS 各チェーンは RFID（無線自動識別システム）の導入や AI の活用などによってさらなる需要予測の高度化に取り組んでいる。

特に需要動向の分析に AI を活用し、食品ロスを低減しようという活動は各 CVS チェーンで盛んに行われている。たとえばローソンはアメリカの datarobot 社の AI を使って過去 2 年分の仕入実績を学習させた。その上で

全国1万5千店舗において自動的に仕入数量を予測できるようにした。このシステムを一カ月間運用した結果、従来のシステムによる発注に比べてロス量を一日当たり約9kg（2017年）から6kg（2019年）へと3割程度の改善が実現した[27]。

　AIの活用を含む情報システムによる需要予測の高度化は機会ロスの削減についても廃棄ロスの削減についても両者を同時に実現することがしばしばみられる。ただし、競争下においてCVS本部がさらなる成長を志向する場合、過去の実績に基づく情報システムによる需要予測に従うことはCVS本部にとっては成長の阻害すなわち機会ロスを増加させることに繋がると見なされるケースも度々見られる[28]。このとき、よりいっそうの機会ロス削減を目指すCVS本部によってせっかくの高度な情報システムによる需要予測も無視されることになる。

(5) 賞味・消費期限の延長

　食品ロスを減らす別の手段として、廃棄されるまでの時間を増やすという方法がある。

　セブン‐イレブンはサンドイッチの材料を変更して賞味期限を延長することに成功している。同チェーン一番の売れ筋の「ミックスサンド」と、売上高第3位の「シャキシャキレタスサンド」は材料にレタスを使用しているため、このレタスが生み出す水分をパン生地が吸い込んでしまい、賞味期限が短くなってしまっていた。セブン‐イレブンは小麦粉の配合を1割程度増やすことでこの問題を克服し賞味期限を従来の30時間から40時間へと3割延ばすことに成功した[29]。

　多くのCVSチェーンで食品ロス削減の手段として期待されているのがチルド冷凍食品の強化である。たとえばファミリーマートはかつてAMPMで販売されていた「冷凍弁当」を復活させた[30]。セブン‐イレブンは冷凍ピザを充実させ、実験販売だった「金のマルゲリータ」を2020年9月から全国販売に切り替えている[31]。

　賞味・消費期限の延長は販売期間の延長によって廃棄ロスの削減に繋が

る[32]。通常の弁当は 17 時間しか消費期限がないが、チルド弁当であれば 4 日間は販売可能である。しかし、筆者が行った聞き取り調査によると、現状ではまだ通常の弁当の方がチルド弁当よりも味の面やあたため時間の側面で勝っており、人気が高い。そのため、現状ではチルド食品による廃棄ロスの削減を進めることは、機会ロスの増加に繋がるリスクが存在する。競争下における機会ロス増大は、在庫削減への動きを減退させる恐れがある。

(6) 値引き販売の容認

　木村（2022 他）によると 2009 年 6 月、公正取引員会は最大手 CVS チェーンであるセブン‐イレブン・ジャパンに対し、同社がフランチャイズ加盟店に賞味期限・消費期限が迫った食品を値引きして売り切る「見切り販売」を不当に制限していたという事実を認定し、これを独占禁止法第 19 条（不公正な取引方法第 14 項「優越的地位の濫用」に違反すると判断した。このように、長らく CVS 大手チェーンは加盟店に対し、食品ロス削減のために見切り販売を行うことを制限してきた。その背景には第 1 節で述べた「コンビニ会計」が存在し、CVS 本部側にとっては加盟店が食品ロスを削減することによって収益が減少してしまうという事情がある。

　それにもかかわらず、近年 CVS における値引き販売の比率は増加している。2021 年 12 月時点で大手 CVS チェーン三社による食品ロス削減を目指すための値引き販売が増加しており、値引き販売を実施する店舗は三社の国内店舗の約 6 割に達している[33]。

　たとえばファミリーマートは 2021 年 7 月、「エコ割」として新たな値引き制度を導入した。おにぎりやサンドイッチなど消費期限が数時間内に迫った商品が対象となる。CVS 本部は値引き額とバーコードを記したシールを用意し、店舗の従業員がシールを対象の商品に貼り、バーコードを読み取ればそのまま値引きできる。

　日経テレコンで確認すると、CVS チェーンで値引き販売を行う事例が記事として確認できるのは 2000 年代以降、すなわち先に見たように、食品ロス増大に対する社会的・政治的圧力が生じてからのこととなる。しかし、筆

者が聞き取り調査を行なった加盟店オーナーによると、同チェーンでは上述した「エコ割」とは別に、以前からそれとは別の値引きを行うルールが存在しているという。仮にこの方式を「見切り販売方式」と名づける[34]。

「見切り販売方式」の特徴は、売上高から値引きに伴う費用を差し引くことである。この値引き方式は古くから存在するにも関わらず、本部から加盟店への認知は不徹底であるとともに事務手続きが非常に煩雑となっているため、採用している店舗は非常に少数となっている。たとえばこの方式を実施するためには、申請書を本部に事前に提出する必要がある。また値引きした商品を一つずつ手書きで記録し、本部にそれを提出する必要がある。こういった周知不足と手続の煩雑さから、「見切り販売方式」を採用する店舗はチェーン全体の2%未満に留まっている[35]。

「見切り販売方式」を活用している店舗のオーナーによると、15年ほど前は1日当たり2万円、一月あたり7〜80万円ほどの廃棄ロスが生じていたところ、現在は月に1,200件程度の「見切り販売方式」による値引き販売が行われているという。これによって同店舗では廃棄ロスを月間30万円程度まで削減できているとのことであった。

他方2021年から導入された「エコ割」方式は、売上原価から値引きに伴う費用を差し引く方式である。売上原価から値引き金額を差し引くということは、コンビニ会計方式を前提とすると加盟店側の売上総利益が増加し、その売上総利益の大きさに応じて決定されるコンビニ本部へのロイヤリティも増加することになる。さらに「エコ割」方式では、値下げをした金額の原価相当額が廃棄額と同じ費用とみなされて本部の収入として計算されることとなっている。その結果最終的に加盟店側に残る営業利益は値引き販売すればするほど小さくなっていく。一方本部側の値引き販売に伴う負担額は非常に小さなものとなっている。これだと値引きに伴う加盟店側の負担が非常に大きくなるので、「エコ割」では「店舗値下助成金」および「店舗値下・廃棄ロス分担金」という補助金を本部側が負担している[36]。

具体的に、値引き無しで完売できたケース、見切り販売方式で値引きして完売したケース、「エコ割」で値引きして完売したケース、値引きせず半分

廃棄したケースの4通りで検証する（表3）。

　仮にロイヤリティが売上総利益に対して55%、原価率を仮に60%、仕入れ値が一個300円のおにぎりを2個仕入れ、売価500円で販売したとする。

a.　値引きなしで2個完売した場合

　この場合仕入原価は300×2＝600円、売価が500×2＝1000円、売上総利益が1,000−600＝400円となる。ロイヤリティすなわちCVS本部側の収入は400×0.55=220円となるので、加盟店側の収入は売上総利益400円からロイヤリティ220円を差引いた180円となる。

b.　「見切り販売方式」で100円値引きして2個完売した場合

　仕入原価は上のケースと同じく600円、1個あたり売価が400円となり、それが2個売れたので売価は800円となる。売上総利益は800円−600円＝200円となる。CVS本部側の収入は200×0.55=110円となるので、加盟店側の収入は200円−110円＝90円となる。

c.　「エコ割」方式で100円値引きして販売した場合

　この場合仕入原価の計算式は少し複雑になる。値引きをした分の原価相当額は売上原価から差し引かれるため、仕入原価＝600円−（値引き金額200円×減価率60%）＝480円となる。

　売上総利益は売価800円−仕入原価480円＝320円となり、CVS本部が受け取るロイヤリティは売上総利益320円×0.55=176円で、加盟店収入は売上総利益320円からロイヤリティ176円を差し引いた144円となる。ただし、この場合、ここからさらに値引きした金額の原価相当額が廃棄額とみなされて加盟店から本部に移転されるため、加盟店営業利益は加盟店収入144円−値引き原価（値引き金額200円×原価率60%）＝144円−120円＝24円が加盟店収入の基礎となる。「エコ割」方式ではこの金額（24円）に「店舗値下・廃棄ロス分担金」13.8円および「店舗値下助成金」12円が加わり、49.8円が加盟店側の値引き後の最終的な営業利益となる[37]。

d. 値引きせず1個販売し1個廃棄した場合

　この場合、売価は 500 円となる。一方仕入原価はコンビニ会計を適用するため少し複雑になる。コンビニ会計では廃棄した商品の原価は仕入原価に含まれないため、コンビニ会計における仕入原価＝販売した商品の原価 300 円－廃棄した商品の原価 300 円＝0 円となる。このため売上総利益は売価 500 円－仕入原価 0 円＝500 円となる。

　この売上総利益にロイヤリティ 55％を乗じた額、すなわち 275 円が CVS 本部の収入となり、売上 500 円からロイヤリティ 275 円を引いた金額、すなわち 225 円が加盟店の収入となる。ただし、商品を 1 個廃棄しているので、「コンビニ会計」ではこの商品の仕入にかかった費用 300 円は加盟店の負担となり、このケースにおける加盟店の営業損益は最終的に 225 円－300 円、すなわち 75 円の赤字となってしまう。

　4 つのケースを加盟店の営業利益、本部のロイヤリティ収入それぞれについて整理した表 3 の下 2 行となる。結果的に、加盟店の営業利益が最も大きいのは「a. 値引き無し完売」のケース 180 円、逆に最も小さいのは「d. 値引きせず 1 個を販売、1 個を廃棄」のケース－75 円であった。これに対し、本部ロイヤリティで最も大きかったのは「d. 値引きせず 1 個を販売、1 個を廃棄」したケースで 275 円、最も小さかったのは「b.「見切り販売方式」で 100 円値引きして完売」したケースで 110 円であった。

　「コンビニ会計」を前提とすると、CVS 本部にとっては廃棄が発生することによってむしろロイヤリティが増大していることがわかる。

　また、「見切り販売方式」で完売した場合と「エコ割」で完売した場合とでは、CVS 本部のロイヤリティ収入が前者では 110 円、後者では 270.2 円と 2.5 倍弱もの差が生じている。「見切り販売方式」では CVS 本部の損失があまりにも大きくなってしまうため、コンビニ会計を前提としながら値引き販売による食品ロス削減を進めるために、CVS 本部にとってもっと損失が小さくなる新たな値引き方式が必要となった。その結果開発されたのが「エコ割」であったと考えられる。

表3　値引き販売の比較表（※売価 500 円、仕入値 300 円、2 個仕入）

	値引きを無し完売（≒機会ロス発生）	100 円値引きして完売（見切り販売方式）	100 円値引きして完売（新方式［エコ割］）	値引きをせず 1 個販売、1 個を廃棄
売価	1000	800	800	500
仕入原価（※コンビニ会計方式）	600	600	480 ＝ 600－200（値引金額）× 60%（原価率）	0　※コンビニ会計合計の仕入原価＝仕入原価：300 円－廃棄ロス原価：300 円）＝0 円
売上総利益	400	200	320 ※ 320＝売上：800 円－仕入原価：480 円	500　※コンビニ会計合計の売上総利益＝売上金額：500 円－（仕入原価：300 円－廃棄ロス原価：300 円）＝500 円
ロイヤリティ：55%	220	110	176	275
加盟店収入	180	90	144	225
値引原価			（－120）	
廃棄ロス分担金			13.8（120 × 11.5%）	（－300：営業費としての廃棄ロス）
店舗値下助成金			12（120 × 10%）	
加盟店営業利益	180	90	49.8	－75
本部側収入	220	110	270.2（＝176＋120－25.8）	275

注）「廃棄ロス分担金」の割合 11.5% は、月間廃棄額が 30 万円～32 万円以下の場合を適用した。また、「店舗値下げ助成金」は、年間 12 万円が限度額となっている。
出典）Cチェーン加盟店店内資料をもとに報告者が加筆修正。

　値引き販売による食品ロスの削減は機会ロスを犠牲にせずに削減させることができる。他方、廃棄ロスについても加盟店にとっては値引き額が犠牲になるものの、売れ残って廃棄される場合と比べると大きく廃棄ロスを削減することが可能である。ただし、コンビニ会計を前提とする以上、制度設計によってはCVS本部にとって値引き販売は深刻なロイヤリティ収入の減少を伴う危険があった。そのため、値引きの「見切り販売方式」の周知については非常に消極的であった。しかし、社会的政治的に食品ロス削減への圧力が高まることによって、CVS本部にとって負担の少ない値引き制度である「エコ割」を新たに開発することになったものと思われる。

(7) 廃棄ロス助成金制度とその実質的役割

　多くのCVSチェーンには、本部が食品ロスによって発生する費用を一定割合で負担する制度が存在する。この制度はCVS本部による加盟店救済策のようにも見えるが、木村（2018）によると、その狙いは加盟店が商品の廃棄ロス増大を恐れて消極的な発注を行い、縮小均衡に陥る可能性を減らすためだという[38]。

　筆者による加盟店オーナーに対する聞き取り調査でも、この廃棄ロス助成金は仕入金額の3%弱程度でしかないとのことであった。それに対して、CVS本部が店舗に要求する発注量の増加分は20%であったり30%であったり、とても廃棄ロスの負担増を補える規模ではないという話であった。この事実は木村（2018）で示された見解と整合的である。

おわりに

　市場経済システムにおいて流通ビジネスを営む際、本来であれば機会ロスと廃棄ロスという相反する損失要因をどうバランスさせるか、あるいは改善活動や新技術の導入などによってどのようにして両者を同時に削減していくのか、といったことが事業レベルで見た企業の競争上の課題となる。しかしCVSでは、いわゆる「コンビニ会計」の仕組みによって本部側は廃棄ロス

による損失を、少なくとも加盟店との関係では負担する必要がなくなっている。この点がCVSにおける食品ロス問題の大きな特徴である。

　このために食品ロスに対する意識が高まってくる2000年代以降においても多くのCVSチェーンでは食品ロス削減をもたらす取り組みを実施すると同時に、むしろ食品ロスを増加させる施策もまた同時に実施するという迷走状態に陥っていた。すなわち、一方においては食品リサイクルの促進や3分の1ルールの見直し、AIによる需要予測の高度化など、様々な食品ロス削減に向けての取り組みが実施される一方、コンビニ会計の継続や廃棄ロス助成金制度の創設など、廃棄ロス削減よりも機会ロス削減を優先する取り組みが継続されてきた。

　ただし、近年、特にSDGsなどに代表される環境問題への関心の高まりがそれを無視しては競争優位の獲得に深刻な影響を及ぼすほどに至った結果、CVS本部もよりいっそう廃棄ロス削減への方向に舵を切っているように見受けられる。その象徴が、ファミリーマートにおける値引き制度の変遷である。同チェーンは値引きによる廃棄ロス削減の恩恵の大半を加盟店が受けることができた「見切り販売方式」については使い勝手の悪さを継続させ周知活動もほとんど行わないままで放置しつつ、値引き後もCVS本部により多くの収入をもたらす「エコ割」制度を新たに導入し、積極的に発信活動を行っている。

　このように、CVSにおいては「コンビニ会計」の存在によって廃棄ロス削減への取り組みが迷走状態に陥っていたが、本稿執筆時点ではさらなるSDGsなど食品ロス問題に対する消費者の関心の高まりと法令遵守の必要性から、より一層明確に廃棄ロス削減へとその舵取りを示すようになってきた。ただしその一方で、CVS本部に廃棄ロス軽視＝機会ロス削減優先という意思決定を促す「コンビニ会計」については、もしそれが無くなった場合に失われるロスチャージの大きさから現在もなお変わらず維持されていることには留意する必要がある[39]。

┌─────────────── 第6章で学べるキーワード ───────────────┐

食品ロス、廃棄ロス、コンビニ会計、ロスチャージ、
機会ロス、3分の1ルール、SDGs、食品ロス削減推進法

└──┘

注

1) コンビニ会計とは、「実際に売れた商品の仕入原価を売上原価として計算した売上
   総利益×一定率でチャージが算出される」（木村 2022）会計方式を指す。
2) 「コンビニ会計」については、第5章および安藤（2006）、木村（2013, 2022）など
   が詳しい。
3) 廃棄ロスに対するロイヤリティ、すなわちロスチャージについては木村（2013）が
   詳しい。
4) 安藤（2006）。
5) 「3分の1ルール」については、井出（2016）および宮崎（2021）を参照した。
6) 日付後退品については、宮崎（2021）、井出（2021）を参照。
7) 宮崎（2021）。
8) 日経 MJ2017 年5月15日付。
9) 矢作（1994）、碓井（1997）など。
10) 日本経済新聞 2004 年1月10日付、2005 年1月26日付。
11) 日本経済新聞 2019 年2月14日付。
12) 井出（2016）。
13) いわゆる「コンビニ会計」ないし「ロスチャージ会計」が引き起こす食品ロス問題
    については木村（2010、2018、2022）や安藤（2016）、楠田（2010）のように多く
    の先行研究がある。
14) 公正取引委員会（2020）
15) SDGs の「つくる責任つかう責任」の中に「2030 年までに小売・消費レベルにおけ
    る世界全体の一人当たりの食料の廃棄を半減させる」という目標が設定されている。
16) 日本経済新聞 2019 年1月31日付。
17) 日本経済新聞 2019 年5月30日付。
18) 日本経済新聞 2019 年7月6日付夕刊。
19) 日本経済新聞 2019 年9月2日付。
20) それ以外に、この時期には CVS 本部側にいくぶん不利な判決が下された裁判があ
    らわれたことも加える必要がある。この点については木村（2022）が詳しく分析し
    ている。
21) 日本経済新聞 2019 年4月24日付。
22) 日経 MJ 2019 年4月22日付。
23) 日経 MJ 2020 年3月25日付。
24) 日本経済新聞 2020 年3月25日付。
25) 日本経済新聞 2020 年12月30日付。

26）CVS における需要予測のための情報システムの発展については矢作（1994）や秋本（1998）など多数の業績が存在する。

27）日本経済新聞 2020 年 12 月 22 日付。今後は天気の予測などにも AI を活用する予定とのこと。

28）恵方巻き、クリスマスケーキ、うな丼といった季節商品の場合はその傾向が顕著であった。

29）日本経済新聞 2018 年 3 月 20 日付。

30）日経 MJ2020 年 2 月 9 日付。

31）日経 MJ2021 年 9 月 29 日付。

32）日経 MJ2021 年 12 月 3 日付によると、ローソンは冷凍食品に対して、長期間保存できるために食品ロス対策に貢献するという認識を持ち、2025 年までに 2020 年の売上高を 5 倍に引き上げる目標を発表した

33）日経 MJ2021 年 12 月 22 日付。公正取引委員会（2020）による調査では、廃棄ロス削減のために値引き販売を「行っている」と回答したのは「たまに行うことがある」も含めて 3 割に留まっていた。このときの調査では、値引き販売を「行っていない」理由として「本部の意向に逆らうと契約更新等で不利益が生じるのではないかと思ったから」などが挙げられている。

34）筆者が 2022 年 12 月に実施した全国 FC 加盟店協会副会長河合章氏に対する聞き取り調査によると、この見切り販売方式を導入しているのはファミリーマートだけではなく、他のチェーンも皆導入しているとのことである。

35）筆者による全国 FC 加盟店協会副会長河合章氏に対する聞き取り調査（2022 年 12 月実施）による。

36）筆者が 2022 年 12 月 24 日に実施した聞き取り調査にて入手した内部資料による。

37）ファミリーマート加盟店内部資料を参照。

38）「機会ロスの発生を無くし、加盟店店舗の売上の増大をするために、加盟店の廃棄ロスによる損失の不安を取り除くべく導入された制度が廃棄ロス助成制度である」木村（2018）。

39）国内 CVS チェーンではミニストップが唯一「コンビニ会計」を採用していない。ただし、同チェーンでは他の大手チェーンとは異なり最低所得金額を CVS 本部が補償する精度が欠落している。このため、ブランド力の相対的な弱さも加わり、加盟店にとっては決して望ましい契約では言えないとのことであった。

参考文献

秋本敏男（1998）「セブン‐イレブン・ジャパンの競争優位分析」『経営論集』47：147-158

安藤一平（2006）『コンビニ会計取扱説明書』本の泉社

井出留美（2016）『賞味期限のウソ　食品ロスはなぜ生まれるのか？』幻冬舎

井出留美（2021）「なぜコンビニでは消費期限が切れていないカツ丼を買えない？～流通でおこる食品ロスの要因～」『循環とくらし』10：66-71

碓井誠（1997）「セブン‐イレブンの経営戦略と情報システム」『情報処理学会情報システム研究会報告』62：1-8

134

岡本博公（1995）『現代企業の製販統合』新評論

小野雅之・堀奈緒美（2013）「コンビニエンスストアにおける見切り販売による食品廃棄削減の可能性」『農業市場研究』22(2)：52-57

金顕哲（2001）『コンビニエンス・ストア業態の確信』有斐閣

木村義和（2010）「フランチャイズ契約における廃棄ロスとチャージ，そして見切り販売制限（1）」『愛知大学法学部法経論集』187：47-68

木村義和（2011a）「フランチャイズ契約における廃棄ロスとチャージ，そして見切り販売制限（2）［最二小判平成 19.6.11］」『愛知大学法学部法経論集』189：83-97

木村義和（2011b）「フランチャイズ契約における廃棄ロスとチャージ，そして見切り販売制限（3）」『愛知大学法学部法経論集』190：35-52

木村義和（2013）「フランチャイズ契約における廃棄ロスとチャージ，そして見切り販売制限（4・完）」『愛知大学法学部法経論集』195：1-41

木村義和（2018）「コンビニフランチャイズ本部による廃棄ロス助成金制度の批判的検討 ―食品廃棄ロスを減らし，コンビニ加盟店の収益をあげるために―」『愛知大学経営総合科学研究所』109 号：23-44

木村義和（2022）「コンビニ会計と本部による見切り販売制限問題の再考―毎年 1 店舗あたり 468 万円分の食品が捨てられるコンビニで食品ロスは削減されていくのか（1）―」『経営総合科学』117：1-51

楠田康之（2010）「コンビニ契約の「ロスチャージ会計」は悪なのか」『日本福祉大学経済論集』41：201-208

小林富雄（2015）「フードサプライチェーンにおける需給調整と食品ロスの発生メカニズム」名古屋市立大学経済学研究科博士論文

佐藤茂夫、根本大地、野口豊勝（2001）「コンビニエンスストアの食品廃棄物の実態調査」『廃棄物学会研究発表会講演論文集』12：10-12

仲上哲（2019）『格差社会と日本の流通』文理閣

布施匡章、三松孝嘉（2018）「おにぎり，サンドイッチ等の食品ロスを減らす仕掛け ―サービスデザインを用いた実証実験―」『商経学叢』65(1)：101-109

宮崎崇将（2021）「日本の流通から見た食品ロス問題」『日本の科学者』l56(12)：663-669

八木橋彰（2015）「飲食料品取扱い小売業の供給体制に関する理論的考察 ： 小売主導型 SCM に着目して」『会津大学短期大学部研究紀要』72：43-54

矢作敏行（1994）『コンビニエンス・ストア・システムの革新性』日経 BP マーケティング

劉妍（2008）「管轄エリア内のコンビニエンスストアにおける新商品の需要予測に関する研究」『日本情報経営学会誌』29(1)：63-73

矢作敏行（1994）『コンビニエンス・ストア・システムの革新性』日経 BP マーケティング

Ryusuke Oishi (2019) "Food Loss and Waste in Japan", New food industry, Vol.61, No.12, 908-914

参考資料

公正取引委員会（2020）「コンビニエンスストア本部と加盟店との取引等に関する実態調査報告書」

セブン - イレブン・ジャパン「情報システムの変遷」
https://www.sej.co.jp/company/aboutsej/info_03.html（採録日：2023 年 4 月 30 日）

農林水産省「食品ロス量の推移」
https://www.google.com/url?sa=t&rct=j&q=&esrc=s&source=web&cd=&ved=2ahUKEwi8ysbqxvr5AhUPD94KHQmIBEQQFnoECAoQAQ&url=https % 3A % 2F % 2Fwww.maff.go.jp % 2Fj % 2Fpress % 2Fshokuhin % 2Frecycle % 2Fattach % 2Fpdf % 2F211130-4.pdf&usg=AOvVaw2vu-I6bFAo3_En2heGnCyZ

野村総研「流通ソリューション事業の立ち上げ期 セブン - イレブンのシステム開発・運用を委託」https://www.nri.com/jp/service/iis/ryutsu_solution(採録日：2023 年 4 月 30 日）

「コンビニの袋小路、値引きで消費者にはお得だが、浸透しない『見切り販売』」『週刊東洋経済』2020 年 12 月 19 日号。

「セブン - イレブン・ジャパンの POS―在庫ゼロ、品切れゼロを目指す―」『日経ビジネス』1985 年 12 月 9 日号。

「セブン - イレブンの研究　考えつくすための情報システム」『日経コンピュータ』2006 年 5 月 29 日号。

「値引きで消費者にはお得だが……浸透しない『見切り販売』」『週刊東洋経済』2020 年 12 月 19 日付。

第7章

総合商社の小売進出
—ファミリーマート・ローソンを中心に[1] —

はじめに

　本章では、総合商社の小売「進出」[2]、とくにファミリーマートに対する伊藤忠商事、ローソンに対する三菱商事の取り組みを歴史的な観点から概括し、その到達点と課題を論じる。

　総合商社の近年の好調を事業セグメント別にみると、金属・エネルギーのいわゆる資源分野の利益貢献が総じて大きい。他方で資源に次ぐ「第2の柱」の必要性は早くから課題として認識されていた。資源価格の下落にともなって2015年度決算で三菱商事、三井物産の両社が巨額の減損損失を出し、1950年代以来初めて最終赤字に転落したこともひとつのきっかけとなり、各社とも非資源分野の稼ぐ力に注力する流れが鮮明となっている（田中2018）。非資源分野のなかで、食品ビジネスは自動車、電力・インフラなどとならび、重点分野のひとつとなっている。2021-22年度決算は空前の好業績をたたき出しているが、必ずしも資源分野依存度が高まっているわけではなく、非資源分野が着実に収益力をつけていることを示すものであった。

　各商社の食品ビジネスの主な事業内容（連結子会社、持分法適用会社）をみて注目すべきは、川上、川中（中間流通）、川下（小売）の事業を含んでいることである。伊藤忠商事は川上にドール・インターナショナル（アジア青果物およびグローバル食品加工）、川中に日本アクセス、伊藤忠食品、川下にファミリーマートなどを、三菱商事は川上にセルマック（ノルウェー鮭鱒養殖事業）、川中には三菱食品、川下にローソン、ライフコーポレーションなどをもつ（表1）。

表1　総合商社5社の食品関連セグメント連結純利益と取込利益

（単位：億円）

	セグメント　　　　主な事業	2021年度	2022年度
三菱商事	食品産業グループ	793	634
	Cermaq Group AS ☆（ノルウェー鮭鱒）	308	308
	コンシューマー産業グループ	210	230
	ローソン●	90	124
	Toyo Tire	83	96
	三菱食品▲	74	86
	三菱商事パッケージング	25	32
	ライフコーポレーション●	35	31
	全社計	9,375	11,807
三井物産	生活産業セグメント	615	548
	IHH Healthcare Berhad	144	229
	国内流通関連事業会社▲	27	41
	全社計	9,147	11,306
伊藤忠商事	食料カンパニー	590	165
	日本アクセス▲（食料カンパニー分）	107	175
	伊藤忠食品▲	27	33
	第8カンパニー	490	230
	ファミリーマート●	447	237
	日本アクセス▲（第8カンパニー分）	64	—
	全社計	8,202	8,005
住友商事	生活・不動産事業部門	442	590
	サミット●	65	37
	住商フーズ▲	27	25
	トモズ▲	8	21
	全社計	4,637	5,652
丸紅	生活産業グループ	1,354	1,452
	Helena Agri-Enterprise（米国農業資材）	351	470
	Creekstone HD☆（牛肉）	205	125
	Gavilon Agriculture Investment ☆（穀物・肥料）	150	42
	日清オイリオグループ	14	18
	ベニレイ▲	12	13
	山星屋▲	10	13
	丸紅食料▲	7	7
	USMH●	8	2
	全社計	4,243	3,978

出所）各社決算発表資料より作成。丸紅は2022年度新組織に即して表示。

注）●は食品関連小売事業、▲は食品関連中間流通事業、☆は食品上流事業。

　このように川上から川下へと加工されつつ継起的に取引されていく商品・産業連関の流れの広い範囲に関与することは、近年では「バリューチェーン戦略」と呼ばれることがある。ただし、その対象が実際に消費者にまで及ぶのはごく一部の分野にすぎない。かつて高度成長期に総合商社が「川下作戦」などと称したとき、そのターゲットは食品と衣料品、具体的な業態でいえば、総合スーパー（GMS）、食品スーパー（SM）、外食産業にほぼ絞られていた。現在では衣料品および GMS の位置づけは小さくなっている。とくに伊藤忠と三菱商事はコンビニエンスストア（CVS）運営企業のファミリーマートおよびローソンを子会社化し、これを起点として食品バリューチェーンに対する体系的な取り組みを展開している。

　CVS に関する学術研究・一般書は数多いが、総合商社の観点からなされたものは多くない[3]。総合商社にとって CVS の重要性が大きくなる背景には総合商社自身の変化がある。

　以下、1 では総合商社の小売進出の歴史を 1960 年代にさかのぼって概観する。20 世紀における第一次小売進出と 21 世紀における第二次小売進出との間の基本コンセプトの相違、第二次小売進出の段階的な変化が本稿の主張点のひとつである。2 では第二次小売進出の先端事例であるファミリーマート（伊藤忠）とローソン（三菱商事）を取り上げ、所有統合にともなって機能統合が進行していった経過を跡付ける。3 ではこうした歴史過程を、総合商社のビジネスモデルの転換（20 世紀型から 21 世紀型へ）の視座から解釈する。

1　総合商社の小売進出：歴史的概観

(1)　第一次小売進出：1960 年代のスーパー

　1960 年代は日本経済の高度成長期にあたる。高度成長とは日本における大衆消費社会確立の過程でもあった。この時期、総合商社は金属、機械、化学の生産財・資本財取引を中心に飛躍的に成長したが、同時に消費財分野のビジネスチャンスについても注目していた。そのさい、耐久消費財の中心であった家電製品や自動車ではメーカー主導流通系列が主流であった半面、食

品および衣料品では GMS に代表される新業態・新興企業の台頭が著しかっ
たため、総合商社の関心はこの分野に向けられ、当時「川下作戦」と呼ばれ
た。

　この時期の進出事例は多数あった（表 2）が、住友商事による SM・サミッ
トストア（現サミット）を唯一の例外として、すべて撤退に終わった[4]。サミッ
トの成功は、1970 年の経営危機を契機として担当者が住友商事から同社へ
完全移籍し、独自の小売経営確立に注力した成果であるといわれている。住
友商事の側でもサミットを自社の取扱商品の販売に利用することを控え、同
社に自由な仕入を許した。つまり、「商社の論理」よりも「スーパーの論理」
を優先したのである（島田 2003）。

表 2　1960 年代における総合商社の小売進出の代表事例

	マイマート	第一ストア	サミットストア
商社	伊藤忠商事	三井物産	住友商事
コミット メント	40％出資 財務・仕入を担当	株式 90％取得	100％出資
進出時期	1963 年 5 月設立	1963 年出資	1963 年 7 月設立
小売 ノウハウ	西武百貨店（60％出資） が販売を担当		米セーフウェイと業務提携 （のち解消）
帰結	1969 年 3 月 西友ストアーへ譲渡 首都圏 13 店舗	1964 年撤退 （岩田屋へ譲渡） 首都圏 10 店舗以下	現在に至る 首都圏 100 店舗以上

出所）平井（2002, 2014）の記述などをもとに整理。

　半面、三菱商事は 1962 年ころから社内で量販店対策を検討した結果、小
売業への直接進出は回避し、1969 年に西友ストアー（現西友）、ジャスコ（現
イオン）といった有力小売企業との業務提携に進んだ。伊藤忠や三井物産も、
小売業から撤退した後は小売企業に対する商品供給を中心とするポジション
に回帰している。全体としては、「一言でいえば商品供給先としてスーパー
の大量仕入れに期待した商社の思惑は外れ、資金面などでの協力や設備供給
などでの提携の企てもさほど大きな実績にならなかった」（島田 2006）。

(2) 第二次小売進出の始まり：GMS への進出と撤退

　現在に続く総合商社の小売進出は、バブル崩壊後の GMS や百貨店の不振を直接のきっかけとしている。社内体制としては、住友商事が 1996 年に消費流通事業本部を、三井物産が 1999 年にリテール事業室を、丸紅は 2000 年に食品流通部を設置した（島田 2003）。

　第一次小売進出のターゲットが GMS であった。第二次小売進出でも当初は GMS に対する取り組みがみられたが、2010 年代末までにほぼ解消し[5]、やがて SM・CVS へと絞られていった。これは総合量販店の凋落、専門店（衣料品におけるアパレル専門店チェーン、食品における SM、CVS）の成長という近年の小売業界のトレンドを反映したものであったといえる[6]。2022 年時点の各社の出資状況は表3を参照されたい。

表3　総合商社の小売企業への出資状況（2022 年）

総合商社	持株会社	コンビニエンスストア	食品スーパー	その他
三菱商事		ローソン (50.1%)	ライフコーポレーション (23.6%) アルビス (15.8%)	
三井物産	セブン＆アイ HD (1.8%)	セブン - イレブン・ジャパン *	ヨークベニマル *、ヨーク *	イトーヨーカ堂 *、そごう・西武 *
伊藤忠商事		ファミリーマート (94.7%)		
住友商事			サミット (100%) マミーマート (20.3%)	トモズ (100%)
丸紅	イオンマーケットインベストメント (28.1%)		ユナイテッド・スーパーマーケット HD *	

注）カッコ内は出資比率。＊は間接出資。ゴシック体は連結子会社（下線）または持分法
　　適用会社。トモズはドラッグストア、イトーヨーカ堂は総合スーパー、そごう・西武
　　は百貨店。HD はホールディングス。
出所）『激流』2022 年 9 月号より作成。

　CVS への直接進出を実現することができたのは伊藤忠（ファミリーマート）と三菱商事（ローソン）の 2 例だけであり、いずれも現在は子会社化にいたっ

ている。これは必ずしも第二次小売進出開始当初からの既定方針ではなく、事態の推移とともに両商社にとっての CVS の戦略的位置づけが高まっていったことを反映するものであると考えられ、今や総合商社の第二次小売進出を代表する最も先端的な取り組みと言ってよい。

(3) 第二次小売進出の本丸：CVS 進出の諸段階

ファミリーマートは 1998 年に伊藤忠の、ローソンは 2000 年に三菱商事の、それぞれ持分法適用会社となったが、その後も両商社の所有統合は強化され、ローソンは 2017 年、ファミリーマートは 2018 年に連結子会社となった。ファミリーマートに関してはさらに 2020 年に伊藤忠の完全子会社となった。他に、三井物産がセブン＆アイホールディングスを通じてセブン - イレブン・ジャパン (SEJ) に間接出資をしており、また三菱商事がセイコーマートやエーエム・ピーエム・ジャパンに資本参加した例があるが、いずれもマイノリティ所有であり、両 CVS への取り組みは特筆すべき段階へと進んでいる[7]。ここではまず、所有統合の段階的な進行過程を概観する。

持分法適用会社段階：1998 年以降

SEJ の設立母体がイトーヨーカ堂であったように、ファミリーマートは西友、ローソンはダイエーと、CVS 大手の設立母体はいずれも GMS であった[8]。GMS の多くはバブル崩壊後に経営不振におちいり、西友およびダイエーは優良事業であった CVS 事業を売却せざるをえない状況に追い込まれた。

伊藤忠は 1998 年 2 月に西友を含むセゾングループから 1,350 億円でファミリーマート株式 29.74% を譲受し、既存株と合わせて 30.65% を保有する筆頭株主となった[9]。当時、伊藤忠は財務改善の必要に直面しており、また業務面では SEJ 発足当初から同社と親密な取引関係を築いていたことから、キャピタルゲイン目的、あるいは SEJ への統合含みとの憶測もささやかれたが、伊藤忠はこの同社過去最高額となる投資案件を中長期的戦略によるものと強調し、商品調達・コスト管理での貢献、海外事業展開、情報サービスや新業態開発といった意図を説明した[10]。

　三菱商事は丸紅・日立製作所連合との競合に勝ち抜いて 2000 年 2 月にダイエーから 2,000 億円でローソン株式 20% を獲得し[11]、続いて 2001 年に資本・業務提携を結び、出資比率 30.1% で筆頭株主となっている。この投資について、三菱商事は「ローソンが利益を出して企業価値を上げるのが最優先。対ローソン取引でもうけるつもりはない」[12] と説明した。

連結子会社段階：2017 年以降

　2010 年代後半、両商社は株式公開買付（TOB）によって傘下 CVS を連結子会社化した。

　先行したのは三菱商事である。同社は 2016 年 12 月から翌年 2 月にかけてローソンに対して 1 株 8,650 円で TOB を実施した結果、約 1,665 万株を取得して持分を 50.11% に高め、同社を連結子会社とした。買付代金は約 1,440 億円と算出される。TOB の目的について三菱商事は国内 CVS 事業での商品力・コスト競争力向上と店舗開発運営、海外 CVS 事業、および周辺分野での事業シナジー追求を通じて両社の企業価値を最大化することと述べている。

　ファミリーマート子会社化の経緯はやや複雑である。まず、2016 年 9 月にファミリーマート（初代）がユニーグループ・ホールディングス（ユニーグループ HD）と経営統合し、前述の UFHD が成立した。このさい、ファミリーマートが存続会社としてユニーグループ HD を吸収合併（合併比率 1：0.138）して UFHD へと改称し、ユニーグループ HD の完全子会社であったユニー、サークル K サンクスなどを UFHD の吸収分割会社とするとともに、ファミリーマートの事業をサークル K サンクスに移譲して同社をファミリーマート（2 代目）へと改称した。統合に先立ち、伊藤忠はファミリーマート（初代）株式を買い増し、統合後の UFHD に対する出資比率 33.4% を確保した。

　次に 2018 年 7 月から 8 月にかけて伊藤忠は UFHD に対して 1 株 1 万 1,000 円で TOB を実施し、約 1,088 万株を取得して同社への持分を 50.29% へと引き上げ、連結子会社化した。買付代金は約 1,200 億円と算出される。TOB の目的について、伊藤忠は、商品開発力強化、円滑な物流システムの

構築や商流合理化、経営高度化を通じて UFHD の中長期的な企業価値向上とともに、伊藤忠グループにとっても生活消費関連バリューチェーンに変革をもたらし、企業価値向上を図ると説明している。

その後、UFHD は 2019 年 1 月にユニー（GMS 事業）をドンキホーテホールディングス（現パン・パシフィック・インターナショナルホールディングス／PPIH）へ売却したうえで、同年 9 月にファミリーマート（2 代目）を吸収合併し、ファミリーマート（3 代目）へと改称した。

完全子会社段階：2020 年以降（ファミリーマート）

伊藤忠は 2019 年 7 月に組織改編をおこない、繊維、機械、金属、エネルギー・化学品、食料、住生活、情報・金融の既存 7 カンパニーに追加して第 8 カンパニーを新設した。その目的は、商品軸でのタテ割り組織を克服し、マーケットインの発想でビジネス・客先を開拓することと説明され、プレジデントには細見研介・食料カンパニーエグゼクティブバイスプレジデント（食品流通部門長、CP・CITIC 戦略室）が選出された。

2020 年 7 月から 8 月にかけて伊藤忠はファミリーマートに対して 1 株 2,300 円で TOB を実施し、約 7,900 万株を取得して同社への持分を 100％へと引き上げ、完全子会社化した。今回の買付代金は約 1,800 億円と算出される。この TOB の目的について伊藤忠は、ファミリーマートを同社生活消費分野における最重要基盤と位置づけ、リアルとデジタルの融合による新たなビジネスモデルを創出すること、そのためにファミリーマートを非上場化し、迅速に意思決定を進めていくこととした。

2019 年に全国店舗数が減少に転じるなど CVS 業態自体が曲がり角を迎えているもとで、総合商社がデジタル・トランスフォーメーション（DX）をめざすうえでの CVS の役割が再定義された結果、総合商社主導による CVS 起点ビジネスの新たな展開への機運が高まったことが、この背景にある。

以上、持分法適用会社から連結子会社、そして完全子会社へと所有統合が進行するにともなって、新事業創造や親会社である総合商社との一体経営が強調されてきたことが見て取れる。以下では両 CVS に対する所有統合の段

階的変化や、第一次小売進出との異同に留意しながら、3 つの論点に絞って
経過を追跡する。すなわち、①トップマネジメント人事、②既存の CVS 周辺
ビジネス、とくに食品卸への関与、③ CVS を起点とする新事業創造、である。

2　総合商社のコンビニエンスストア関連ビジネスの深化

(1)　トップマネジメント人事

　第一次小売進出の唯一の成功例となったサミットでは、住友商事が自社出
身の経営陣に対して自由裁量を与えたこと、またこのとき経営トップが住友
商事を退社して SM の自律的経営を担保したことがカギとなった。これと符
合するように、2002 年、ローソン社長に就任した新浪剛史は同社初の三菱
商事出身社長となったが、このとき佐々木幹夫・三菱商事社長は新浪に対し
ても、三菱商事に遠慮せず、ローソンの経営にあたるよう申し渡したといわ
れる。新浪自身も、出向元の三菱商事を 2003 年に退社し、ローソンの経営
再建に対する立場を社内に示した[13]。こうして筆頭株主の三菱商事および第
2 株主のダイエーから事実上のフリーハンドを得た経営トップのもとで、
ローソンは生鮮野菜の取扱など新機軸に取り組み、10 期連続増益を果たし
た。後継社長として、外部から玉塚元一を迎え入れたのも新浪の判断である。
　しかし 2016 年 6 月、三菱商事から竹増貞信社長が派遣され、玉塚は会長
に退く。その目的は三菱商事グループの総力を活用して成長を目指すことで
あるとされた[14]。ファミリーマートとサークル K サンクスの統合でローソン
が国内店舗数 3 位に後退する見込みであることなどを受けて、三菱商事の関
与を強める方向に傾いたとみられる。連結子会社化はその延長線上にある。
　これに対して伊藤忠の人事政策はよりストレートである。ファミリーマー
トの経営トップは伊藤忠の出資以前から同社出身の人物がつとめてきたが、
出資後は 3 代にわたって伊藤忠の食料部門（カンパニー）から社長が派遣さ
れた。2016 年には伊藤忠出身ながら外部で小売業の経験を積んだ澤田貴司
を UFHD 傘下のファミリーマート社長に迎えたが、同社長時代に連結子会
社化、完全子会社化が進み、その後任・細見研介は伊藤忠第 8 カンパニーか

ら派遣された。

(2) 既存 CVS 周辺ビジネスへの取り組み

物流システム

　伊藤忠がファミリーマートを持分法適用会社にしてすぐに着手したのは物流システムの再構築であった。それまでファミリーマートのチルド（低温・冷蔵）食品物流拠点 35 カ所はほとんど西友のものであり、SM 向けと混在していた。伊藤忠はこれを 28 カ所に集約するとともに、その運営業務をセゾングループから譲受し、伊藤忠の物流子会社・ファミリーコーポレーション（FS）に委託した。また、ドライ（常温）食品・日用品と冷凍食品については卸業者を伊藤忠系列の西野商事など 6-7 社に絞り込み、ドライ物流拠点は 20 カ所から 18 カ所へと集約・大型化した[15]。その後、FS の物流機能は 2011 年に日本アクセス（後述）へ統合されている。

　三菱商事はローソンの筆頭株主になったさいに、物流システム構築、店舗への ATM 設置、店舗開発などで共同していくことを表明していた[16]。

　このうち物流システムについては、物流子会社エフエスエヌ（2001 年 12 月設立）が、ダイエー・ロジスティック・システムズよりローソン向け物流事業の営業権を譲受し、さらに同社を外食・中食市場向け業務用食材販売子会社・フードサービスネットワーク（2001 年 4 月設立）に統合し、食品卸売と低温物流を一括しておこなう体制を構築した（『三菱商事 50 年史』513）。また、既存子会社のダイヤパッケージングが三菱商事パッケージングへ改称し、ローソン向けレジ袋の供給に始まり、ミニストップ、ポプラ向けも含めて CVS 向け包装資材供給事業を拡大した（『三菱商事 50 年史』510）。

食品卸の再編

　1990 年代以降、食品卸（食品専門商社）の再編が進んだ。もともと食品の中間流通は、取扱商品種類が極めて多く、ドライ（常温）・チルド（冷蔵）・冷凍と温度帯が分かれており、地方ごとの実情もさまざまであることから、多様な専門商社が存在していた。大ロットを得意とする総合商社にとっては

直接進出になじまず、食品専門商社に対する資本系列化を通じてのアプローチにとどまる。

この時期に食品卸の再編が進んだ背景は以下の2点が考えられる。

ひとつはバブル崩壊後の小売業の寡占化・全国チェーン化に対応して、CVSなど大手組織小売企業がサプライチェーンの合理化を望んだことである。国内食品卸はこれに受動的または能動的に対応し、広域化、フルライン化、情報システム化、物流機能強化を進めた（小川2003）。

もうひとつは、総合商社が食品中間流通を自らの収益基盤とするために系列化・集約化を進めたことである。伊藤忠はSEJ向け系列食品卸の松下鈴木とメイカンを統合させて伊藤忠食品（1996年）とするとともに、ファミリーマート向け系列食品卸の西野商事に雪印アクセスほかを統合させて日本アクセス（2007年）とした。三菱商事は菱食に明治屋商事（食品・酒類）・サンエス（菓子）・フードサービスネットワーク（チルド物流）・リョーショクリカー（酒類）の4社を統合させ、三菱食品（2011年）とした。また、三井物産は小網と三友食品を統合させて三友小網（2000年）とした。同社は2004年に三井食品へ改称し、2020年に中間持株会社・三井物産流通ホールディングスとなった。

2022年現在の総合商社の食品卸への出資状況は表4のとおりである。

もう1点、触れておかなければならないのは、総合商社の小売進出、とりわけCVSの所有統合の進展に連動して、既存食品卸から総合商社グループ内食品卸への商権移動（帳合変更）が系統的に進められたことである。

石橋（2017）によれば、UFHD成立にともなう帳合変更は次のようにドラスティックなものであった。①国分、加藤産業（ファミリーマート向け）、升喜（サークルKサンクス向け）の酒類、加藤産業、カナカン、トーカン、旭食品、昭和の加工食品、カナカンなどの冷凍食品の帳合はまるごと日本アクセスへ変更された。②種清の菓子の帳合は伊藤忠系列のドルチェへ変更となった。③また商品の帳合とは別に、サークルKサンクス向けの物流事業も日本アクセスへ切り替えられた。なお、石橋（2017）はローソンではこのような帳合変更はすでに実施済みであり、ほぼすべてが三菱食品に集約され

148

表4　総合商社の食品卸との資本関係一覧（2022年）

総合商社	分野	食品卸 社名	出資比率(%)	他の出資企業(出資比率%)
三菱商事	総合	三菱食品	50.1	
		加藤産業	5.1	三井物産（9.1）、住友商事（5.4）
		トモシアHD	8	
	水産	マルイチ産商	20.8	国分グループ本社（4.6）
伊藤忠商事	総合	日本アクセス	100	
		伊藤忠食品	52.3	
	菓子	ワイ＆アイHD	−	伊藤忠食品（50）、ヤマエ久野（50）
		コンフェックスHD	n.a.	ワイ＆アイHD（28.9）
		ドルチェ	n.a.	日本アクセス（61）、コンフェックスHD（n.a.）
三井物産	持株	三井物産流通HD	100	
	総合	三井食品	100*	
		リテールシステムサービス	100*	
		物産ロジスティクスソリューションズ	100*	
		国分北海道	21.7	国分グループ本社（78.3）
		加藤産業	9.1	住友商事（5.4）、三菱商事（5.1）
	原材料	ベンダーサービス	100*	
	食肉	スターゼン	16.1	
丸紅	総合	国分首都圏	20.0	国分グループ本社（79.9）
	菓子	山星屋	75.6	国分グループ本社（20）
	低温	ナックス	44.2	国分グループ本社（51）
住友商事	総合	加藤産業	5.4	三井物産（9.1）、三菱商事（5.1）
豊田通商	総合	セントラルフォレストグループ	2.5	国分グループ本社（38.3）

注）＊は三井物産流通HDを通じた間接出資。HDはホールディングス。
出所）『激流』2022年9月号および各社ウェブサイトより作成。

ていることを伝えている。

　グループ内食品卸への帳合の集約は、CVSにとっては調整コストの低減やより洗練された物流システムの利用を意味すると同時に、健全な競争の排除、外部食品専門商社の専門性の利益を享受する機会の喪失というネガティブな効果も考えられる。ともあれ、こうした総合商社グループ内食品卸の再

編は、供給先の合理化要求に答えるものであるとともに、総合商社の収益基盤の拡大でもあった。

(3) CVS 起点の新事業創造

　CVS を起点とする新事業として、比較的早くから取り組まれていたもののひとつがリテール金融サービスである。三菱商事は 2000 年にローソンおよびメガバンクとの共同出資でローソン・エイティエム・ネットワークス（LANs）を設立し、2001 年よりローソン ATM のサービスを開始した。当初は銀行の資格をもたなかったため、他の銀行の業務請負にすぎなかったが、これを足掛かりに 2018 年、セブン銀行、イオン銀行に次ぐ小売系銀行としてローソン銀行（出資比率はローソン 95%、三菱 UFJ 銀行 5%）を立ち上げた。

　伊藤忠は第 8 カンパニーを中軸として、ファミリーマートを起点としたバリューチェーンの進化を進めるとし、食料バリューチェーンの強化以外に以下の領域での事業展開を表明している[17]。

①広告・メディア：ターゲティング広告（データ・ワン）、デジタルサイネージ（ゲート・ワン）。

②運営支援：システム構築（CTC）、電力関連（伊藤忠プランテック）、建築資材（伊藤忠建材）、3R + W サービス（伊藤忠メタルズ）、コンタクトセンター（ベルシステム 24）、什器リース（東京センチュリー）。

③サービス（金融・保険等）：ファミマ T カード（ポケットカード）、POSA カード（コネクシオ）、バイク自賠責保険など（伊藤忠商事）、ファミペイ（ファミマデジタルワン）。

　こうした CVS まわりの事業は当初は CVS の本業を側面から支援するもの、ないし CVS の本業に付加するサービスから始まったが、現在では CVS の物理的ネットワークと顧客情報を基盤に総合商社の生活産業分野での DX を実際に推進するような事業に焦点が移っている。

3　食品部門にみる総合商社のバリューチェーン戦略

(1)　20世紀型総合商社の食料ビジネスと小売進出

　総合商社の食品（食料）ビジネスを産業の水平的広がりの観点からみると、戦前期以来の総合商社の伝統的な営業部門のひとつとして認識されており、1980年代頃まで繊維、鉄鋼、非鉄金属、機械、化学品、資材などと並んで食料が各社の主要営業部門の一角をなしていた。丸紅・伊藤忠のように専門商社から総合商社に転換するケースにあっては成長過程で獲得・強化してきたものであった。バブル崩壊後は繊維部門、資材部門などと統合されて生活産業部門などに再編されていることが多い。

　垂直的な広がりの観点からみると、総合商社の食品ビジネスは穀物などの原料輸入から始まり、徐々に中間流通、小売・外食へと進出してきた。総合商社の食品ビジネスは農林水産物資源を起点としてバリューチェーンの川下へと前方展開するものであった。そのさいの特徴を2点挙げるとすれば、以下のとおりである。

　第一に、事業投資によって継続的な商流をつくりだし、取引仲介手数料を稼ぐという、20世紀総合商社の常套手段がここではバリューチェーンの継起的な諸段階に対して取られ、「インテグレーション」と呼ばれた。穀物—飼料—鶏肉の「ブロイラー・インテグレーション」がその代表的な分野として知られる（島田2006）。このような、バリューチェーンに沿った所有統合を通じて実現するある種の機能統合は「フードシステム」と呼ばれ、総合商社に固有のものではない。総合商社がインテグレーションによって多段階に関与するのが日本のフードシステムの特徴であるといえるだろう（平賀2019）。

　第二に、それは企業グループのかたちをとっておこなわれ、概して川下へ行くほど総合商社のコントロールの弱い、分散的・粗放的な形態であった。一般に、バリューチェーンにおいては、川下に行って付加価値が高くなるにつれて、商品種類の多様性は大きくなり、また1種類当たりの取引ロットは

小さくなる傾向がある。さらに食品の多くの品目では、衛生管理や鮮度管理の程度が川下ほど厳しくなる場合が多い。小麦や大豆の輸入とサンドイッチやおにぎりの小売とでは必要な知識・スキルと組織が大きく異なるのである。大ロットの原料輸入から出発した総合商社にとって、多品種少量の食品小売は異質なビジネスであった。中間流通でさえ、総合商社の直営ではなく、食品専門商社の系列化を通じてのアプローチとなった。

　このことは総合商社にとって一貫して克服すべき課題であったといってよい。小売進出の最初の挑戦は 1960 年代におこなわれ、課題の大きさをあらためて実感する結果となった。

(2)　総合商社のビジネスモデル転換と第二次小売進出

　総合商社の第二次小売進出の背景として、平井 (2014) は① CVS の成長性・将来性が評価されるようになってきたこと、②総合商社の従来の主要取引先であった重化学工業が成熟化したこと、③消費財取引の拡大によって生産財取引の減少を補完できると期待されたこと、の 3 点を挙げている。この説明は総合商社の商品取引面でのメリットを強調したものである。確かに丸紅のダイエー向け衣料品・食品供給は 1990 年代に大きく拡大したと伝えられる（平井 2014）。ただし、総合商社にはリテール経営のノウハウがないために、品ぞろえを直接支配して自社の取扱商材のはけ口とするようなやり方は成功しないということが第一次小売作戦の教訓であった。ではなぜ第二次小売進出はその後も継続することができたのか。

　ひとつには、消費財以外に小売店向け包装資材の納入では大きな成果を挙げたという事情がある（たとえば三菱商事パッケージング）。しかしここではより大局的な背景として、総合商社のビジネスモデルが転換したために小売業に対するアプローチが変化したという事情を指摘したい。

　すなわち、第一に、最重要経営指標が単体での売上高（取扱高）[18] から連結での純利益へと切り替えられた。この結果、出資先企業が連結損益計算書にもたらす取込利益が注目されるようになった[19]。

　第二に、総合商社本体も仮想資本をもつ小規模なビジネスユニットに細分

化され、管理下にある連結子会社・持分法適用会社とともにリスク・リター
ン指標（各ビジネスユニットの利益とそこに投じているリスク資産との差または
比率）によって管理されるようになり、企業グループ全体がひとつの事業ポー
トフォリオとなった。

　このような経営革新は、高度経済成長終焉後の売上高利益率の低迷を受け
て 1980 年代半ばに原型が立案され、バブル崩壊後の危機的局面で事業投資
のリスク管理手法を整備することによって実現した（田中彰 2012）。これを「20
世紀型総合商社」から「21 世紀型総合商社」への転換と呼ぶならば、20 世
紀型総合商社が大口の継続的取引（商権）に基礎をおく中間流通業者（島田
1990）であったのに対し、21 世紀型総合商社とは、トレードと事業投資を両
輪とする「総合事業運営・事業投資会社」（田中隆之 2017）である。

　この結果、総合商社にとっての小売進出の評価基準は「本体の商品取引へ
の貢献」から「連結純利益への貢献」へと変化した。1960 年代においては
サミットが「商社の論理」よりも「スーパーの論理」を優先したのは異例で
あったが、いまや商社の本質が変化したため、「小売の論理」を追求するこ
とが「商社の論理」に一致するという状況がうまれたのである。

　第二次小売進出の初期において総合商社は CVS 経営の主体性・自律性を
尊重する姿勢をとっていた（持分法適用会社段階）。それは三菱商事の方がよ
り顕著であったようにもみえるが、伊藤忠においても後年にくらべればより
放任的であった。CVS 側での主体的な経営が、CVS 業態そのものの成長期
にあって経営成果につながったといえるが、こうした総合商社側の一歩引い
た姿勢は、総合商社側の事情を抜きにしては理解することができない。

　その後、CVS に対する所有統合は持分法適用会社段階から連結子会社段
階・完全子会社段階へと進行し、機能統合も強化されることとなった。「商
社の論理」がより前面に出ることとなったが、ただし 21 世紀における「商
社の論理」とは、20 世紀にみられたような売上高目的の「プロダクトアウ
トによる商品供給」ではなく、「小売業まわりの利益の最大化」であり、第
二次小売進出の全期間を通じて変わっていない。グループ内食品卸への帳合
集約は、グループの売上高の面でも貢献するが、必ずしもそこには眼目はな

く、グループ内食品卸の利益が向上することに関心がある。

　連結子会社段階へと所有統合を強化したのは、経営環境の変化を受けて収益性が停滞した CVS の経営を立て直すためにそれが最適と判断されたからである。総合商社が 21 世紀のビジネスモデルにもとづいてさまざまな事業会社の経営にあたってきた結果、経営人材が豊富に育成されるようになってきたこともその一因と考えられる。伊藤忠がファミリーマートを完全子会社段階へと進めたのは、デジタル化という新しい事業戦略のもとで、CVS の位置づけが単なる小売業を超えたものとなり、グループ一体となって迅速な意思決定をするためであった。

おわりに

　本章では総合商社の小売進出、とりわけ CVS への取り組みを、21 世紀型総合商社のビジネスモデルという視座から考察してきた。

　第一次小売進出の時代には総合商社は商権に基礎をおく中間流通業者であり、売上高増大を目的とした「商社の論理」（プロダクトアウトによる商品供給）を放棄して「小売の論理」（マーケットインによる品ぞろえ）にゆだねることのみが事業成功の条件であった。第二次小売進出の時代には総合商社はトレードと事業投資を両輪とする総合事業運営・事業投資営会社へと転換しており、「小売業まわりの利益の最大化」こそが新たな「商社の論理」となった。

謝辞：本稿は JSPS 科研費 JP20K01926、JP22H00865 の助成を受けたものです。

第 7 章で学べるキーワード

総合商社、ファミリーマート、ローソン、小売進出、食品卸

154

注

1) 本章は田中（2022）の短縮・改訂版である。本章では事実関係の多くを総合商社、CVS運営企業のプレスリリースに拠っており、田中（2022）には出典を表記したが、本章では紙幅の都合で省略する。

2) 総合商社の事業コミットメントの形態には、業務上（継続的取引、サービス提供、人員派遣など）、資本上（持分法適用会社、連結子会社、完全子会社）のバリエーションが存在する。以下で小売「進出」という場合にはこのうち持分法適用会社以上の資本的コミットメントを指し、業務提携などは含まない。

3) 総合商社の食料・食品ビジネスに関する先行研究としては島田（2003）、島田・下渡・小田・清水（2006）、平井（2002, 2014, 2021）、谷ヶ城（2015）、畑（2020）を参照。これらに対する本章の独自性は、総合商社の食品ビジネスの変遷を、総合商社自身の歴史的変化とのかかわりにおいて説明しようとする点、その観点から2010年代後半以後に新しい局面に入ったという認識を示そうとする点にある。

4) 平井（2002）は総合商社側の課題を2点挙げている。すなわち、①総合商社の小売進出に対する社会的反発への躊躇、②経営体質の相違（小売経営ノウハウの欠如）である。

5) 三菱商事のイオングループとの包括提携（2008年）は10年にわたって商品販売・開発などで成果を挙げてきたが、2018年に双方の将来構想の相違から提携を解消した。伊藤忠とユニーグループとの包括提携（2009年）は、伊藤忠主導によるユニー・ファミリーマートホールディングス（UFHD）の成立（2016年）をへて、2019年、ユニー売却をもって終焉した。三井物産のイトーヨーカ堂グループ（現セブン＆アイHD）との包括提携（2001年）はこの種の取り組みのなかでは例外的に長期間継続しているが、その焦点がGMSのイトーヨーカ堂からCVSのSEJへと移っている。

6) 南方（2019）はSM、CVS、ホームセンター、ドラッグストアなどを「部分総合店」と概括し、2000年代以降の小売業態構造の変化を、「総合店」（百貨店、GMS）から専門店チェーンおよび部分総合店へのトレンドとしてとらえている。

7) 日本最大のCVSチェーン本部であるSEJに対する総合商社各社のアプローチについては本章のなかで適宜触れたとおりである。ファミリーマート、ローソンとは対照的に、SEJの経営が頑健であり続けたために、総合商社にとっては資本参加の機会がきわめて限られていた。これをSEJ側からみると、次のようにいうことができる。①資本面では総合商社に対する自立性を維持している。②業務面では伊藤忠と三井物産の2社を競わせてバランスをとることによって、これらの関係特殊的投資を促すとともに、これらに対する取引上のパワーを維持している。

8) ファミリーマートは1973年に西友ストアー本体の新規事業として発足し、1981年に同社の子会社として独立した。ローソンはダイエーによって1975年にダイエーローソンとして設立された。その後、ローソンジャパン（1979年）、ダイエーコンビニエンスシステムズ（1989年）をへて1996年に現社名となった。

9) 『日本経済新聞』1998年2月7日。

10) 『日経流通新聞』1998年2月7日。

11)「ダイエーは、取引関係が深く、ともに富士銀行を主力取引銀行とする丸紅との関係を考慮したものの、三菱商事の総合力を評価し、三菱への売却が望ましいと判断した。富士以外の主力取引銀行からも三菱商事への売却を推〔ママ〕める声が強かったという」(『朝日新聞』2000 年 1 月 15 日)。

12)『朝日新聞』2001 年 3 月 15 日。ただし、同じ記事にはローソン株式 5％を 425 億円で取得した丸紅が、ローソンとの取引(当時の 1,300 億円から 2,000 億円に引き上げることを想定)によって回収するという 20 世紀型のビジネスを考えていることが紹介されており、この時期が総合商社のビジネスモデル転換にとって過渡期であったことがうかがえる。

13)「佐々木幹夫は新浪を送り出す際に、ありがたい餞別をくれた。「同じ価格で同じ品質だったら、三菱商事から買う必要などない。メリットがあるなら商事から買えばいいが、それ以外なら買う必要はいっさいない。つねにローソンの企業価値向上に努めてくれ。何か問題があったら、いつでも俺たちに言ってこい」」(財部 2013：218)。「その〔ローソンの――引用者〕危機に際して、三菱商事に籍を置いたまま、いざとなったら出向元に戻ればいいという社長に誰が本気でついてきますか。だから私は三菱商事を辞めて退路を断った」(財部 2013：209)。

14)「「伊藤忠のように、三菱グループが扱っている商品だからこれは必ずローソンで仕入れてくれ、ということは要求しない」。ある三菱商事の関係者は話す。ローソンに自主性をもたせ、現場の士気を損なわないように気遣いを見せるのが三菱商事流だ。ただそれはプラスにも働けば、マイナスにも振れる」(『日経 MJ』2016 年 3 月 30 日)。

15)『日本経済新聞』1998 年 11 月 2 日。

16)『朝日新聞』2001 年 2 月 23 日。

17)伊藤忠商事『統合レポート 2022』64-65。

18)米国会計基準や国際会計基準(IFRS)では売上は本業によって得た収益を意味し、在庫リスクをともなわない仲介取引・代行取引の場合は手数料収入のみを計上する。しかし、日本の会計基準では売上に関する明確な基準がないため、総合商社業界では商慣行にもとづいて取扱高を売上高として計上していた。総合商社大手 5 社は米国会計基準採用後も損益計算書の「収益」とは別に、日本基準による「売上高」を参考情報として発表していた(あずさ監査法人 2010)。

19)親会社が発行済み株式の 50％超を保有する連結子会社については最終損益の全額が、20％以上 50％未満保有の持分法適用会社の場合については最終損益に出資比率を案分した額が、取込損益として親会社の決算に連結される。

参考文献

有限責任あずさ監査法人(2010)『商社の会計実務』中央経済社

畑憲司(2020)「コンビニエンスストアに対する総合商社の投資行動」『流通』47: 43-58

平賀緑(2019)『植物油の政治経済学―大豆と油から考える資本主義的食料システム―』昭和堂

平井岳哉(2002)「1970 年代における総合商社のスーパーマーケット事業への進出」『千葉経済論叢』27: 1-29

156

——（2014）「三井物産におけるリテール分野への対応」『獨協経済』95: 77-89
——（2021）「成長期におけるダイエーと商社の関係：1960 年代と 1970 年代を中心に」『獨協経済』108: 19-36
石橋忠子（2017）「商社の系列化が拍車をかけ 80 兆円市場争奪戦が本格化」『激流』9 月号
南方建明（2019）『日本の小売業態構造研究』御茶の水書房
三菱商事㈱総務部社史担当編（2008）『三菱商事 50 年史　1954-2004』三菱商事
小川進（2003）『稼ぐ仕組み—高収益「卸」の常識破りな新発想—』日本経済新聞社
島田克美（1990）『商社商権論』東洋経済新報社
——（2003）「食料—輸入の多様化と川下分野への進出—」島田克美・黄孝春・田中彰『総合商社—商権の構造変化と 21 世紀戦略—』ミネルヴァ書房
——（2006）「加工食品の取引および流通業再編と商社」島田克美・下渡敏治・小田勝己・清水みゆき『食と商社』日本経済評論社
——・下渡敏治・小田勝己・清水みゆき（2006）『食と商社』日本経済評論社
財部誠一（2013）『ローソンの告白—だから、個人も組織も成長できる—』PHP 研究所
田中彰（2012）『戦後日本の資源ビジネス—原料調達システムと総合商社の比較経営史—』名古屋大学出版会
——（2018）「総合商社のグローバル戦略—資源ブーム終焉の衝撃—」齋藤雅通・佐久間英俊編『グローバル競争と流通・マーケティング—流通の変容と新戦略の展開—』ミネルヴァ書房
——（2022）「21 世紀型総合商社の小売進出—ファミリーマート・ローソンを中心に—」『阪南論集社会科学編』58（1）：61-77
田中隆之（2017）『総合商社—その「強さ」と、日本企業の「次」を探る—』祥伝社
谷ケ城秀吉（2015）「日本型コンビニエンスストア・チェーンのアジア市場展開」橘川武郎・久保文克・佐々木聡・平井岳哉編『アジアの企業間競争』文眞堂

第8章
デジタル化の進展と
コンビニエンスストアの対応

はじめに

　デジタル化の進展は小売業に対して大きなインパクトを与えた。とりわけインターネットの一般消費者への普及はオンライン上での電子商取引（Eコマース、以下、EC）を飛躍的に拡大させることになり、世界最大のオンライン小売企業に成長したアマゾンによる影響は、アマゾンエフェクトと呼ばれるような実店舗（以下、オフライン）による対面販売の圧迫と大量閉鎖を引き起こし、大きな社会問題となった。日本においてもECの拡大はオフライン小売業の経営不振の原因の一つと見なされている。

　こうした状況に対してオフライン小売業はオンラインへの進出を促進させる一方、オンライン小売業の側でもオフラインへの進出が加速しており、両者を統合したオムニチャネル化が注目されている。しかし、デジタル化の進展が小売業に与えたインパクトの本質は、「プラットフォーム革命」による小売業におけるビジネスモデルの変革にこそある。

　本章では食品を中心としたオフライン小売業、とりわけコンビニエンスストアのデジタル化への対応としてのオムニチャネル戦略とプラットフォーム革命への対応の現状と今後の課題について検討する。第1節で、ECの拡大がオフライン小売事業に与えた影響と食品分野におけるECの伸び悩みの要因を示す。次に第2節で、デジタル化の進展によるプラットフォーム革命がもたらした小売業におけるビジネスモデルの変革について明らかにする。そして、第3節では、コンビニエンスストア大手3社（セブン‐イレブン・ジャパン、ファミリーマート、ローソン）によるデジタル化への対応としてのオム

ニチャネル戦略とその限界、さらにプラットフォーム・ビジネスモデルによる新たな事業である「ニューリテール（新小売）」および「リテールメディア」への展開の可能性と課題について明らかにしたい。

1. EC の拡大と伸び悩み

（1）EC とオフライン小売業の販売推移

　経済産業省による電子商取引に関する市場調査では、EC の定義を「インターネットを利用して、受発注がコンピュータネットワークシステム上で行われること」[1] としている。EC は、企業間または企業と政府（中央官庁および地方公共団体）間での取引である BtoB-EC と、企業と消費者間での取引である BtoC-EC に分類される。BtoC-EC はさらに販売対象を食品、生活用品、耐久消費財などの物販系分野、旅行サービスや飲食サービスなどのサービス系分野、電子出版や有料音楽・動画配信、オンラインゲームなどのデジタル系分野に分けることができる。2022 年における、BtoC-EC の市場規模は、物販系分野が 13 兆 9,997 億円、サービス系分野が 6 兆 1,477 億円、デジタル系分野が 2 兆 5,974 億円で合計 22 兆 7,499 億円となっている。これにインターネットを用いて個人間で取引を行う CtoC-EC の 2 兆 3,630 億円を加えると、EC 小売総額は 25 兆 1,129 億円に達する。

　本章ではオンライン上での物販の拡大とその影響を分析することが目的であるので、以下では断りのない限り EC の対象を BtoC の物販系分野に限定して述べることとする。図 1 に見られるように、物販系分野の EC の市場規模は 2014 年の 6 兆 8,043 億円から 2022 年には 13 兆 9,997 億円にまでほぼ 2 倍に急速に増大している。この間の小売業販売額は 141 兆 2,190 億円から 154 兆 4,020 億円へわずか 9.3％の増加にとどまっているのときわめて対照的である。その結果、物販系分野のすべての商取引額（商取引市場規模）に対する EC 市場規模の割合である EC 化率は 2014 年の 4.37％から 2022 年には 9.13％にまで拡大している。

　同期間の業態別販売額をみると、百貨店は 2020 年に新型コロナウイルス

感染症（COVID-19）による訪日観光客のインバウンド需要の急減ともあいまって前年比 25.5％もの大幅減少となり、2021 年以降インバウンド需要の回復により若干の持ち直しを見せているが、依然として低迷から脱却しているとはいいがたい。

　逆にスーパーの販売額はコロナ禍における巣ごもり需要の拡大により、

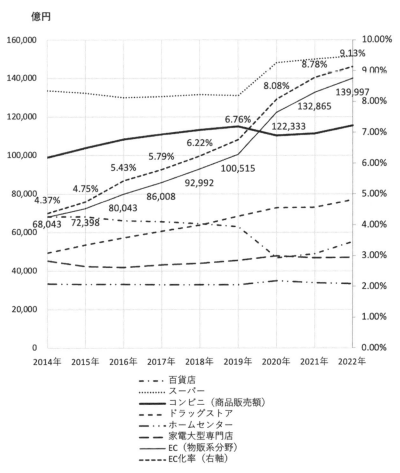

図 1　業態別販売額の推移

出所：経済産業省「商業動態調査」および「令和 4 年度電子商取引に関する市場調査報告書」より作成。

2014年の13兆3,699億円から2022年の15兆1,537億円に増大した。しかし、2021年以降は外出機会の拡大もあり、販売額は伸び悩んでいる。

　ドラッグストアはEC以外で最も販売額を増加させており、2014年の4兆9,374億円から2022年の7兆7,095億円へと48.0％増加している。この好調な販売拡大を支えているのは食品であり、食品販売の拡大は、スーパーやコンビニエンスストアとの競争を激化させ、その市場を侵食しているということができるだろう。

　スーパーが「ワンストップショッピング」を提供する計画購買に主に対応しているのに対して、コンビニエンスストアはフランチャイズ（FC）方式による大量出店と、長時間営業による「即時性ニーズ」の充足に特化してきた[2]。コンビニエンスストアは2019年までは販売額を持続的に拡大してきたが、コロナ禍の中で2020年に販売額が前年比で4.1％減少した。2021年

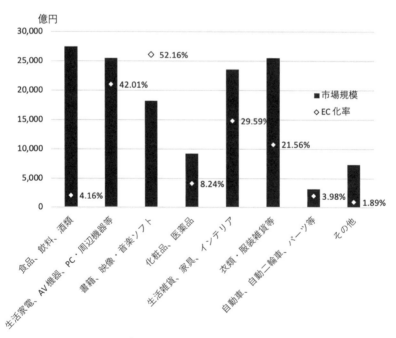

図2　物販系分野のBtoC-EC市場規模（2022年）

出所：経済産業省「令和4年度電子商取引に関する市場調査報告書」より作成。

2022 年には対前年比でそれぞれ 1.1％、3.5％増加したが、販売額の伸び率は低迷している。そして 2020 年以降は EC の販売額に逆転され、その差が拡大しつつある。

　次に、図 2 によって 2022 年の EC の市場規模を分野別にみると、販売額が最も多いのは食品、飲料、酒類の 2 兆 7,505 億円、次いで生活家電、AV 機器、PC・周辺機器等の 2 兆 5,528 億円、衣類・服装雑貨等の 2 兆 5,499 億円、さらに生活雑貨、家具、インテリアの 2 兆 3,541 億円となっている。EC 化率でみると、書籍、映像・音楽ソフトが 52.16％と最も高く、次いで生活家電、AV 機器、PC・周辺機器等が 42.01％を占めている。販売額が最も多い食品、飲料、酒類の EC 化率はわずか 4.16％に過ぎず、衣類・服装雑貨等も 21.56％にとどまっており、依然としてオフラインによる販売が中心を占めていることがわかる。EC 化率の高い商品は規格化・ブランド化が進んでおり、消費者の購買動機は品揃え、価格、入手時間に左右されるため、オフラインよりもオンラインでの購入に優位性があることは明らかである。これに対して、消費者の好みが多様で品質や価格にばらつきがある生鮮食品や、実際に試着してみなければ判断が難しい衣類や雑貨では依然としてオフラインの優位性が存在しているということができる。

(2) EC の伸び悩み

　上記したように、EC の急速な拡大はオフライン販売を脅かすまでに成長し、2020 年以降はコンビニエンスストアの販売額を上回るまでの規模に達している。しかし、小売りチャネルはオフラインからオンラインへ、一方的に進んでいるわけではない。図 3 に見られるように、EC は COVID-19 による行動制限で巣ごもり需要が拡大した 2020 年には販売額の対前年同月比伸び率が急拡大したのであるが、2021 年以降は伸び悩んでいる。これに対して、オフライン販売は COVID-19 の行動制限が緩和された 2022 年以降回復基調にあり、消費者の購買行動が変化していることがわかる[3]。

　インターネットの普及、さらにはスマートフォンの普及は EC の急速な拡大を支えてきたのであるが、日本の EC 化率は世界的に見ると依然として低

い水準にある。アメリカ市場調査会社 eMarketer によると、2021 年の世界の EC 小売市場規模は 4 兆 9,382 億ドルで、EC 化率は 19.0％だった。EC 小売市場規模と EC 化率は、中国が 2 兆 4,886 億ドルで 43.9％、アメリカが 9,191 億ドルで 14.2％であるのに対して、日本の市場規模は 1,643 億ドルで 11.8％とされている[4]。海外での市場規模はさらに急速な拡大が予想されており、日本の EC 事業の低迷が目立っている。パソコンやスマートフォンの画面だけに頼る「ネット疲れ」が指摘されており、オフラインでの買い物経験や実際の商品を選択することの魅力が再評価されているのである。他方では、オフラインの側でもネットを活用した集客やオフラインとオンラインの接続が重要性を増している。

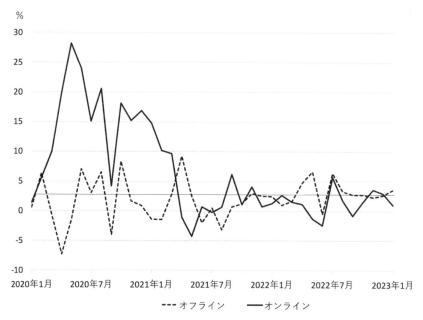

図 3　オフライン（実店舗）とオンライン（EC）の前年同月比売上伸び率の推移

出所：JCB ／ナウキャスト「JCB 消費 NOW」より作成。

2.　プラットフォーム革命と小売業

（1）直線的ビジネスモデルとプラットフォーム・ビジネスモデル

　取引形態がオフラインによる販売からオンライン上での取引に切り替わることによって、流通ビジネスモデルは大きく変化してきた。伝統的なオフライン型ビジネスモデルにおいては、商品の流れとバリューチェーンはメーカー→卸売業者→小売業者→消費者へ、上流から下流へと直線的に形成されている。この流通経路の中において、各プレーヤーは消費者のニーズを充足するための商品開発や品揃え、価格設定を行い、より効率的に商品提供を行うために、ときには中間流通の排除や、メーカーによる小売業の統合、あるいは小売業者によるメーカーの統合や戦略的提携が行われてきた。これらはすべて「直線的ビジネスモデル」ということができる。オンライン上においても、メーカーが自社のウェブサイトで直接販売したり、小売業者が仕入れた商品を直接オンライン販売する限りにおいては、販売形態がオフラインかオンラインかという違いがあっても、直線的ビジネスモデルの延長線上にあるということができる。

　こうした伝統的な直線的ビジネスモデルに対して、デジタル化が小売業に与えたインパクトは「プラットフォーム革命」と呼ばれるビジネスモデルの大きな変革にこそある。これは直線的ビジネスモデルに対して「プラットフォーム・ビジネスモデル」ということができる。

　プラットフォームとは、一般に、共通の目的や同じ資源を共有するために、個人や組織を結合するものである[5]。ここで対象とする産業プラットフォームは第1に、プラットフォームがなければやりとりできない、もしくは簡単につながることのできない、2つもしくはそれ以上の市場参加者もしくは「市場サイド」を結集することによって、製品やサービスを提供する。両面市場あるいは多面市場の形成である。第2に、産業プラットフォームがユーザーと他のユーザーや他の参加者をつなぐことにより、「ネットワーク効果」を生み出す。より多くのユーザーがさらに多くのユーザーを引き込もうとする

「直接的」もしくは「同サイド」のネットワーク効果と、一方の市場サイド（た
とえば、ユーザー）がもう一方の市場サイド（たとえば、売り手）を引きつけ
る「間接的」もしくは「クロスサイド」のネットワーク効果を発揮する[6]。

　プラットフォーム・ビジネスモデルには 2 つの基本タイプが存在する。第
1 のタイプは「イノベーションプラットフォーム」と呼ばれるものであり、
共通の技術的要素から構成され、その所有者やエコシステム内のパートナー
が、新たな補完的製品やサービスを生み出すために共有することができる。
たとえば、マイクロソフトの Windows-OS とアプリケーションや、アップ
ルの iTunes やスマートフォンのアプリなどがこれにあたる[7]。

　第 2 のタイプは「取引プラットフォーム」と呼ばれるものであり、仲介者
やオンライン市場の形を取り、人々や組織が情報を共有したり、売買を行っ
たり、多様な製品やサービスにアクセスしたりすることを可能にする。たと
えばグーグルの検索サービスやフェイスブックなどの SNS サイト、アマゾ
ン・マーケットプレイスなどである。EC におけるプラットフォーム・ビジ
ネスモデルはこの取引プラットフォームに該当する[8]。

(2) プラットフォーム・ビジネスモデルの優位性

　EC のオフライン小売業に対する優位性は、第 1 にオンライン上に展開す
る商品の豊富さである。オフライン販売では取り扱える商品数には物理的な
限界があり、売れ筋商品を見極め調達するマーチャンダイジングが決定的に重
要となるが、オンライン販売ではそうした物理的限界を突破し、理論上は無限
の商品数を提供することも可能だろう。つまり回転率の悪いロングテール商品
を取り扱うことが可能だということである。第 2 に購入に際して時間と場所
を選ばないことである。24 時間、365 日、世界のあらゆる所から注文できる。
第 3 に商品を手に入れるための移動がない。自宅配送、配送時間も選択可能
となり、こうしてオフラインにおける商圏の限界を突破する。以上により、
EC 業者と顧客の双方の取引コストを削減することが可能となり、より低価
格での取引が実現し、それが EC の市場規模をさらに拡大させてきた。

　しかし、現実にはオンライン上であっても直線的ビジネスモデルによる自

社販売の場合には取引先との売買関係に依拠しているので、扱える商品数は限られている。また、自社製品をオンラインで販売する場合には、顧客をいかに自社サイトに誘導するかが重要である。自社サイトにアクセスしてもらえなければECの強みを発揮することができない。さらに、独自の配送コストも発生する。

　アマゾンは直線的ビジネスモデルから出発し、現在でも自社による販売を継続しているが、取り扱い商品が大幅に拡大したのは、2000年から開設した外部出店者向けアマゾン・マーケットプレイスによる。たとえば、北米アマゾンの取り扱い商品数は2016年末で自社販売が1,223万品目だが、外部業者が出品するマーケットプレイスの品目を加えると、3億5,000万品目以上にのぼるといわれている[9]。これはコンビニエンスストアの品揃えが約3,000品目、総合スーパーが1万2,000品目程度であるのに対して、桁違いに圧倒的な品目数である。アマゾンのオンライン販売が急速に拡大し、オフライン小売業を脅かした要因は、このプラットフォーム・ビジネスモデルに基づいていることにある。

　さらに2008年から始まったフルフィルメント・バイ・アマゾン（FBA）サービスは外部業者が手数料を払えば、フルフィルメントセンターで商品の保管、注文の受注、梱包、発送、カスタマーサービス、返品対応、決済のすべてをアマゾンが代行する[10]。また、プライム会員に対しては、日本全国（沖縄および一部離島を除く）に、最短翌日に無料で商品を届ける。独自の物流網の整備がこれを可能にしている。

　EC成功の条件は、顧客を自らのサイトにいかに誘導するかにある。そしてこれはプラットフォーム・ビジネスにおいて最も力を発揮する。日本のECではプラットフォーマーであるアマゾンと楽天市場のシェアが圧倒的であることがそれを物語っている。2022年の国内EC流通総額上位企業をみると、図4のように、第1位はアマゾンの6兆7,937億円、第2位が楽天市場の5兆6,301億円でこの2社が3位以下を大きく引き離していることがわかる[11]。

　以上のように、EC成功の要因はプラットフォーム・ビジネスモデルの展

億円

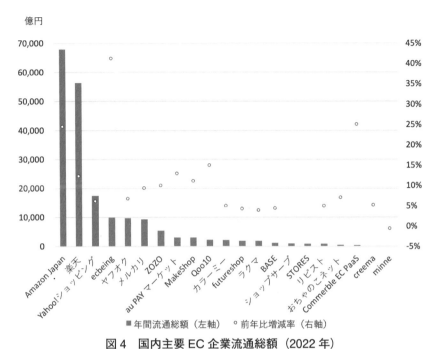

図 4　国内主要 EC 企業流通総額（2022 年）

出所：eccLab（2023）「2022 年 EC 業界流通総額ランキング」より作成。

開を可能にしたところにある。しかし、第 1 節で見たように、これまで順調に売上を伸ばしてきた EC もコロナ禍が収束した 2022 年以降は成長に陰りが見えるようになってきた。日本の EC 化率は依然として EC 先進国に比べると低い水準にとどまっており、とりわけ生鮮食品などの食品分野での EC 化率は伸び悩んでいる。他方で、これはオンラインとオフラインの統合化による相互浸透を拡大させる余地が大きいということでもある。

3.　コンビニエンスストアとデジタル化

(1) オムニチャネルと「ラストワンマイル」問題

　EC がオフライン販売に比較して品揃えの豊富さや、時間を選ばないネット上での注文と直接配送、低価格化の実現などの優位性を持つ反面、実際に

商品を見たり、触ったり、あるいは販売員に直接聞くことができないため、商品の探索や購入には「知覚リスク」を伴う。消費者はこの知覚リスクを削減するために、ネットで探索した候補商品をオフラインで確認してから EC で購入する「ショールーミング」を行うようになった。これはオフラインにとっては販売機会を喪失することになる。他方では、ネット上で多様な候補商品を探索し、カスタマーによる商品の評価を確認した上で、最終的には店舗で購入する「ウェブルーミング」という行動もみられる。こちらは EC での販売機会を喪失することになる。

　こうした中で、オフラインがネットショッピングに進出する一方で、EC 業者がオフラインを展開するといったように、オンラインとオフラインを統合するオムニチャネル化が進んできた。近藤（2020：30）は、オムニチャネルを「実店舗、EC、ソーシャル・メディア等、あらゆる販売／コミュニケーション・チャネルを統合的に管理し、顧客にシームレスな買い物経験を提供する顧客戦略である」と定義している。オムニチャネルを顧客戦略と位置付けることで、販売チャネル戦略やマーケティング戦略では外生的な与件とされてきた消費者への配送問題を戦略的課題として明示的に扱うことができる[12]。

　EC 化率が特に低い食品分野においても、こうしたオムニチャネル化が徐々に拡大しつつある[13]。アマゾンが 2010 年からアメリカで開始した「アマゾンフレッシュ」は日本でも 2017 年 4 月からサービスを開始し、生鮮品から日用品など計 10 万点以上の商品を対象とし、注文から最短 2 時間で配送する。ただし、2023 年 3 月段階では東京都、神奈川県、千葉県の一部に限られており、全国的な展開とはいいがたい。

　これに対して、オフライン側もイオンやイトーヨーカ堂、西友などの総合スーパーやライフなどの食品スーパーがネットスーパー事業を強化してきている。オフライン小売業がオンライン販売を実現する上でのボトルネックとなるのは、直接顧客へ商品をいかに届けるか、いわゆる「ラストワンマイル」問題をいかに解決するかということである。多くのネットスーパーではオフラインの優位性を活かして、ネットで注文を受け付け、受け渡しは店舗などで行うクリック＆コレクト方式を採用している。こうした方法は、オフライ

ンのみでの販売から、オンラインで商品の選択と購入、決済まで行えるという利点はあるものの、EC の自宅への直接配送という利点を十分に融合しているとはいいがたい。ネットスーパーの場合は自宅への配送は最短でも当日配送が一般的である。しかも、いずれのネットスーパーもサービスは一部地域に限定されているのが現状である[14]。

　以上のように、生鮮品などにおけるオムニチャネル化は徐々に進行しているとはいえ、依然として限定された範囲にとどまっている。特に食品スーパーはイオンとイトーヨーカ堂を除けば進出地域が限定されており、自社のオフラインを活用したクリック＆コレクトはオフラインの商圏内に限定されてしまうとともに、自宅への配送を実現できる物流網の整備にはコストと人員が大きな負担となる[15]。こうした点が、日本で生鮮品を中心としたオムニチャネル化が伸び悩んでいる要因であるといえるだろう[16]。

(2) コンビニエンスストアのオムニチャネル戦略

　生鮮品を含めた食品分野のネットスーパーにとっては、サービス地域とラストワンマイル問題の克服が極めて大きな課題である。これに対して、同じく食品の販売を中心とするコンビニエンスストアのオムニチャネル戦略はどのような状況にあるのかを検討しよう。

　大手コンビニエンスストアの最大の優位性は圧倒的な店舗数と全国一律のサービスが展開できることである。2023 年 1 月段階の大手コンビニエンスストア 3 社の店舗数は、セブン - イレブン・ジャパン（SEJ）が 21,111 店、ファミリーマートが 16,314 店、ローソンが 13,735 店となっており、食品の販売を行う他の業態と比較して、店舗数においても展開地域においても圧倒的に優位な立場にある。一般に徒歩でのコンビニエンスストアの商圏は 5 分程度の半径 354 メートルといわれるが、コンビニエンスストアがネット販売と宅配を実現できれば、外出困難な高齢者などの買い物難民や子育て世帯のニーズに対応できる他、宅配で商圏を広げて売上増につなげることが可能である[17]。

　コンビニエンスストア大手 3 社の中で、オムニチャネル化に最も力を入れ

ているのは SEJ である。SEJ は 2017 年に一部地域で試験導入していたセブン - イレブンネットコンビニを 2022 年から 7NOW デリバリーとして本格的に導入した。スマホアプリ 7NOW で注文して最短 30 分で配達するサービスを実施する店舗を 2022 年度の 3,873 店舗から 2024 年度には全国 20,000 店舗に拡大し、2025 年度に売上 2,000 億円を目指す計画である。そのために自前の物流網である「ラストワンマイル DX プラットフォーム」を構築し、グループのイトーヨーカ堂などの商品との共同配送と、欠品なしの在庫管理と注文に確実に対応可能となるサービスの質の平準化を進めるとしている[18]。

　これに対してローソンは，宅配事業を宅配業者の利用によって展開している。2019 年に食品や日用品を宅配業者のウーバーイーツで販売する実証実験を開始し、現在は他にウォルト、menu（メニュー）、出前館の計 4 社と組み、2023 年 5 月末現在で 46 都道府県の 3,676 店舗でデリバリーを展開している[19]。ローソンは各宅配業者アプリで注文を受け付けると、店内の商品だけではなく、店内の厨房で調理した食品も宅配業者が配送する。これにより、即時性ニーズに迅速に対応可能となる。配送を宅配業者に委託することでラストワンマイル問題の解決に必要な物流システムを構築する投資や人件費を節約することが可能となる反面、注文は各宅配業者のアプリから行われる。これはオムニチャネル戦略というよりは、オフライン販売と宅配事業が別のチャネルで提供される「マルチチャネル」あるいは「クロスチャネル」の段階にあり[20]、欠品なしの在庫管理などの自社によるシステム構築は困難であるといえるだろう。

　ファミリーマートも 2020 年から宅配業者 menu にて宅配サービスを導入しているが、現状ではサービス地域が限定されている。ファミリーマートは宅配網を強化する 2 社とは異なり、通常の店舗と同じ商品を提供する無人決済店舗を 2024 年末までに 1,000 店オープンし、人件費を削減し、従来の店舗では売上高が少なくて採算が合わなかった場所にも出店することによる店舗網の拡大を狙いとしている[21]。

(3) OMO とニューリテール

　オムニチャネル化はオンラインとオフラインのシームレスな統合を目指すものであるが、これ自体は従来の直線的ビジネスモデルに基づいたものである。しかし、デジタル化の進展はオンラインにおけるプラットフォーム・ビジネスの展開を可能にし、オンラインとオフラインの融合はオムニチャネル化にとどまらない小売業の新たなサービスの提供と価値創造によるビジネスモデルの新たな展開をもたらしているのである。

　オンラインとオフラインの融合は OMO（Online Merges with Offline）と呼ばれる新しいサービスを生み出している。OMO をはじめに提唱した李開復は OMO の登場を可能にしている条件として、①スマートフォンの急速な普及、②モバイル決済浸透率の上昇、③安価で優れたセンサーによる情報の収集、④ AI の進歩の 4 点を挙げている。多くのセンサーが日常生活の多くのツールに追加され、人の位置、動き、さらには個人情報に至るまで、これらのセンサーによってキャプチャーされ、オンラインで送信される。情報はオフラインデータと結合され、AI によって分析され、新たなサービスを生み出している[22]。

　中国の代表的な EC プラットフォームであるアリババは、モバイル決済手段である「支付宝（アリペイ）」を提供し、さらに 2016 年に「消費者に切れ目のない体験を提供する」ことを掲げて、会員制の生鮮スーパー「盒馬鮮生（フーマーフレッシュ）」を開業した。これによってアリババは OMO をもとにした「ニューリテール」を提唱している[23]。フーマーフレッシュは小売、レストラン、物流倉庫を複合させた新たな生鮮スーパーである[24]。

　アリババが展開する OMO の特徴はアリペイによるモバイル決済をプラットフォームとするビジネスモデルにある。オンラインとオフラインのあらゆる決済を結びつけることにより、顧客の購買履歴のみならず、個人の信用状況や行動履歴をも統合し、AI の分析に基づいて個人に最適化したおすすめやクーポンをスマートフォンのアプリを通じて提供する[25]。アリペイによる決済プラットフォームはアリババグループのみならず、アリペイによる決済を利用する外部業者の決済データを収集することが可能であり、顧客の購買

履歴を統合して分析することにより、自社の EC およびオフラインによる購買に誘導することも可能であろう。

(4) 日本における OMO の展開

　日本における OMO の例としては、2018 年に楽天と西友が提携した楽天西友ネットスーパーが注目される。西友は楽天のプラットフォーム上でネットスーパーを展開することにより、楽天 ID でつながり、オフラインでの販売と一体化を進めている[26]。

　これまで直線的ビジネスモデルを展開してきたコンビニエンスストアにおいても、今後プラットフォーム・ビジネスの展開が予想される。SEJ は 2019 年 7 月にスマホ決済サービス「セブンペイ」(7Pay) を開始し、グループにとどまらず、外部のデータも取得できる可能性が広がるのを期待していた[27]。たが、セブンペイは開始早々に不正利用が発覚し、セキュリティーの甘さから完全に使用を停止してしまった。セブンペイの頓挫により、顧客データの収集はセブン＆アイグループ共通の 7iD を活用する方向となり、グループ横断的なオフラインと EC での購買情報を顧客の属性情報と合わせて単品レベルまでのデータの収集と分析に利用している。そして 2025 年までに 7iD 会員数 5,000 万人を目指す計画である。これは会員 ID をプラットフォームとするビジネスモデルの展開ではあるが、その範囲はグループ内の顧客に限定され、プラットフォーム・ビジネスモデルの特徴であるネットワーク効果による外部データの吸収は期待できない。セブン＆アイは現状では決済プラットフォームの形成と外部データの取得には成功していないといえるだろう[28]。これは SEJ による直線的ビジネスモデルの限界といえるかもしれない。

　ファミリーマートは 2019 年 7 月からスマホ決済アプリであるファミペイを導入した。これにより、ポイントやクーポン、バーコード決済「FamiPay」を統合し、店舗での購買履歴を属性情報と紐付けることが可能となる。さらに決済プラットフォームとして、オフラインだけではなく、オンラインでの決済に「FamiPay」の利用を促すことにより、オフラインでの行動を可視化することが可能となる。ファミリーマート以外の外部業者の「FamiPay」に

よる決済が拡大すれば、プラットフォーム・ビジネスモデルとしての優位性が発揮されることが期待できる。決済プラットフォーマーとしてのネットワーク効果が発揮されるには「FamiPay」の利用がどの程度拡大するかがカギとなろう[29]。

ローソンは親会社である三菱商事が傘下の食品卸大手、三菱食品など自社グループの有力な流通業界のネットワークを活用してネット販売のプラットフォーマーを目指す計画を進めている。現状の宅配業者によるサービスではなく、2024年度以降にリアルタイム在庫管理システムで欠品ゼロ、原則30分以内での配送を実現し、さらに2025〜30年度ごろまでにローソンをラストワンマイルのデリバリー拠点として、スーパーやアパレルメーカーなどを含めたECプラットファーマーの構築を目指すとしている。だが、配達員の確保やスーパーとネット販売との競合など解決すべき課題は山積しているといえよう[30]。成功のカギを握る外部業者を巻き込んだネットワーク効果を発揮できるかは未知数である。

(5) リテールメディア

グーグルやフェイスブックなどのデジタル・プラットフォーマーは、自ら収集した利用者の情報を基にして個人の消費動向や趣味・嗜好に合わせたターゲティング広告を提供することによって巨額の広告収入を得てきた。

一方、小売業による従来のオフラインにおける広告は店舗の棚や店内に貼られたポスターなどの販促物が中心で、偶然性が高く、また売上に与えた影響の分析も難しかった。しかし、オンラインとオフラインの融合によって、顧客への新たな購買経験を提供するとともに、新たな収益源として小売企業が運営するECサイトや店舗アプリ、オフラインの店頭に設置されるデジタルサイネージなどを通して広告事業を行うリテールメディアが注目されるようになっている。

セブン＆アイはスマートフォンの「広告ID」（広告識別子）[31] を利用して、約1,800万人が利用するセブン‐イレブンアプリを活用してオンラインとオフラインでの購買データで抽出した層に対して、アプリ上に設置した広告枠

にバナー広告を配信する。広告効果は購買データで分析することにより、広告枠を販売して、広告収入を得ることが可能となる[32]。

　ファミリーマートは親会社の伊藤忠商事、NTTドコモ、サイバーエージェントが出資するデータ・ワンが広告IDを利用して広告を配信する。ファミリーマートは消費者がNTTドコモのdポイントや決済アプリ「ファミペイ」を使う際に、レジを通じてスマートフォンの広告IDを取得し、これをdポイントやファミペイのIDと紐付ける。対象者は約2,000万人にのぼり、アプリの登録時に年齢や性別などの個人属性の登録を促しており、広告IDで特定した顧客のスマートフォンにターゲット広告を配信することで、購買データや行動履歴を分析して販売促進に活用するとともに、広告枠を販売することにより広告収入を拡大することを計画している[33]。

　スマートフォン利用者にとっては広告IDにより取得された属性情報に基づいて、関心の高い広告が配信されることで、メリットを享受できる反面、本人の同意なしに広告ビジネスに利用されるという懸念が広がっている。こうした中で、広告IDによるユーザーのアプリ内トラッキングに対しては、各自で拒否できるシステムに変更されてきた[34]。このようにスマートフォンの利用者本人の意思で広告IDの取得の有無を判断することは可能となっているが、コンビニエンスストアが提供するスマホアプリの会員登録時にデータ利用の同意を求めている。消費者からのデータを活用した広告事業はさらに拡大することが予想されるが、ユーザーの同意と納得を十分に得ながら進めなければならない。

おわりに

　デジタル化の進展はコンビニエンスストアにおいてもビジネスモデルを変革させてきた。しかし、大手3社のデジタル化への対応の違いは各社の今後の事業展開を大きく左右させることになると考えられる。

　これまでコンビニエンスストア業界で常に先進的な事業を展開してきたSEJの親会社であるセブン＆アイは、不採算事業であった百貨店から完全撤

退するとともに、イトーヨーカ堂の店舗数縮小とアパレル事業からの完全撤退により、「食」を軸とした国内外コンビニエンスストア事業に経営資源を集中するとしている[35]。そして SEJ は自社独自の物流網を整備することにより、全国的に統一的なオムニチャネル化を強力に推進しようとしている。だが、オムニチャネル化がグループ内の直線的ビジネスモデルにとどまる限り、ネット販売に対する需要は限定的であり、実際に売上は低迷している[36]。また、実店舗のほとんどを占める FC 加盟店の収益拡大にネット販売がどの程度貢献しうるのかという点では問題点も指摘されている[37]。SEJ のデジタル化への対応は、これまで優位性を発揮してきた直線的ビジネスモデル内での対応にとどまっており、プラットフォーム・ビジネスモデルへの展開に遅れを取っているといえるだろう。

　プラットフォーム・ビジネスモデルへの展開という点では、ファミリーマートが先行している。ファミリーマートは親会社の伊藤忠商事の傘下でスマホ決済アプリ「ファミペイ」を決済プラットフォームとして活用することにより、外部業者を巻き込んだプラットフォーム・ビジネスモデルの展開を目指している。しかし，現状ではバーコード決済「FamiPay」による外部業者の決済は限定的であり、グループを超えた決済プラットフォームが展開できるかが今後の課題である。

　ローソンも親会社の三菱商事が傘下のネットワークを利用して EC プラットフォーマーの構築を目指すとしているが、ネットワーク効果を発揮できるほどの外部業者を引きつけられるのか、現状では評価が難しい。

　リテールメディア事業はプラットフォーム・ビジネスモデルによる新たな収益源として期待される。オンラインとオフラインを融合して得られた情報はコンビニエンスストアのビジネスの新たな展開と収益基盤を拡大する可能性を広げている反面、そこで得られるユーザー情報はプラバシー保護の観点からより慎重に取り扱われる必要があるだろう。

┌─────────────── 第 8 章で学べるキーワード ───────────────┐

オムニチャネル、プラットフォーム革命、E コマース（EC）、
直線的ビジネスモデル、プラットフォーム・ビジネスモデル、
OMO、ニューリテール、リテールメディア

└──────────────────────────────────────┘

注
1) 経済産業省（2023：13）。
2) 即時性ニーズとは、矢作（2021：165）によれば、①不確実性ニーズ（例：友人が
   急に来訪しビールが足りなくなった）、②高付加価値ニーズ（例：時間節約のため
   総菜や弁当を購入する）、③家庭内在庫代替ニーズ（例：おにぎりやサンドイッチ
   など家庭で在庫できない商品を提供する）の 3 点に要約できる。
3) ここで利用している「JCB 消費 NOW」は JCB のクレジットカード利用者のうち
   1,000 万会員のデータを抽出し、統計作成が行われている。
4) JETRO（2022）。
5) クスマノ他（2020：16）。
6) 同前、20-21。
7) 同前、23。
8) 同前、25。
9) 360pi.（2016）。
10) アマゾン・ジャパンホームページ、https://sell.amazon.co.jp（参照 2023 年 10 月 10
    日）
11) ここでの数値は eccLab が各社の公表データをもとに推計した数値を含んでいる。
    また、EC 流通総額は BtoC だけでなく、CtoC が含まれ、物販系分野のみならず、サー
    ビス系分野やデジタル系分野の取引が含まれている。アマゾンの流通総額は、年次
    報告書に記載されている日本国内における売上総額を円換算しているが、マーケッ
    トプレイスでの外部業者による売上高は公表されていないため、推定値に基づいて
    アマゾンの自社販売額と外部業者の販売額を合算している。また、楽天市場の流通
    総額にはトラベルなどの宿泊流通、GORA によるゴルフ流通、楽天西友ネットスー
    パーなどの値を含んでいる。詳細は eccLab（2023）を参照のこと。
12) 近藤（2018）。
13) アメリカでの事例は鈴木（2022）を参照。
14) 2023 年 3 月時点では、最もサービス地域が広いライフでも宅配サービスは東京都、
    埼玉県、神奈川県、千葉県、京都府、兵庫県、大阪府の都市部にとどまっている。
    2022 年度のライフのネットスーパー売上高（アマゾンネットスーパーを含む）は
    142 億円であり、総売上高が 7,618 億 7,300 万円であるので、EC 化率は約 1.8％で
    ある。（株式会社ライフコーポレーション 2023）。
15) 2021 年度のイオンの直近 3 年間の店舗食品売上の年平均成長率が 2.4％であったの
    に対して、ネットスーパー売上が約 750 億円となり、年平均成長率は 35.1％と高い
    成長率を実現していると説明されている（イオン株式会社 2022）。また、「2021 ～

2025 年度中期経営計画」では、2025 年度に EC で 1 兆円を目指すという壮大な計画を立てている。だが、実際には 2021 年度のスーパーマーケット事業の売上が 2 兆 5,206 億円であるので、食品 EC 化率は約 3％にとどまっており、中国やアメリカの食品 EC 化率が 10％を超えているのに対して極めて低い水準である。ネットスーパー事業に関しては、イギリスのネットスーパー Ocado と提携し、2023 年に最先端の AI およびロボティクス機能を導入した日本初の顧客フルフィルメントセンター（CFC）建設とネットスーパー事業「Green Beans」が本格稼働しており、今後 EC の売上が拡大する可能性はある。

16) アメリカでは成長分野の宅配で競争が激化している。ウォルマートは生鮮食品を顧客の留守中に冷蔵庫まで届ける「インホーム・デリバリー」を始めた。また、最短 15 分などで届ける配送専用店舗「ダークストア」も広がりつつある（『日本経済新聞』2022 年 2 月 1 日夕刊）。

17) 民間事業者による社会インフラとしての役割を「新たな公共」として活用しようという試みが進んでいる。しかし、仲上（2019：172）は「資本は制約された公益の提供者になれても、本来の公益の提供者にはなれないといわざるを得ない」とし、民間事業者が提供する公益の限界を指摘している。

18) 株式会社セブン&アイ・ホールディングス（2023a）。

19) 株式会社ローソン（2023）。

20) オムニチャネルとマルチチャネルやクロスチャネルとの違いは、近藤・中見（2019）を参照。

21) 『日経 MJ』（2022b）。

22) OMO をはじめに提唱した李開復はグーグルチャイナの元 CEO で、現在はシノベーションベンチャーズ CEO で、2017 年 12 月のエコノミスト誌に掲載されたことで広く知られるようになった（Lee 2017）。

23) 柳（2021：227-280）は「新小売」を広義と狭義に区別した上で、狭義の「新小売」の特徴として、第 1 にそれはオムニチャネルを活用するのではなく、オンラインからオフラインに誘導する O2O（Online to Offline）でもなく、オフラインとオフラインが融合し、一体のものとして捉える考え方であり、その本質は OMO であること、第 2 にヒト、モノ、場所などの資源配分の最適化を求め、消費購買プロセスを体験させることを目指すこと、第 3 にそれがデータによって推進されることとしている。このように OMO によるニューリテールをオムニチャネル戦略とは明確に区別されている。

24) 田中（2019）。

25) 藤井他（2019）、岡野（2023）。

26) 2008 年にウォルマートの完全子会社となった西友は、2021 年にウォルマートの撤退により、楽天とアメリカ投資ファンドのゴールドバーグ・クラビス・ロバーツ（KKR）が 85％の株式を保有し、西友の「楽天経済圏」への参入が実現した。2021 年度のネットスーパーの売上高は 500 億円で、24 年度までの 3 年間で 1,000 億円まで倍増をめざすとしている（「OMO しろい西友楽天流」『日経 MJ』2022 年 3 月 30 日）。

27）「セブン - イレブンのすごい戦略」『日経トレンディ』2019 年 7 月号。

28）仲上（2019：107）はオムニチャネル構想の問題点と課題の 1 つとして、「日常使いの商品を購入するために高い頻度で来店する消費者にとっては、ネットとの連携の必要性があまりなく、利用者数や利用額の総計を伸ばすことは容易ではない」と指摘している。プラットフォーム・ビジネスモデルとしてのネットワーク効果が発揮されなければ、オムニチャネル化だけでは効果が十分に発揮できない。

29）MMD 研究所（2023）による 2023 年 1 月のアンケート調査によれば、現在利用しているスマホ決済サービスの順位は「PayPay」41.2％、「楽天ペイ」19.4％、「d 払い」18.8％の順となっており、「FamiPay」は 8 位の 7.8％であった。

30）『週刊ダイヤモンド』（2023）。

31）広告 ID はアップルの iOS やグーグルのアンドロイドなどの基本ソフトを通じて 1 台ごとの端末に割り振られ、個別に識別できる。パソコンとは異なり、アプリ内の広告配信に利用される固有の値で、ユーザーのアプリ内の行動を追跡するトラッキングができるのもスマートフォンの特徴である。

32）『日経 XTREND』（2023）。

33）『日経 MJ』（2022a）。

34）『日経 PC』（2022）。

35）株式会社セブン＆アイ・ホールディングス（2023a）。

36）2022 年度の SEJ のセブンネットショッピングが 230 億 1,800 万円で前年度比 22 億 2,300 万円減、イトーヨーカ堂のネット通販が 39 億 900 万円で前年度比 21 億 7,300 万円減、ネットスーパーが 349 億 2,300 万円で同 127 億 300 万円減、そごう・西武の e. デパートが 42 億 2,300 万円で前年度比 8 億 4,900 万円減であった（株式会社セブン＆アイ・ホールディングス（2023b））。グループ全体の EC 事業は苦戦しているといわざるを得ない。

37）SEJ は 2025 年度をめどに 7NOW による宅配事業を全国展開するとしているが、最短 30 分の宅配による受注件数を 1 日 15 件以上とすることを目標にしている。宅配 1 件あたりの注文額が 1,500 円とすると、増収は約 25,000 円程度見込まれるが、粗利率が 3 割とすると、粗利は 6,750 円、ここから本部へのロイヤリティ負担が 65％とすると、加盟店に残る金額は 2,362.5 円で、さらにここから人件費などの店舗運営コストがかかる。1 日わずか 2,300 円程度の利益のために、従業員が「30 分での配達」のプレッシャーに追われる必要があるのか、実店舗の混雑時にスピーディーな対応ができるのか、といった不安が指摘されている（DAIAMOND online（2021））。

参考文献

360pi.（2016）"How many products does Amazon carry?"
https://www.retailtouchpoints.com/resources/how-many-products-does-amazon-carry（参照 2023 年 10 月 10 日）

DIAMOND online（2021）「セブン『宅配』を全国展開、大物加盟店オーナーが不安視する理由」8 月 26 日
https://diamond.jp/articles/-/280426（参照 2023 年 10 月 10 日）

eccLab（2023）「2022 年 EC 業界流通総額ランキング」
　　https://ecclab.empowershop.co.jp/archives/82303#close-m（参照 2023 年 10 月 10 日）
JETRO（2022）「地域分析レポート　海外市場の成長が EC の積極的活用を後押し（世界、
　　日本）」
　　https://www.jetro.go.jp/biz/areareports/special/2022/0301/308d3a50be16ec4b.
　　html#（参照 2023 年 10 月 10 日）
Lee, Kai-Fu（2017）"The merging of online and offline worlds", The Economist,
　　https://theworldin.economist.com/edition/2018/article/14565/meet-omo-sapiens
　　（参照 2023 年 10 月 10 日）
MMD 研究所（2023）「2023 年 1 月スマートフォン決済利用動向調査第 1 弾」
　　https://mmdlabo.jp/investigation/detail_2177.html（参照 2023 年 10 月 10 日）
イオン株式会社（2021）「2021 ～ 2025 年度中期経営計画」
　　https://www.aeon.info/ir/library/（参照 2023 年 10 月 10 日）
イオン株式会社（2022）「2021 年度本決算」
　　https://www.aeon.info/ir/library/（参照 2023 年 10 月 10 日）
岡野寿彦（2023）『中国的経営イン・デジタル』日本経済新聞出版
株式会社セブン＆アイ・ホールディングス（2023a）「中期経営計画のアップデートなら
　　びにグループ戦略生評価の結果について」
　　https://www.7andi.com/ir/library/（参照 2023 年 10 月 10 日）
株式会社セブン＆アイ・ホールディングス（2023b）「2023 年 2 月期決算補足資料」
　　https://www.7andi.com/ir/library/（参照 2023 年 10 月 10 日）
株式会社ファミリーマート（2022）「2022 ～ 24 年度中期経営計画」
　　https://www.family.co.jp/company/familymart/overview.html（参照 2023 年 10 月
　　10 日）
株式会社ライフコーポレーション（2023）「2022 年度通期決算説明会資料」
　　http://www.lifecorp.jp/company/ir/library.html（参照 2023 年 10 月 10 日）
株式会社ローソン（2023）「2024 年 2 月期第 1 四半期決算短信」
　　https://www.lawson.co.jp/company/ir/event/financial/（参照 2023 年 10 月 10 日）
経済産業省（2023）『令和 4 年度電子商取引に関する市場調査報告書』
　　https://www.meti.go.jp/press/2023/08/20230831002/20230831002.html（参照 2023
　　年 10 月 10 日）
近藤公彦（2018）「日本型オムニチャネルの特質と理論的課題」『流通研究』21（1）
近藤公彦（2020）「小売業におけるデジタル化とオムニチャネル・ダイナミック・ケイ
　　パビリティ」『組織科学』54（2）
近藤公彦・中見真也編（2019）『オムニチャネルと顧客戦略の現在』千倉書房
『週刊ダイヤモンド』（2023）「セブンの死角　伊藤忠＆三菱商事の逆襲」8 月 5 日
鈴木敏仁（2022）『アマゾン VS ウォルマート』ダイヤモンド社
田中道昭（2019）『GAFA × BATH』日本経済新聞出版社
仲上哲（2019）『格差拡大と日本の流通』文理閣
『日経 PC』（2022）「どこから漏れる？何を知られる？個人情報防衛術」7 月号

『日経 MJ』（2022a）「ファミマ、購買履歴追って広告」4 月 6 日
『日経 MJ』（2022b）「宅配需要一服・店員負担増が課題」6 月 10 日
『日経 XTREND』（2023）「リテールメディア大研究」2 月号
藤井保文・尾原和啓（2019）『アフターデジタル』日経 BP
マイケル・A. クスマノ、アナベル・ガワー、デヴィッド・B. ヨッフィー（2020）（青
　　島矢一監訳）『プラットフォームビジネス』有斐閣
矢作敏行（2021）『コマースの興亡史』日本経済新聞出版
柳偉達（2021）「狭義の『新小売』に関する一考察」『商経学叢』68（1）

第**9**章

コンビニエンスストアの海外進出
―セブン‐イレブンのインド進出の事例―

はじめに

　日本国内においてコンビニエンスストアは飽和状態になりつつあると言われて久しい。国内のコンビニエンスストアの店舗数は2006年に4万店を超え、2014年に5万2,034店に到達している。5万店を超えてからは店舗数の増加はみられるものの増加ペースは落ち、2022年末時点では5万5,835店となっている。4万店から5万店を超えるまでに8年ほどかかったのに対し、5万店を超えてからは8年経過しても3,801店しか増加しておらず、5万店を超えたあたりから出店ペースが鈍化している。その一方、同じ時期のコンビニエンスストアの平均客単価は593.8円（2006年）から606.4円（2014年）、711.5円（2022年）と上昇を続けており、商品やサービスの改善を通じて客単価が上昇していることが考えられる。つまり、国内のコンビニエンスストは店舗数という量的な面においては成長の鈍化がみられる一方、客単価の上昇という質的な面においては若干の伸びがみられる。しかしながら、国内のコンビニ市場がこれまでと同様に今後も成長を続けるとは考えにくい。

　このような状況にあって、日本のコンビニ各社は成長の基盤を国内のみならず国外にも求め、中国や台湾、韓国などの東アジア、そしてタイやフィリピン、マレーシア、ベトナム、インドネシアなどの東南アジアを中心に進出している。コンビニエンスストアは1人当たりGDPが3,000ドルを超えると普及すると言われるが、日本のコンビニ各社が既に進出している東アジアや東南アジア諸国のほとんどは1人当たりGDPが3,000ドルを超えている。そうした地域では日系のみならず現地資本のコンビニエンスストアも台頭

し、それらの間で厳しい競争が展開されている。

　それに対し、セブン - イレブンが2021年に出店を実現させたインドは1人当たりGDPが2,300ドルを超えた程度であり3,000ドルに満たない。しかし、近年はハイパーマーケットやスーパーマーケット、コンビニエンスストアなどの近代的小売が成長しており、なかでもコンビニエンスストアは他の近代的小売に比べて高い成長率を示している。つまり、セブン - イレブンのインドへの進出は、コンビニエンスストアが普及する目安とされる1人当たりGDP3,000ドルに満たない時点で実施されており、コンビニエンスストアの海外進出として興味深い事例の一つとして捉えられよう。

　そこで本章では、まずコンビニエンスストアの国際化に関する議論や論点を整理し、その上で、セブン - イレブンのインド進出の事例について検討する。具体的には、インドの小売市場の特徴を示しつつ、セブン - イレブンがインドにおいてどのように進出し展開しようとしているのか若干の考察を加える。

1　コンビニエンスストアの国際化に関する論点

　本節では、小売国際化、とりわけコンビニエンスストアの国際化に関する主要な論点について整理をおこない、コンビニエンスストアの海外進出事例を検討する際に着目すべき点について確認する。

(1) 参入形態・方法に関する議論

　コンビニエンスストアの国際化に関する重要な論点の一つは、どのような方法で海外市場に参入するかという参入形態・方法に関する論点である。企業が海外市場へ参入する方法として、輸出やライセンシング、直接投資が考えられるが、セブン - イレブンやファミリーマート、ローソンをはじめとした主要な日系コンビニエンスストアの国際化においては基本的に「国際フランチャイジング」が選択されてきた。

　国際フランチャイジングとは、「企業（本部）が海外の企業または事業者（加

盟店）との間で、商標や商品・ノウハウを供与する代わりに対価を受け取る
『契約』を結び、その契約によって国境を越えて事業を拡大させていく」ア
プローチであり、契約に基づいた海外市場への参入方法である[1]（川端 2010）。

　国際フランチャイズはさらに、①ダイレクト・フランチャイジング、②マ
スター・フランチャイジング、③サブ・フランチャイジングという3つのタ
イプに分類される。1つ目のダイレクト・フランチャイズは、本国にある
チェーン本部が国内ならびに国外の事業者と直接フランチャイズ契約をおこ
ない、国内加盟店と同様に国外の加盟店についても本部が直接管理する方法
である。2つ目のマスター・フランチャイズは、進出先国において現地本部
を設立あるいは契約に基づいてパートナーとなる現地企業が現地本部とな
り、そこにフランチャイズ事業権を与える方法である。さらに、このマスター・
フランチャイズは本国本部の直接投資の有無により、ストレート・フランチャ
イジング、合弁型フランチャイジング、子会社型フランチャイジングの3つ
に分類される。具体的には、マスター・フランチャイズの契約先が本国本部
の出資をともなわない現地企業の場合はストレート型、本国本部と現地企業
が出資して設立した合弁企業の場合は合弁型、本国本部の子会社の場合は子
会社型となる。そして3つ目のサブ・フランチャイジングとは、マスター・
フランチャイジングを前提とし、現地本部が現地の事業者とフランチャイズ
契約をおこない現地加盟店の管理をおこなう方法である。（川端 2010）

　コンビニエンスストアの国際化においてはとりわけマスター・フランチャ
イジングのタイプ、すなわちストレート型、合弁型、子会社型のいずれを採
用するかという問題が現地でのオペレーションにおいて重要な意味をもつ。
たとえば、流通・物流網が未発達であるような途上国において、日系コンビ
ニエンスストアが培ってきた商品供給システムや情報システムを構築し運用
することを前提とした店舗運営を実現するためには、現地での店舗展開にお
いて本国本部の関与が必要となり、本国本部の出資をともなった合弁型や子
会社型が選択される。その一方、本国本部の関与が強まることで現地での加
盟店の選別や出店先の調整などに時間がかかり、加盟店数が計画通りに増加
しないという問題が生じる場合もある。

　川端（2010）はこうした問題を現地のオペレーション水準と出店スピードとの間に生じるトレードオフの関係として捉え、その克服を図ることが海外進出を進める日系コンビニエンスストアの課題であると指摘する。さらに、谷ヶ城（2015）はこのトレードオフの関係を克服するための日系コンビニエンスストアの戦略は一様ではなく、主にセブン‐イレブンがストレート型、ファミリーマートとローソンが合弁型あるいは子会社型を選択する傾向にあることを示している。また章（2017）はこれらの先行研究を踏まえつつ、中国において日系コンビニエンスストアが苦戦している要因の１つとしてサブ・フランチャイジングのレベルにも問題があると指摘している。具体的には、日販や粗利益率の低さ、初期投資費用の高さなど日系コンビニエンスストアへ加盟することの魅力の低さが要因となってサブ・フランチャイジングを通じた現地事業者の組織化に成功していないことを明らかにしている。

　以上のことから、コンビニエンスストアの国際化について検討する際には国際フランチャイジングの具体的なあり様や、さらにそれが現地でのオペレーションにおいてどのような影響を与えているのかという点について着目する必要がある。

(2) コンビニエンスストア事業モデルの移転・適応・現地化

　コンビニエンスストアの国際化に関するもう１つの論点は、事業モデルの移転や現地化に関するものである。それらの多くは日本国内で確立されたコンビニエンスストアの事業システムをどのように進出国に適応させ、現地市場での優位性の形成へ結びつけるかという視角から様々な研究がなされている。そこでそれらについて簡潔にまとめる。

　まず代表的な研究として矢作（2007）は、小売業務システム、商品調達システム、商品供給システムの３つのサブシステムから形成される「小売事業モデル」を提示し、その分析枠組みから小売の国際化プロセスを分析している。コンビニエンスストアについて言えば、アメリカから移転されたセブン‐イレブンの事業は日本において、「多品種少量在庫の短サイクル化とファストフード・日配品への主力商品のシフト」という小売業務システムの変化が

商品調達・商品供給システムの革新を引き起こし、日本型コンビニエンスストアの事業モデルを確立させた一方、日本から中国への移転については小売業務システムにおける部分適応にとどまり、商品の供給と調達の現地化において課題を抱えていることを明らかにした。

それに対し鍾（2019）は、近年の北京・天津のセブン - イレブンの現地化プロセスを分析し、矢作（2007）が課題として捉えていた商品調達・商品供給システムにおいても現地化が徐々に進展していることを示している。具体的には、日系ベンダーの誘致と現地ベンダーの活用を並行して実施することで日系コンビニエンスストアが現地のコンビニエンスストアとの競争において差別化が可能な中食やファストフード、そして現地の消費者の好みに合った味の商品の調達が可能な体制を構築しつつあることを明らかにしている。

ただその一方で、章（2020）のローソンの中国事業を対象とした分析によると、日系コンビニエンスストアはローカルチェーンに対して優位性を持つ日配商品を重視しているが、ベンダーの商品開発・製造能力の低さや長い生産リードタイム、デジタル・ピッキングの未導入など依然として商品調達・供給システムに問題を抱え、それが事業拡大の制約となっていることが明らかにされている。

さらに、事業モデルの現地適応ということにとどまらず「埋め込み」や「文脈化」という概念から、日系コンビニエンスストアの進出が現地の消費者の生活スタイルや流通・経済・社会に与える影響などにも着目し、消費市場や現地の制度や社会の変化も含めて現地化を捉えようとする研究も出てきている（鍾 2018; 佐藤・アジアコンビニ研究会 2021）。

以上のことから、日系コンビニエンスストアの海外進出では差別化要因や優位性につながる日配商品やファストフード商品の品揃えが重要であるが、それを実現するための商品調達や商品供給システムの構築に問題を抱えていることがわかる。

2　日系コンビニエンスストアの海外進出

　本節では、セブン - イレブン、ファミリーマート、ローソンの主要3社の
これまでの海外進出の状況についてその概観を示す。

　表1は3社の海外進出状況を示している。それによると3社ともに海外進
出を進めているが、そのなかでもセブン - イレブンの進出国数および海外店
舗数は際立っている。セブン - イレブンは北米やアジア、オセアニア、ヨー
ロッパ、中東など日本を含め19カ国で展開しているのに対し、ファミリー
マートとローソンの進出先は中国や台湾、タイ、インドネシアなど東アジア
と東南アジアに集中しそれ以外の地域では展開していない。また3社の海外
店舗数はセブン - イレブンが62,103店舗、ファミリーマートが7,384店舗、
ローソンが6,160店舗であり、セブン - イレブンの海外店舗数の多さが際立っ
ている。

　続いて3社の国際化の特徴について簡潔に示す。まず、セブン - イレブン
は北米地域でセブン - イレブンを展開するセブン - イレブン・インクが進出
先のパートナー企業にエリア・ライセンスを供与することで進出国・店舗数
を拡大させてきたという点に特徴がある[2]。言い換えれば、セブン - イレブン
の国際化は日本のセブン - イレブン・ジャパンが直接主導しているわけでは
なく、セブン - イレブン・インクが進出国ごとにパートナー企業とフランチャ
イズ契約（ストレート型）を結ぶことで進めてきた。ただ、ハワイ（米国）
および北京、天津、成都などの中国の一部の地域についてはセブン - イレブ
ン・ジャパンが直接出資し現地子会社を設立することで進出しており、それ
らの地域については子会社型の進出となっている。

　次に、ファミリーマートの国際化は1988年に台湾に進出したことから始
まる。その後、1990年に韓国、1992年にタイ、2004年に中国、2009年にベ
トナム、2012年にインドネシア、2013年にフィリピン、2016年にマレーシ
アに進出し、現在では海外に7,000店舗以上展開している[3]。それらの多くは
合弁型での進出であるが、国や地域によっては途中で出資比率や合弁相手の

変更などがおこなわれている。また現地パートナーとの合弁解消により、2014年に韓国から撤退し、2023年にはタイからも撤退することが計画され

表1 日系コンビニエンスストア3社の海外進出状況

	セブン‐イレブン	ファミリーマート	ローソン
中国	4,450	2,569	5,620
韓国	14,179		
台湾	6,683	3,357	
タイ	13,838	1,035*	181
インドネシア		122	256
ベトナム	79	149	
フィリピン	3,400	69	101
マレーシア	2,472	83	
シンガポール	460		
カンボジア	44		
インド	22		
オーストラリア	738		
米国（ハワイ含む）	12,854		2
カナダ	606		
メキシコ	1,886		
ノルウェー	134		
スウェーデン	81		
デンマーク	176		
イスラエル	1		
海外店舗合計	62,103	7,384	6,160
日本	21,442	16,524	14,631
国内外合計	83,545	23,908	20,791
海外店舗比率	74.3%	30.8%	29.6%

注1： 海外店舗数は、セブン‐イレブンが2023年1月、ファミリーマートが2019年2月、ローソンが2023年2月時点の数値。

注2： 国内店舗数は、セブン‐イレブン、ファミリーマートが2023年8月、ローソンが2023年2月時点の数値。

注3： *のファミリーマートのタイ事業はタイ小売大手セントラル・グループとのフランチャイズ契約終了に伴い、2023年に撤退すると報道されている。

出所：各社ウェブサイトより作成。

ている（『日本経済新聞』2023 年 8 月 10 日付）。さらに、フィリピンでは 2018
年にパートナー企業が変更されたことにともない合弁型から出資を伴わない
ライセンス事業へと変更された（『日本経済新聞』2017 年 10 月 30 日付；2018
年 4 月 6 日付）。

　最後に、ローソンの国際展開は 1996 年に海外初出店として上海（中国）
に進出したものの、それからしばらくの間は他の国・地域への出店がなく停
滞していた。その後 2011 年にインドネシア、2012 年にハワイ、2013 年にタ
イ、2015 年にフィリピンへと進出している。ローソンの参入形態は合弁型
や子会社型が多いが、インドネシアについては外資規制の影響から現地流通
大手のアルファグループとエリア・ライセンスを結び進出している（『日本
経済新聞』2022 年 12 月 23 日付）。

　以上、3 社の海外進出の特徴をまとめると、セブン - イレブンの国際化は
セブン - イレブン・インク主導のもとライセンス契約（ストレート型）に基
づいて多数の国・地域に進出してきた一方、セブン - イレブン・ジャパンが
関与する海外進出については子会社型であるものの出店地域はハワイと中国
の一部（北京・天津・成都）にとどまっている。それに対し、ファミリーマー
トとローソンは進出国と海外店舗数がセブン - イレブンに比べ少ないが、参
入方法については基本的に合弁型や子会社型であり現地の経営に積極的に関
与しようとしている。

3　インドの小売市場の概観と外資参入規制

(1) インドの小売市場の概観

　本節では、インドの小売市場の概観を示した上で、小売業界に関連した外
資の参入規制について確認する。

　まず、インドの小売市場は、①市場が継続的に拡大していること、②キラ
ナストア（パパママ・ストア）に代表される伝統的な零細・小規模小売が支
配的であること、③財閥企業がハイパーマーケットやスーパーマーケット、
コンビニエンスストアなどのチェーン展開をおこなう近代的小売（組織部門）

の主な担い手であることなどが特徴として挙げられる。(下門 2021)。そこで
それら三つの特徴について簡単に示す。

　一つ目は、インドの小売市場は新型コロナウィルスの感染拡大によるロッ
クダウンの影響で一時的な停滞がみられたものの 2000 年以降継続的に拡大
している点である。そして、小売はインドの経済成長とともに成長を続ける
業界の一つとなっている。図1はインドの小売市場規模を示しているが、そ
れによると 2000 年から 2020 年にかけて 2,040 億ドルから 7,930 億ドルへと
約4倍に成長している。

　二つ目は、インドはキラナストアと呼ばれる零細小売店が小売全体の大部
分を占めている点である。キラナストアはインド国内に 2,000 万店ほど存在
し、それらは小売すべての実店舗のうち約 88％を占めている (Nikkei Asia
2021 年4月 23 日付)。それに対して、ハイパーマーケットやスーパーマーケッ
ト、コンビニエンスストアなどのチェーン展開をおこなう近代的小売が占め
る割合は9％程度であり、店舗数からみるとインドの小売市場は依然として
伝統的な小売業者が支配的となっている (IBEF Retail Market Report)。ただ
その一方で、伝統的な食料品・日用品店 (Traditional Grocery Retailers) の

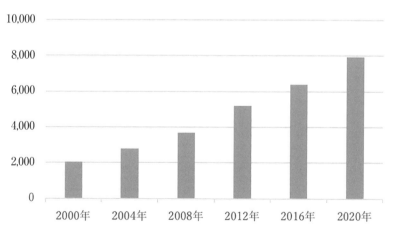

図1　インドの小売市場規模の推移 (単位：億米ドル)

出所：IBEF INFOGRAPHIC より作成。

年平均成長率（2015-20年）が8.8％であるのに対し、近代的な食料品・日用品店（Modern Grocery Retailers）のそれは11.1％である（Euromonitor 2021）。つまり、店舗数という点では依然として伝統的小売が支配的であるものの、成長率という点では近代的小売の方が大きいことがうかがえる。

　また、こうした零細小売が大部分を占める状況は、日本のコンビニエンスストアが地域の酒屋や零細小売店をフランチャイジーとして組織化し成長してきたことを踏まえると、コンビニエンスストア業態が成長する一つの基礎にもなり得ると考えられる。言い換えれば、こうした零細小売店をフランチャイズチェーンに組み込むことができれば都市部を中心に成長しつつあるコンビニエンスストアの店舗網のさらなる拡大の可能性も考えられるであろう。

　三つ目は、インドでは財閥企業がハイパーマーケットやスーパーマーケットのなどの近代的小売を複数業態展開している点である。財閥企業は小売事業を担う子会社などを通じて、ハイパーマーケットやスーパーマーケット、コンビニエンスストア、専門店など複数業態を経営し、さらにはグローバルブランドとも提携し、それらのインド国内の展開に積極的に関与している。たとえば、流通大手の財閥であるリライアンス・グループは、リライアンス・フレッシュ（SM）やリライアンス・マーケット（C&C）、リライアンス・デジタル（家電量販店）、ジオストア（携帯電話販売店）などを展開する一方、MUJI（無印良品）を展開する良品計画との合弁会社の設立や、セブン‐イレブン・インクとのマスターFC契約のパートナーとなっている（下門 2021）。

　以上をまとめると、インドの小売市場は依然として伝統的小売が大部分を占め、支配的な存在である。その一方、近年は近代的小売も成長しており、それを牽引しているのがインドの財閥企業である。

(2) インドの都市部において成長するコンビニエンスストア

　コンビニエンスストアはインドにおいて近代的小売を構成する一つの業態である。そこでまずコンビニエンスストアを含めた近代的小売の概況について確認する。

　図2はインドの近代的小売を構成する各業態の市場規模（2020年）を示し

ている。それによると、近代的グロッサリーが7,416億ルピー、ハイパーマーケットが4,593億ルピー、スーパーマーケットが2,198億ルピー、コンビニエンスストアが594億ルピーであり、現状では近代的小売に占めるコンビニエンスストアの構成比率は約4%と極めて小さい。しかし、各業態の年平均成長率（2015-20）を比較すると、近代的グロッサリーが11.1%、ハイパーマーケットが12.2%、スーパーマーケットが7.4%、コンビニエンスストアが20.1%となっている。つまり、現時点では小売市場全体に占めるコンビニエンスストアの構成比は小さいが、成長性という点で捉えると大きいともいえる。言い換えれば、近年のインドの経済成長や都市化とともに近代的小売が成長しているが、なかでもコンビニエンスストアは今後も成長が期待される業態の一つであると想定される。

　近年インドで展開している主なコンビニエンスストアはローカルチェーンの24セブンやセブン - イレブンなどである。24セブンは現地企業が運営しデリーおよびその周辺州に149店舗、セブン - イレブンはムンバイ（マハーラーシュトラ州）に26店舗ほど展開している。これら2社が展開するデリーやムンバイはインドのなかでも人口規模が大きく所得水準が高い都市であり、デリーは人口が約2,500万人、1人当たりGDPが約4,300ドル、ムンバイは人

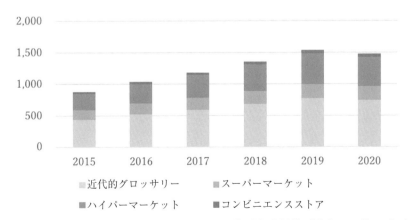

図2　食料品・日用品を扱う近代的小売の業態別市場規模（単位：10億ルピー）
出所：ユーロモニター

口が約 1,900 万人、1 人当たり GDP が約 5,300 ドル (2015 年) となっている (鈴木 2020)。つまり、これら両都市はコンビニエンスストアが普及する基準とされる 1 人当たり GDP3,000 ドルを大きく超えている。したがって、インドの 1 人当たり GDP は 2,300 ドル程度であるが、デリーやムンバイなどの一部の大都市についていえばコンビニエンスストアが成長する条件が整いつつあると考えられる。

(3) 小売分野における海外直接投資 (FDI) 規制と日系小売企業の参入

　インドの小売分野における海外直接投資 (FDI) に関する政策は 2012 年に大きく変更された。小売業に関する規制は、ハイパーマーケットやスーパーマーケットなどの複数ブランドの商品を取り扱う総合小売業とユニクロや無印良品などの自社企画の PB 商品のみを扱う単一ブランド小売業とでその内容が異なる。具体的には、それまで外資による出資が認められてこなかった複数ブランドを取り扱う総合小売は 51％を上限に出資が認められるようになり、出資比率が 51％に制限されていた単一ブランドを取り扱う小売業は 100％まで出資が認められるようになった (Consolidated FDI Policy 2020)。つまり、2012 年の FDI 政策の変更により小売分野における外資の出資規制が大きく緩和された。ただ一方で、総合小売業は最低投資額や商品調達の方法、出店地域などに関する細かな制約が、また単一ブランド小売業については 51％を超えて出資する場合、製品調達額の 30％をインド国内で調達しなければならないなどの条件が課されている[4]。

　小売部門に対するこうした FDI 政策のもと、2012 年までは外資小売企業によるインド市場への進出は出資を必要としないフランチャイズや卸売業としてキャッシュ＆キャリー (C&C) での参入が多くみられた (絵所 2011)。また、小売業に比べ卸売業に対する外資への規制が厳しくなかったこともあり、小売企業であっても卸売として参入する事例もみられた。たとえば、2009 年にインドに進出したウォルマート (アメリカ) は、一般消費者を対象としたディスカウントストアやスーパーマーケット業態では参入できなかったため、会員制卸売の C&C として進出している。

　日系小売企業のインド進出の主な動きは規制が緩和された 2012 年以降に
みられるようになる。具体的には、良品計画とリライアンスとの合弁事業（良
品計画が 51％出資）として MUJI（無印良品）が 2016 年に進出し、UNIQLO（ユ
ニクロ）がファーストリテイリングの 100％出資のもと 2019 年に進出してい
る。さらに、セブン - イレブンがリライアンスとのマスター・フランチャイ
ズ契約のもと 2021 年にムンバイに初出店をしている。このことから日本の
小売企業のインド市場への進出は現時点では他の東アジアや東南アジア諸国
への進出ほど活発に行われているわけではなく、近年ようやく開始された状
況にあるといえるだろう。

4　セブン - イレブンのインド進出の事例

(1) インドへの進出と参入形態

　本節では、セブン - イレブンの海外進出について、インドへの参入を事例
として検討する。

　セブン - イレブンのインドへの進出は、他の多くの国・地域への進出と同
様にセブン - イレブン・インクが現地企業とマスター FC 契約を締結し、そ
のパートナーが現地のセブン - イレブンの運営を担うストレート型フラン
チャイジングによる参入である。

　セブン - イレブンのインド進出は当初、セブン - イレブン・インクが 2019
年にインドの小売業界 2 位の財閥であったフューチャー・グループとマス
ター FC 契約を締結したことで、出店が開始される計画であった。しかし、
フューチャー・グループの経営悪化によりグループ内の小売事業および物流
事業の売却が検討されたこと、そして新型コロナウィルスの感染拡大による
ロックダウンの影響などが重なり、出店は実現せず 1 店舗も出店されないま
まフューチャー・グループとのマスター FC 契約は終了した（『日本経済新聞』
2020 年 10 月 9 日付：2021 年 10 月 5 日付）。

　その後、改めて 2021 年にインドの小売最大手の財閥であるリライアンス・
グループとの間にマスター FC 契約が締結されたことでインドへの進出が実

現した。具体的には、リライアンスがグループ企業のリライアンス・リテール・ベンチャーズ社（Reliance Retail Ventures Ltd.）の完全子会社として、セブンインディア・コンビニエンス・リテール社（7-India Convenience Retail Ltd.）を設立し、そことセブン - イレブン・インクとの間でマスター FC 契約が締結されたことで 2021 年 10 月にムンバイに 1 号店がオープンした（SEJ ニュースリリース 2021 年 10 月 7 日）。その後、出店数を伸ばしているものの 2023 年 3 月時点でムンバイに 26 店舗にとどまっている[5]。

　以上をまとめると、セブン - イレブンのインドへの参入はリライアンスとの 2 度目のマスター FC 契約によりようやく開始されたばかりの初期段階といえよう。また、マスター FC 契約の初期の相手であったフューチャー・グループの経営悪化が理由となり、フューチャーとのマスター FC 契約後の数年間はインドでの出店が計画通りに実現しない状況であった。つまり、先行研究で指摘さていたストレート型フランチャイジングによるマスター FC の弱点、すなわち現地での出店がパートナー企業に左右されるという事態がセブン - イレブンのインドへの進出においても示されている。

(2) 出店エリアと店舗運営の特徴

　インドで展開するセブン - イレブンの状況について、その出店エリアと店舗の特徴について、現地での調査に基づいて整理する。

　まず、セブン - イレブンの出店エリアは現時点ではインド西部のマハーラーシュトラ州ムンバイに 26 店舗展開するのみである。セブン - イレブンが立地するムンバイはデリーに次ぐインド第二の都市であり、その人口規模は現在では 2,000 万人を超えたといわれる大都市である。また、視察した 4 店舗の立地についていえば、メトロの駅の隣接地や集合住宅の 1 階に入居するなど、人通りの多いエリアや人口が密集する住居エリアなどを中心に出店していることがうかがえる（写真 1 〜 4）。

　次に、店舗運営の特徴について確認する。セブン - イレブンの店舗は進出当初は 24 時間営業を計画していたが、1 号店が開店した 2021 年は依然として新型コロナウィルスの影響が残っていたため、午前 7 時から午後 11 時ま

写真1・2：メトロの駅に隣接して立地している店舗（上）
写真3・4：集合住宅の1階に入居している店舗（下）

（筆者撮影）

での時間帯で営業が開始された（『日本経済新聞』2021年10月9日付）。また、店舗の面積やレイアウト、イートインスペースの有無などは店舗ごとに異なり、日本のように統一された店舗レイアウトに基づいたチェーン展開がおこなわれているわけではないことが想像される。具体的には、店舗ごとの広さが異なるため、店内の商品棚や冷蔵・冷凍のショーケースの設置数も店舗により異なり、それにより各店舗で取り扱うアイテム数もばらつきが生じている（写真5〜8）。ただその一方で、ファストフードや日配食品、加工食品、非食品というコンビニエンスストアで取り扱われている商品群というレベルにおいては、構成比は異なるもののどの店舗でも取り扱われている（写真9・10）。

　以上を踏まえると、セブン-イレブンのインドへの進出状況は市場参入の

写真5・6：店内の広さや棚の形状や数、配置などは店舗によりばらつきがあり、
統一された店舗フォーマットでの運営とはなっていないことが想
像される。

(筆者撮影)

写真7・8：店舗によってイートインスペースが設置されている店舗（左）が
ある一方で、それがない店舗（右）も存在する。イートインスペー
スがない店舗ではショーケースをテーブル代わりにし、客が購入
した飲み物などをその上に置いて談笑している場面もあった。

(筆者撮影)

初期段階、すなわち、マスターFC契約のパートナーであるリライアンスが、
セブン‐イレブンを出店するムンバイエリアにおいてコンビニエンスストア
の定着を図るために試行錯誤している段階として捉えることができるのでは
ないだろうか。

**写真9・10：レジ横のファストフード売場には、サンドイッチやフライドチ
キンなどがある一方、サモサやウパマ、パニールのカレーなど
現地で親しまれている商品も多い。** （筆者撮影）

おわりに

　日本ではコンビニエンスストアの増加ペースの鈍化や少子高齢化などによ
る国内市場の縮小化により、国内のコンビニ市場の成長は限界に達しつつある
と言われる。国内での成長が期待できないなかコンビニ各社はこれまで新たな
成長基盤の1つとして海外市場への進出を図ってきた。こうした状況を踏まえ、
本章ではコンビニエンスストアの国際化について、新興国のなかでも今後も
成長が期待されるインドへのセブン‐イレブンの進出事例について検討した。

　コンビニエンスストアは1人当たりGDPが3,000ドルを超えると普及す
ると言われるが、インドのそれはまだ2,300ドル程度である。しかしながら、
セブン‐イレブンが進出したムンバイやローカルコンビニの24セブンが展
開するデリーの1人当たりGDP（2015年）はそれぞれ約5,300ドルと約4,300
ドルとなっている。つまり、インドの一部の大都市に限ればコンビニエンス
ストアが成長する条件の1つを満たしており、今後も成長を続ける可能性を
もっているといえよう。実際にインドの小売市場の特徴として、現時点では
構成比が最も小さいコンビニエンスストア業態ではあるが、スーパーマー
ケットやハイパーマーケットなど他の近代的小売に比べて成長率は高い数値
を示している。

　セブン‐イレブンのインド進出の事例については、まず参入初期のマスター FC 契約の相手であったフューチャー・グループの経営不振により１店舗も出店しないままその契約を終えるなど、パートナー側の思惑や都合で出店が計画通り進まないという問題に直面していた。これは本国本部が経営に関与できないストレート型 FC 契約であったがゆえに本部は何も対応できなかったことが想像される。次に、出店エリアはムンバイのアンデーリーというエリアに集中したドミナント出店となっている。最後に、店舗運営の特徴として店舗ごとに面積やレイアウト、イートインスペースの設置状況にばらつきがあり、現状では標準化された店舗フォーマットによるチェーン展開とはなっていないことが予想される。

　以上のことから、現時点でのセブン‐イレブンのインド進出は参入の初期段階としてパートナー企業のリライアンスがコンビニエンスストア業態を新たな近代的小売の１つとして定着させるため、コンビニチェーンの運営ノウハウや経験を獲得するために試行錯誤している段階として捉えられるのではないだろうか。

謝辞：本研究は JSPS 科研費 20K13573 の助成を受けたものです。

第 9 章で学べるキーワード

１人当たり GDP、国際フランチャイジング、
ダイレクト・フランチャイジング、マスター・フランチャイジング、
サブ・フランチャイジング、キラナストア（パパママ・ストア）、
海外直接投資（FDI）

注
1) 後述するが、国際フランチャイジングの一つのタイプであるマスター・フランチャイジングにおいては、本国本部の出資をともなう合弁型や子会社型があり、直接投資をともなう場合もある。
2) 海外ライセンシーとの連携やそれらへのサポートの強化を図るため、2021 年にセブン‐イレブン・ジャパンとセブン‐イレブン・インクの出資によりセブン‐イレブン・インターナショナル合同会社が設立された。このことからもセブン＆アイ・ホールディングがグループとして海外ライセンス事業を通じた国際展開の強化を目

指していることが伺える。
3) タイ事業については 2023 年に相手企業との合弁解消により撤退することが計画されており、ファミリーマートの海外店舗数は今後大きく減少する可能性がある（『日本経済新聞』2023 年 8 月 10 日付）。
4) 複数ブランドを扱う総合小売業に対する規制は単一ブランド小売業に比べ厳しく、最低投資額 1 億ドル以上、商品調達額の 30％以上をインド国内の小規模企業から調達すること、出店は原則的に人口 100 万人以上の都市に限られるなどの細かな規定が存在する。
5) 2023 年 3 月に調査した時点では、実際に開店している店舗は 23 店舗であったが、2 ～ 3 週間のうちに 3 店舗が新たにオープンするということであったので、それらも含めて 26 店舗としている。実際に 4 店舗視察したうち 1 店舗は店内の内装工事中であったが、什器などは既に配置されていた状況であった。店舗展開に関する情報については工事中の店舗に視察に来ていたリライアンスの社員からの聞き取りによる。

参考文献

Euromonitor International（2021）"Retailing in India"
絵所秀紀（2011）「インド組織部門小売業の展開と農村経済の変容—乳業を事例として—」『INDAS Working Papers』No.8
川端基夫（2010）『日本企業の国際フランチャイジング—新興市場戦略としての可能性と課題—』新評論
川邉信雄（2012）「日系コンビニエンス・ストアのグローバル戦略」『経営論集』22(1)：1-23
佐藤寛・アジアコンビニ研究会編（2021）『コンビニからアジアを覗く』日本評論社
下門直人（2021）「33 小売業界概要」佐藤隆広・上野正樹編『図解インド経済大全』白桃書房, 210-213
章胤杰（2017）「中国における日系コンビニエンスストアの出店戦略」『アジア経営研究』23：73-87
章胤杰（2020）「中国における日系コンビニエンスストアの商品調達・供給システム」『同志社商学』72(3)：477-492
鍾淑玲（2016）「ファミリーマートのダイナミック・ケイパビリティの形成とタイにおける現地化プロセス」『アジア経営研究』22：59-77
鍾淑玲（2018）「小売国際化における埋め込み概念の導入と検討」『アジア経営研究』24：31-43
鍾淑玲（2019）「セブン・イレブン北京(天津)の事例でみるコンビニ国際化の課題と進展」『イノベーション・マネジメント』16：79-101
鈴木雄介（2020）『インドの都市の所得水準—インドが中国の水準に到達するのはいつ頃か—』三井物産戦略研究所レポート
谷ヶ城秀吉（2015）「日本型コンビニエンスストア・チェーンのアジア市場展開」橘川武郎他『アジアの企業間競争』文真堂：25-44
矢作敏行（2007）『小売国際化プロセス—理論とケースで考える—』有斐閣

第*10*章

コンビニエンスストアを
捉える理論について

はじめに

　日本のコンビニエンスストア（以下、コンビニと略す）については、これ
まで多くの先行研究が取り上げ、少なからず研究の蓄積があるが、それらの
多くがコンビニ業態の高成長をそのビジネスモデルの「革新性」から説明し
てきた。しかしコンビニの高成長は、そのビジネスモデルの「革新性」から
説明するだけで良いだろうか。

　2020年代を迎えて、たとえば売上高で業界首位のセブン－イレブン・ジャ
パン（以下、SEJと略す）が加盟店オーナーから訴訟を受けるなど、否定的
な現象も顕在化している。また来客が少ないため大半の店が赤字となる深夜
帯を含む24時間営業は、地球環境保全に逆行しているとの批判もある。国
連が提唱したSDGs（持続可能な開発目標）の用語と考え方がいまやかなりの
程度社会に浸透し、社会的経営や社会的マーケティングが重要性を増す中、
コンビニが抱える否定的現象も射程に入れた理論把握が必要であろう。

　本章の課題は、日本のコンビニを対象として、コンビニの影の側面にも光
を当てながら、それを把握する理論を提示するとともに、関連する主な学説
を批判的に考察し、それらの到達点を示すことにある。

1　コンビニを捉える理論

(1) コンビニを捉える方法とコンビニの定義

　経済産業省によれば、コンビニとは「飲食料品を扱い、売場面積30平方メー

トル以上250平方メートル未満、営業時間が1日14時間以上のセルフサービス販売店」(「商業統計」の業態分類)を指す。

　コンビニを捉える科学的方法とは、あらゆる科学に共通する分析的方法にもとづき、実体としてのコンビニの業態特性に形態規定(経済的関係)として商業独占を加えて把握するものである。ここからコンビニの定義は以下となる。コンビニとは、食料品を中心とする生活必需品を品揃えし、長時間営業する小型のチェーン型店舗を通じてえた商業利潤を、本部と加盟店が力関係に応じて分け合う独占的小売商業資本である。主要なコンビニチェーン本部は独占資本として市場支配力を有しており、取引関係にある経済的弱者を収奪して得た商業利潤の多くを、ロイヤリティ(のれん代)として加盟店から取得する。つまり、コンビニチェーン本部の利潤源泉は、加盟店からえるロイヤリティ収入と、直営店を通じた商業利潤とからなる。

(2) マルクス「商業資本論」と独占的商業資本論

　科学的理論では法則把握が大事である。経済法則についていえば、まず営利企業であるコンビニは資本であるから、市場に作用する均衡法則としての価値法則と、その均衡を破る剰余価値法則とが作用するもとで運動している。商品は価値と、物の有用性にもとづく使用価値をもつが、価値とは社会的かつ抽象的人間労働の対象化されたものであり、価値の大きさは投入されている労働量によって計測される。価値は社会関係的概念であるから、ある商品が自分の価値の大きさを表すには、それと交換される相手方の商品の使用価値で表現するしかない。競争が正常に作用するもとでは、商品は価値通りに交換されると想定することができる。これらは市場一般にいえることだが、資本主義市場では、資本は自己増殖する価値として、最大限の利潤(剰余価値)の取得を目的として運動している(剰余価値法則)[1]。その剰余価値は労働力商品の使用価値と価値の差額(搾取)から発生する。

　通説によると、資本の典型的な三形態として、生産に従事する産業資本、商品取引に従事する商業資本、金融に従事する利子生み資本がある。商業資本であるコンビニは、仕入れた商品の再販売によって商業利潤をえるという

運動をしている。商品流通の川上から安く仕入れてきた商品を川下に高く売るという運動の外観から、商業資本は不等価交換をしているかのような印象を受けるが、商品を価値通りに販売したとしても商業利潤は生じる。それは商業資本が不特定多数の売買を仲立ちすることによって、その商品を生産した産業資本が自ら流通を担う場合と比べて、社会的流通費用が節約され、社会的流通時間が短縮されるからである。流通過程では新たな価値は生まれず、逆に倉庫費用や温度管理など商品の使用価値を維持するために追加費用がかかることも多いため、流通時間は短いほど良い。産業資本は生産した商品を商業資本に販売できれば、一定の利潤を伴って投下した費用を回収できるから、次なる利殖活動（価値の生産）に従事できる。また生産と流通の分業により、商業者には取引の集中や蓄積を通じて費用の節約が生じる。このように、商業利潤は基本的には商業者の介在によって節約される社会的流通費用の一部から支払われる。商業資本はこうした商業活動を労働者の搾取を伴って行うのである。

　上記のことは自由競争段階も含む資本主義一般にいえることであるが、さらに現代の独占段階の市場では以下がつけ加わる。独占段階においては独占が成立し[2]、平均利潤法則が効力を失い利潤率格差が恒常的に存在している（見田 1972:94-96）。剰余価値法則は独占利潤法則に転化しており（上野 1987:21）、独占資本は流通過程において不等価交換を通じて経済的弱者を収奪する。独占資本の獲得する独占利潤は、大別すると自己の労働者が生み出した剰余価値の搾取と、非独占資本の労働者が生み出した剰余価値などの価値収奪とからなる。なおレーニンは独占資本が非独占資本を支配し「絞め殺す」関係を重視したが、独占支配の形態は多様であり、独占資本の競争力や利潤の増大に結びつく場合には、非独占資本を支援・育成することもある。

　独占資本主義市場では独占と競争が二大法則として併存しており、そのうち独占が主要なモメントをなすが、競争がなくなったわけではない[3]。同様に独占利潤法則が上位の法則として作用することで、価値法則や剰余価値法則が変容することもあるが、価値法則がなくなったわけではけっしてない。

　大手コンビニチェーンが該当する独占的商業資本は、商業資本としての一

般的特質とともに独占資本としての特質も有している。すなわち、一方では商業資本として社会的流通費用の節約と社会的流通時間の短縮に貢献することによって商業利潤をえる。つまり、独占的商業資本も商業資本として社会的役割を果たしているから商業利潤が与えられる。

　しかし他方では、独占的商業資本は独占資本として市場支配力を有し、中小の取引先など経済的弱者を収奪し、取引における不等価交換を通じて独占的超過利潤をえている。まず購買過程においては大量仕入れを基礎に購入商品を買い叩いたり、多額のリベート（割戻金）や協賛金を受け取ったりしている。一方、販売過程においては取引情報や顧客情報など消費者との情報格差にもとづき、独占的高価格の設定[4]を通して独占的超過利潤をえている。第3章でみたように、大手コンビニチェーンは強力なバイイングパワーと、POSシステムなどを使って排他的に取得した取引情報や顧客情報を軸にして多くの商品分野でチャネル・リーダーとなり、小売価格の決定権を掌握している。川上ではサプライヤーから買い叩いて仕入れた商品を、他の小売業態と比べて相対的高価格で川下の顧客に販売している。一方、物流や店舗業務などを効率化し流通費用を節約しているが、基本的にはそうした削減分を商品の小売価格から差し引かず、自己の利潤に組み込んでいる。

　技術革新がもたらす超過利潤についていうと、まず、生産力と個々の商品価値とは反比例する。一定時間に生産する商品数量の増加や流通における回転速度の増加などをもたらす技術革新は、単位あたり商品コストを引き下げ、本来は商品価値（その現象形態である価格）を低下させることになる。技術革新の最初の開発・採用者にもたらされる特別剰余価値も、競争がその革新的技術や技法を市場全体に普及するのに応じて消滅していくが、独占資本の市場支配が貫徹するもとでは商品価格を低下させず独占的超過利潤を継続的にもたらすのである。また顧客情報などを活用した商品の価値実現の促進も、売上増大、商品の回転速度の上昇と流通費用の低減などを通して独占的超過利潤に結びつく。

　ところで、商業独占は取引の集積と集中、資本の集積と集中が一定の程度に達した時、自由競争の中から必然的に生じてくる。歴史的にみると、資本

主義的商業独占は後発で、産業独占や銀行独占が先行して発生した後に生まれてくる。独占的商業資本が有する市場支配力は、取引量、資金力、各種情報などのほか、店舗、物流センター、情報システムなどの物質的基盤など、多様な要素をもとに形成される[5]。

　独占的商業資本と独占的産業資本とは、協調と対抗の関係にある。経済的弱者の収奪、流通費用の削減、最終小売価格の相対的高価格維持や価値実現の促進を通じた独占利潤の獲得にかんして両者の利害は一致するから協調関係が生まれる。他方、協調によってえた成果の配分、垂直的な取引関係における商品の取引価格や納期、配送費の負担などの取引条件など、独占利潤の分割をめぐっては利害が対立する関係にある。

(3) 本部と加盟店との関係

　コンビニは、①チェーン全体（グループ全体）でみた個別商品の大量仕入れと大量販売、②POS（販売時点情報管理）システムなどを通じた取引情報や③顧客情報などを軸に市場支配力を獲得している。コンビニは強力な商品購買力を軸に川上のサプライヤーに対して有利な条件で取引すると同時に、様々な情報や技術、取引先などを総動員して、顧客の要求をつかみ、コストを削減し、商品の回転を速めることによって高い利潤を実現している。

　コンビニはチェーン本部と加盟店からなるが、大手チェーンの小売店舗の大多数は、本部とは資本的に独立した加盟店であり、本部が所有する直営店はごく少数である。本部は商品の売れ筋・死に筋情報や顧客情報をえるとともに、加盟店にスーパーバイザー（販売支援者）を派遣し、加盟店の商品仕入れや陳列などに助言をしている。コンビニは顧客への商品販売を通じて商業利潤をえるが、加盟店はその中から本部に対して本部が経営指導料と位置づけるロイヤリティを支払う。両者の関係は法律的には取引関係ではなく、フランチャイズ（FC）による契約関係である。大手チェーン本部は市場支配力をもつ独占資本であるのに対して、加盟店の多くは家族労働力を軸にパートタイマーやアルバイトを加えた零細店や中小資本[6]であるので、経済的な力関係を反映して、大手コンビニチェーン本部は他のFCチェーンでは

見られないような高いロイヤリティを設定し、加盟店が稼いだ商業利潤の多くを取得している。本部がえる莫大な利潤の大半は加盟店からえるロイヤリティが占める。

このロイヤリティの性格についてもう少し詳しくみておこう。加盟店の中で多数を占める個人加盟店は、オーナーの家族とアルバイトなどが1週間のシフト表を組んで働いているが、近年アルバイトの確保が難しくなり、オーナーや家族の負担が増している。特に低収益が原因で、オーナー自身が長時間店頭に立たざるをえないような加盟店の場合は、オーナーは実質的にチェーン本部に雇われた労働者として機能している[7]。オーナーが働く場合、労働基準法に定める労働時間規制の対象外であり、長時間「残業」の結果、体を壊すオーナーも出ている。また加盟店のすべての売上を一旦本部が受け取り、ロイヤリティなどを差し引いた残金を加盟店に渡す「コンビニ会計」がこれを支援している。

一方、コンビニの加盟店には、店舗などを加盟店オーナーが所有する場合とチェーン本部が所有する場合とがある。前者の場合、初期投資費用は平均2,600万円かかるところ、後者だと400万円で済むが、逆にオーナーが本部に支払うロイヤリティは前者が安く後者は割高に設定されている。この本部所有タイプが2018年時点で全体の71.8％と多数を占めている（公正取引委員会 2020：30-32）。これらのオーナーは自ら店舗を所有しない名ばかりオーナーで、実質的には管理業務を担う本部の労働者として機能している。本部は店舗や土地を所有し、これらを貸し出すことで、手元資金が少ない加盟店オーナー希望者を呼び込み、他のFCと比べてはるかに高いロイヤリティを課すことで、オーナーを含む加盟店労働者の労働が生み出した商業利潤の大きな部分を取得しているのである。

つまり本部が受け取るロイヤリティは加盟店で行われた労働の成果の分割であり、オーナーが力関係に劣る個人で、手元に残る取り分が少ない場合は、加盟店の労働者から搾取してえたすべての利潤に加えて、オーナー自身が働いて生み出した商業利潤の一部までも本部に持っていかれている。

(4) コンビニは小売商業資本か

ところで、コンビニの小売店舗にはチェーン本部が商標登録するストア・ブランドがつけられ、本部こそがコンビニを代表するのであるが、その本部は、少数の直営店を例外として最終消費者への小売販売をしていないことから、果たしてコンビニは小売商なのかという疑問が生じる。これをどう考えれば良いだろうか。

一方、コンビニは売れ筋・死に筋情報から消費者の求める商品を把握し、サプライヤーと共同で専用商品の開発などをしているから、生産活動の一部も手がけている。また公共料金の支払い決済や現金引き出しなどの銀行業務や、チケット販売・クリーニングなどのサービス業務も行っている。これらのことから、コンビニは商業者と捉えてよいのかという疑問が生じるかもしれない。

先のコンビニの定義でも示した通り、本章はコンビニを小売商業者と捉える立場に立つ。大手コンビニ店舗の大半が本部とは別資本である加盟店であるが、FC 契約に基づく様々な拘束条件のもとで本部の戦略が末端の加盟店にまで浸透し、チェーンとして一体化している。たとえば、加盟店オーナーには形式上は商品仕入れの自由が認められているが、不平等な FC 契約と各種情報の不足などから、大抵は本部が指名する納入先から、本部の推奨する商品を仕入れ、推奨価格で販売することになる[8]。コンビニは加盟店を含む全体で1つの資本として機能しており、全体としてみれば小売商業活動を行い、商品販売を通じてえた商業利潤が利潤の中心であるから、コンビニは小売商と規定するのが正しい。逆にそうであるからこそ消費者も、コンビニを自分たちに商品を販売する小売店と認識しているのである。付言すれば、加盟店オーナーの多数が実質的には本部の労働者として機能しているという前記の問題もコンビニの小売規定を支持している。

また当該資本を規定する際は、主要な活動や利潤の性格で規定すべきである。コンビニは様々な領域に活動を広げているが、これまでのところその中心は物販を軸とした小売業務であり、商業利潤をえているから、小売商業資本と規定する。コンビニの商品開発力を高く評価する論者が多いが、製販で

208

分業し商品生産はメーカーに任せているから生産技術をもっているわけではなく、それに起因する開発力も基本的にはもっていない。

(5) 利潤志向と社会志向

　国連が提唱した SDGs の用語と考え方が社会に浸透し、社会的経営や社会的マーケティングが重要性を増す中、コンビニが抱える否定的現象の克服も射程に入れた理論把握が求められている。

　これを中心的に扱うのがマーケティング思想である[9]。営利企業の場合、それはフィリップ・コトラー（Kotler,P.）のいうマーケティング・コンセプトと、利潤志向からなる（佐久間 2017、2023）。

　利潤志向とは自らの利潤を最大化させようとする営利企業の考え方である。コンビニは営利企業であるから、あらゆる活動に利潤志向が貫いている。とりわけ独占資本であるチェーン本部は、市場支配力に基づき、他の FC と比べてはるかに高いロイヤリティを設定し、加盟店から高利潤を獲得し急成長してきた。同様に利潤志向に基づき、24 時間営業を義務づけ、賞味期限が迫った商品でも値引き販売を禁止し、売れ残り商品の廃棄損は加盟店が被るような FC 運営を、少なくとも公正取引委員会がそれらを問題視するまでは行っていたのである。これに対して一部の加盟店オーナーが訴訟を起こした。本来は対等を理念として設置されるべき FC 法が、日本では未整備であることの表れである。

　21 世紀に活躍する企業は、ステイクホルダー（利害関係者）との友好関係を築く必要があり、マーケティング思想に社会志向を採り入れる必要がある。社会志向とは、自己の直接の顧客だけでなく、福利厚生など社会全体の利益にも配慮する思想である。地球環境に対する配慮やジェンダー平等など様々な社会的課題がこれに含まれる。社会志向は企業のコスト増大を伴うことが多く、直接的には営利企業の利潤志向と対立することが多い。

　利潤志向と社会志向の関係は、利潤志向が営利企業の本性の表れとして常に追求されるのに対して、社会志向は利潤志向と合致する限りで採用される。すなわち、社会志向のうちコスト削減にもつながる要素はすぐに採用される

が、コストを増大させる要素まで採用するかどうかは、消費者の成長と法規
制に依存している[10]。

2　コンビニに関する主要学説

(1)　流通パートナーシップ論

　前節では本章のコンビニを把握する理論と方法について説明した。本節で
は先行研究がコンビニや小売商業をどう捉えようとしてきたのか、その到達
点（意義と問題点など）を検討する。

　まず主流派の流通研究やコンビニ研究からみていこう。そうした理論の 1
つめとして、流通パートナーシップ論がある。この理論は、取引当事者によ
る協調関係の構築による共通利益を強調するものである。すなわち、メーカー
と流通業者など垂直的な取引関係にある売り手と買い手が、信頼関係を構築
することによってともに利益をえることができる（Win-Win、互酬関係）とし、
「信頼」や「コミットメント」の概念に注目する。特に売買当事者間の関係
を対等・平等の関係と捉える傾向がある（Morgan1994、尾崎 1998 など）。

　確かに近年、長期不況に直面した多くの業界で、売上高や利潤の大半をも
たらす優良顧客の囲い込みが重視され、それら顧客との良好な関係構築の努
力がなされている。また製販提携など生産者と流通業者との協調によって、
PB 商品開発や物流合理化が取り組まれ、利益獲得の重点となっている。

　しかし、そうだとしても垂直的な取引関係にある当事者の関係は「対等・
平等」であろうか。協調により成果が増大するとしても、その配分には偏差
があるのが普通である。大企業と中小企業の間はもちろん、大企業同士でも
力関係の拮抗は例外的で、資本規模やパワーの源泉と内容に応じて利潤の配
分は様々であり、それらが均等になされることは稀有である。逆に、大手コ
ンビニチェーン本部と中小サプライヤーや消費者との間には歴然たる情報格
差が存在し、本部はそのパワーを行使してこれらを支配し、独占的超過利潤
をえている。

　コンビニチェーン本部とサプライヤーとは、一方ではコンビニチェーンの

競争力が高まることが、サプライヤーにとっても売上高を増やし利潤増に結びつく面があるため、利害の一致する部分で協調関係が生まれる。しかし協調が生む利潤の配分をめぐっては対立関係があり、支配力の相違に基づきその配分は一般的に不均等である。つまりこの両者の関係は、Win-Win だとはいえても、対等・平等とはいえない[11]。それゆえ流通パートナーシップ論の見方は一面的である。本章は経済的強者による独占支配を重視し、独占（収奪関係）は「信頼」の上位概念とみている。市場支配力を有する独占資本であるコンビニは、基本的には経済的弱者である中小サプライヤーからの収奪や、加盟店からの高額のロイヤリティ徴収によって高い利潤をえているが、その支配の手法は多様で、協調はその1つの表れにすぎない。一方、経済的弱者である中小サプライヤーや加盟店オーナーからみると、独占資本であるコンビニ本部が築く支配−従属関係に組み込まれることが自らの利害に合致する面もある。たとえば、中小のサプライヤーには、大手コンビニとの取引増加によって新工場を増築し、商品の生産量、売上高や利潤の量を増やすものも少なくない。大手コンビニとの取引を通じて資本蓄積が加速することを期待して、大手との取引を望むものも多い。このように独占支配と協調関係は対立する関係ではなく並び立つが、主要なものは独占支配である[12]。

(2) 矢作敏行氏の理論

　主流派の流通理論・コンビニ研究の2つめに矢作敏行氏の業績がある。矢作氏にはコンビニを直接の対象とする研究もあり（矢作1994ほか）、当該研究分野における第一人者といって良いだろう。

　矢作理論の最大の特徴はイノベーションを軸とした流通のシステム論的把握にある。つまり、全体の経営システムがメインとサブなど複数の階層を持ついくつかのシステムに分類される中で、部分的に生じた革新がシステムの相関の中で全体に波及し、コンビニのシステム全体の変革をもたらすと捉えるのである。

　たとえば矢作（1994）はコンビニを、①小売業務（多品種少量在庫販売、年中無休、長時間営業）、②商品供給（短リードタイム、製販統合、共同商品開発）、

③組織構造（情報ネットワーク、同盟関係、FC）という３つのシステムから
考察し、それらのシステム革新を流通イノベーションと捉え、システム間に
発生する補完関係がイノベーションを推進するとみた。矢作（2021）でも、
コンビニの経営を、①顧客関係（欲求、業態、出店戦略）、②組織内関係（市
場戦略、店舗運営、調達、供給）、③組織間関係（調達、供給、取引先）の３つ
のシステムで捉え、それらがイノベーションを生み、戦略的補完関係が推進
力をもたらすとみた。

　また日本型コンビニ経営の独自性を、「即時性ニーズ」の充足、単品管理、
多品種少量在庫の短サイクル化．協同組合方式での独自商品開発、戦略的提
携などで捉え、そうした事業モデルは日本市場における創造的な連続適応か
ら生まれたとみる。

　矢作氏の理論は現代流通の全体構造や要素間の相関を描き出すことに優れ
ており、国際比較や日本の他の小売業態との比較から指摘される日本のコン
ビニ経営の独自性も総じて正確であり、大いに参考になる。

　ただし矢作理論にも問題点がまったくないわけではない。第一に、相互関
係の中で変革を生み出す基軸的要素の抽出がやや弱いように感じる。本章は
基軸的要素を大量の商品購買力と情報取得（取引情報や顧客情報など）を軸と
する市場支配力で捉え、独占利潤法則の展開として説明する。

　第二に、矢作理論ではコンビニの競争力の強さや、その結果としての高い
利潤は主に経営システムに生じたイノベーションの優秀さから説明されるこ
とになるが、それ以外の要素は指摘されない。たとえば、コンビニは食品メー
カーとの取引で不公正取引があったことが実態調査で報告されている（本書
第３章を参照）。これは経営上のイノベーションとはいえないが、少なくとも
部分的要素としてコンビニに高利潤をもたらしてきた。

　第三に、矢作（2021）は、商業でも系列化でも、店舗は購買、また商品は
消費という二重の「顧客価値」を生み出す手段と捉え、取引が組織と活動を
規定すると把握される[13]。ここでは顧客側に主要な契機が置かれており、取
引の主体である（独占）資本は欠落している[14]。

　第四に、矢作理論ではチェーン本部と加盟店との関係が対等であるかのよ

うな誤解を招く記述があるが、これは正しくない。たとえば矢作（1994）は、本部推奨業者からの推奨商品の仕入れが強制でないことを例にあげて、「契約関係で、加盟店は独立した経営主体としての基本的な権利を保証されている」（42頁）と捉えているが、こうした認識は、FC契約の更新にかかわる地位の非対称性や営業時間・価格設定にかんする加盟店の拘束など実際の契約条項やその運用が不平等であることを看過している[15]。実質的に契約更新権をもつ本部の「推奨」は、実際には「強制」となりうるのである。近年、いくつかのコンビニ加盟店オーナーが、弱い立場の加盟店を代表してチェーン本部を相手に訴訟を起こしたことは、コンビニのFC契約の問題性を顕在化させた。

(3) その他の主流派理論

　コンビニを対象とするその他の主流派の理論をみておこう。

　小川（2000）は、メーカー、小売、ユーザーなどイノベーションが発生する場所の多様性に関心を持ち、コンビニを対象に小売を起点とした製品イノベーション（高精度、多頻度納品、複線型開発など）や店舗発注システムのイノベーションを考察している。特に局部で発生した情報が組織などを超えて移転する際の困難さを表す「情報の粘着性」の概念に注目してイノベーションの源泉について論じている。

　金（2001）は、日本のコンビニ業態が高い利潤率を保持する理由を粗利益分配方式にみて、それを軸にSEJの高成長の理由を考察している。とりわけ粗利益分配方式を最初に採用した米サウスランド社と比較することによって、SEJの高成長を、方式の独自の修正、持続的改善、情報システムなど既存資源を活用した業態転換、外部資源の活用、意思決定の速さ、仕組み作りなどにみている。

　川辺（2003）は、企業が持つ組織能力に注目しながら、詳細な資料をもとに歴史的事実を辿ることによって経営史の面からSEJの発展を考察している。特に本家の米国とは異なる日本型コンビニが形成されるにあたって、業態革新から組織能力の開発への発展や協業体制、経営情報システムの構築の

意義を重視している。

　田村（2014）も SEJ の持続的高成長の秘訣を考察している。狭い売場面積、加盟店への中小小売商の組織化、24 時間営業、生鮮品取り扱いの回避、非価格訴求などからなる「フロント・フォーマット」と、それを背後で支える業務遂行の「バック・フォーマット」に持続的高成長の秘訣をみて、それらを情報システムの進化が支えたと捉えている。

　以上にみてきた主流派の理論は、矢作理論も含めて、コンビニの高成長をビジネスモデルの「革新性」から説明するものが多かった。それらは主にコンビニの経営システムの使用価値的特質を明らかにする点では様々な貢献をしてきたといえるが、総じて資本による支配、今日的にいえば独占資本による市場支配の視点が欠落している、あるいは極めて弱かった[16)]。そもそもイノベーションが生み出す超過利潤の源泉は搾取と収奪にあるし、またコンビニの高成長は取引を通じた弱者収奪がもたらした部分も大きいのだから、コンビニを考察する理論には、後発の商業独占を組み入れ、現代市場の法則（特に独占利潤法則）から展開する必要がある。

(4)　マルクス経済学をベースとする既存理論の意義と限界

　現実の経済現象を市場法則と関連させて説明しようとすることは、マルクス経済学をベースにする理論の特徴といえる。そうした流通理論の本流として、配給論ないし商業経済論（以下、配給論と略す）がある。この理論は 20 世紀以降の独占資本主義段階の経済法則として「商業排除」や「商業資本排除」の傾向を提唱するところに最大の特徴がある。代表的論者である森下（1977）は、ヒルファーディング（1910）やレーニン（1917）に依拠して、生産者から消費者への直接販売（以下、直販と略す）を念頭に置きながら、独占段階の流通を「商業資本排除の傾向」で捉え、それを独自の法則とみた（森下 1977：284 など）。

　商業資本自体の存在意義がなくなる自制的収縮や消滅と区別し、まだ生産者と商業者の分業（以下、製販分業と略す）のメリットがあるもとでも直販によって増加するコストを他者に転嫁することができるなら、「排除」が成

立するとみた。さらに加藤 (1986) は直販だけでなく流通系列化も含めて「商業資本排除」を理解し、独占的商業資本は独占的産業資本による「配給」を補足するものと捉えた（加藤 1986：52-55）。他の配給論者の多くは、独占段階の独自法則を「商業排除」で捉えた[17]。森下の「商業資本の排除」は「直接無媒介の流通」すなわち消費者への直販であり、資本が「排除」された後に生業的商業が残るなどと言いたいのではないから、結局「商業排除」と同じになる。

　配給論は独占的産業資本による市場支配に着目し、それをマーケティングと捉え、支配の構造を法則的に明らかにしようとした点は、法則観の希薄な他の多くの理論に対して、はるかに優れていると評価できる。また、独占段階において剰余価値法則が独占利潤法則に転化していること（上位法則としての独占）をいう限りでは正しい。とはいえ、収奪対象である経済的弱者を収奪する体制を構築できることこそ独占の本質であり、流通において独占資本はチャネルの仕様を選択できる位置にある。独占段階の流通には、①直販、②独占的産業資本に系列化された商業、③独占的産業資本に系列化されない商業（独占的商業資本を含む）などがあり、さらに③の中には、④独占的商業資本による系列化もある。このうち多くの配給論者は①を、加藤は①と②を「排除」と捉え独占段階の固有法則とみたが、現実の流通には③が膨大な領域として広がっており、「社会的な商品流通の規定的部分」を今日では商業資本が担っている。

　配給論は、市場に存在する数多の商業資本の存在を合理的に説明できず、21世紀の現実と離齬をきたしている。特に現代の市場では、取引の集積・集中、それを基礎とする資本の集積・集中の結果、商業部面でも商業独占が形成され、独占的商業資本がチャネル・リーダーとして市場支配をしているケースも珍しくない。コンビニはその典型である。「商業排除」を提唱する配給論は、「排除」されるとみた商業（商業資本）から、その発展形態である商業独占（独占的商業資本）が生まれるという、自己の理論枠組みと真逆の現実に直面し、論理破綻をきたしている。この結果、配給論は商業独占という用語は使うが、商業独占の理論や分析がきわめて不十分となった[18]。この

配給論は日本のマルクス経済学をベースとする流通理論に多大な影響を及ぼし、長年にわたってその理論発展の桎梏となってきた。

　経済主体間の支配－従属の関係を表す独占は、配給論が注目した生産だけでなく、商業や金融、サービスなど今日では多様な部門で成立している。資本主義的商業独占の成立は歴史的に後発であったため、配給論は産業独占に目を奪われ、それを独占段階の一般的形態と捉える誤りを犯した。商業独占が発達した今日においてもなお「商業排除」の概念に拘るならば、それはリアルな現実に目を伏せて「排除」の概念から自己展開する悪しきヘーゲル主義と言わざるを得ない。またその当然の帰結であろうが、森下氏は論理と歴史の一致を絶対視する「論理＝歴史説」の誤りも犯している[19]。森下氏がこのような誤りに陥ったのは、分析的方法を基礎とした弁証法的方法というマルクスの方法論に対する無理解に起因すると思われる。

　系列化を含める加藤氏の理解により、「排除」論と現実との乖離は幾分緩和されたといえるが、系列化される主な対象は商業資本であるから「排除」の概念にそぐわないという問題が生じた（佐久間 2017:15）。また独占的商業資本をはじめ、産業資本に系列化されない多数の商業資本の存在を説明できないことに変わりはない。

　配給論は産業独占を過大評価し、産業資本からの商業資本の分化を自由競争段階の流通理論の対象とみる一方、マーケティング（独占的産業資本による市場支配の手法、すなわち直販や系列化など）を独占段階の流通理論の対象とみて、両者を対立させる理解をしてきたため、独占的商業資本の理論展開が脆弱であった。また、独占的産業資本に限ってみても支配の形態は多様であるから、製販分業のメリットがあるならば商業を利用してその利をえながら収奪も行うというのが資本の本性によりふさわしい。

おわりに

　以上、本章では、コンビニを捉える理論について、代表的な先行研究の到達点も示しながら考察してきた。

216

　コンビニとはそれに特有の業態特性（日用品の品揃え、長時間営業、小型店舗、
チェーン展開など）をもちながら、取引関係にある経済的弱者の収奪を通じ
てえた商業利潤をチェーン本部と加盟店が力関係に応じて分け合う独占的小
売商業資本である。それは実体としてコンビニに固有の業態特性を持ちなが
ら、資本としての形態、すなわち産業資本など他の資本にも共通する一般的
特性や、商業資本としての特性、さらには独占資本としての特性を併せ持つ
ものであった。コンビニのえる利潤は雇用する労働者（事実上チェーン本部
の労働者として機能している加盟店のオーナーや労働者を含む）が生み出した商
業利潤の搾取だけでなく、経済的弱者である中小サプライヤーなどとの取引
における不等価交換（収奪）を通じて獲得する部分も大きいため、コンビニ
を独占的商業資本と規定するのである。

　コンビニにかんする先行研究では、主流派の理論はコンビニが持ついくつか
の重要な特性は捉えていたものの、資本による支配を看過し、利潤志向を社会
志向の上位概念と捉える視点を欠くため、経済的弱者（中小サプライヤー、加
盟店の個人オーナーなど）の悲哀や反発がなぜ生じるのかを説明できなかった。

　一方、マルクス経済学をベースとした配給論は、流通で生じる現象を市場
法則から展開しようとする利点はありながらも、独占支配の視野の狭さや方
法論的誤謬を反映して、独占的産業資本を過大評価し「排除」概念から自己
展開しようとしたため、大手コンビニチェーンなどによる商業独占を法則に
基づいて合理的に説明できなかった。またその後登場した理論の多くは、経
済的強者と弱者の間の収奪関係を法則（独占利潤法則）として理解せず、市
場と階層組織を対立させて、その間で混迷していた（阿部 2009：84 など）。

　現実から出発し、分析によって本質的要素を取り出し、そうした要素や基
本法則からの必然的展開として現実を説明できる理論、特にコンビニにかん
する現象の解明においては、独占的商業資本論の理論展開が肝要である。

_____ 第10章で学べるキーワード _____

科学的方法、価値法則、搾取、社会志向、収奪、「商業資本排除の傾向」、
商業独占、独占利潤法則、流通パートナーシップ論

注

1) 剰余価値法則と価値法則は侵害と反発の関係にある（上野 1985.8：266-270）。

2) 独占とは資本間の関係を表す概念であり、同じ用語で産業組織論がいうような市場に 1 社しか存在しない状態ではない。そうした「完全独占」は競争市場の否定であり、資本概念を否定するものである。独占とは直接的には競争の対立物であるが、本質的には資本間の収奪関係を表す概念である。収奪とは経済的弱者から強者への不等価交換を通じた富の移転をいう。また独占資本とは経済的弱者（非独占資本や生業者、消費者）を収奪できる位置にある資本である。

3) 本章は独占資本主義段階に自由競争はもはや存在しないと考えている。ここでいう競争は、自由競争、独占資本間競争、非独占資本間競争など各種の資本間競争から共通項を取り出したものである。

4) 独占価格とは独占資本が設定する価格であり、市場シェア争奪時の赤字価格など相対的低価格をも含む。一方、独占的高価格設定については、①商品価格の吊り上げ、②価格低下を伴わない商品の品質切り下げ、③価格を据え置いた商品内部の数量削減（Shrinkflation）という 3 つの形態がある（佐久間 2021：76）。

5) 鈴木武氏は独占の物資的基礎について、産業独占が「生産の集積という市場支配のための物質的基礎を有するのに対し、商業独占はそのような意味での物質的基礎をもたない」という。「たとえ商業独占がその巨大な資本力を背景として優越的な巨大固定設備を擁し、市場支配のためのそれなりの物質的基礎を占有しているとしても、最も基本的な生産力を支配しえないという点で、市場関係のもとでのその支配力は産業独占のそれに比較して相対的に脆弱である」と述べているが（鈴木 1979：489）、この認識には賛成できない。市場支配のための物質的基礎は生産の集積だけでなく、取引の集積などにも認められる。後述する配給論の立場に立つ鈴木氏には、産業独占こそ主要な独占の形態であるという認識があると思われるが、後発の商業独占が発展した今日において、独占的商業資本がチャネル・リーダーである市場も存在しているから、市場支配の物質的基礎は事実に即して市場ごとに分析していく必要がある。

6) 公正取引委員会（2020）によれば、2018 年度末の加盟店オーナーに占める個人と法人の比率は 58.6％と 41.4％であった（50 頁）。

7) 加盟店オーナーの「労働者性」は法廷でも争われ、日本では法的に「労働者性」は否定された。ただしそれは、国家権力もかかわる法律的政治的上部構造が、ある時点の日本で行った規定である。本章が、深刻な状況のもとで働くオーナーが本部の実質的な労働者として機能しているとみるのは科学的、経済学的な側面からの規定である。

8) 2009 年に公正取引委員会が行った排除命令をみると、コンビニ最大手の X 社の「加盟者は、ほとんどすべてが中小の小売業者である」。X 社が推奨する仕入先から加盟者が「推奨商品を仕入れる場合は X 社のシステムを用いて発注、仕入れ、代金決済等の手続きを簡便に行うことができるなどの理由により、加盟店で販売される商品のほとんどすべては推奨商品となっている」。加盟店は X 社が配置する経営相談員が行う加盟店の経営にかんする指導、援助等「に従って経営を行っている」（平成 21 年 6 月 22 日排除措置命令・平成 21 年（措）第 8 号）。また当時 X 社は「廃

棄された商品の原価相当額の全額が加盟者の負担となる仕組みの下で」「経営相談員は、加盟者がデイリー商品……の見切り販売を行おうとしていることを知ったときは、当該加盟者に対し、見切り販売を行わないようにさせ」、「……見切り販売を行ったことを知ったときは、……再び行わないようにさせ」、それでも「見切り販売を取りやめないときは、経営相談員の上司に当たる従業員らは、当該加盟者に対し、加盟店基本契約の解除等の不利益な取り扱いをする旨を示唆するなどして、見切り販売を行わないようまたは再び行わないようにさせ」ていた（同前）。公取委によるこの排除命令が出て以降、不平等関係は若干是正されたとはいえ、たとえば、廃棄商品にかんする X 社と加盟店の負担割合は「対等・平等」からは程遠いままである。

9) マーケティングとは商品の価値実現にかかわる体系的な対市場活動であり、マーケティング技法とマーケティング思想からなる（佐久間 2023：34）。通説では、マーケティングは生産者が行うものとされてきたが、本章ではそれを広く捉え、商業をはじめ金融、サービスなど他の業種にも適用できるという立場をとる。

10) たとえば、社会志向の採用に共感する顧客が売上を伸ばし、その利点がコスト増大の不利を上回るような場合である。

11) Win-Win（互酬性）と支配－従属（収奪）も、信頼と力関係の非対称性も両立可能であるが、後者が主要なモメントであることについては、佐久間（2017：14-15）を参照。

12) たとえば、矢作（2021）が「…有力メーカーとの取引関係は、かつての総合量販店時代の『対立』から『協調』へと一変している。」（185 頁）というように、今日の大手コンビニとメーカーとの関係を協調関係で捉える論者は多い。しかしそれは、コンビニが独占的商業資本としてのパワーを増大させた結果、メーカー側が相対的に対抗力を低下させたにすぎず、垂直的対立の側面（根本法則としての競争法則の貫徹）がなくなったわけではない。それは独占利潤法則という上位の法則の主導性を表しており、本章はそうした事態を独占的商業資本であるコンビニによる市場支配の強まりと捉える。

13) 流通論やマーケティング論の分野でも商品価値と「顧客価値」の混同が散見される。「顧客価値」をその次元で問題にすることは差し支えないが、それを根底で規定しているのは、価値法則と、価値法則を基礎として作用する剰余価値法則である。

14) 田村（2019）も「顧客価値」が「流通モード」（①取引対象、②主体、③商物編成の複合）を決めると把握する。

15) 本間（2009）は、弁護士である渡辺脩氏の用語を引用して、コンビニの FC 契約を「奴隷の契約」と呼び、不平等契約と抑圧的取引慣行で特徴づけている（7-9 頁）。

16) 田村（1996）は「機動集中」に注目し、「大量集中」に基づくパワーの行使に否定的な立場をとるが、当時も今も独占資本の市場支配力がなくなったわけではもちろんない。パワーを持つ主体は独占的産業資本であることもあれば、独占的商業資本の場合もあり、パワー行使の仕方も多様になっていると理解すべきであろう。

17) 配給論の中には、独占的産業資本と独占的銀行資本の融合・癒着という金融資本概念を持ち出して独占的商業資本の自立性を否定し、配給論の正しさを説こうする論者も少なくない。今日における金融資本概念の妥当性は置くとしても、これは論理

として正しくない。なぜなら、金融資本との関係で独占的商業資本が非自立的というなら、配給論が重視する独占的産業資本も金融資本の構成要素をなしており、非自立的であるからである。

18）たとえば、阿部ほか編（1995）はマルクス経済学をベースにした流通研究の歴史的到達点を示す大著であるが、独占段階の流通理論としてマーケティング論はあるものの、本来の意味での「商業独占論」は全 500 頁中わずか 5 頁（41-45 頁）にすぎない。

19）森下（1977）の編別構成は、序章「商業経済論の対象と方法」、第 1 部「自由競争段階の資本主義的商業資本」、第 2 部「独占段階の資本主義的商業資本」となっている。これは『資本論』に代表されるマルクスの科学的方法とは全く異なるものである。一般と特殊の概念についての森下氏の無理解については、佐久間（2010）を参照されたい。

参考文献

阿部真也（1980）「現代流通の分析視角」福岡大学『商学論叢』第 25 巻第 3 号（『現代流通経済論』有斐閣、1984 年に所収）

阿部真也（1987）「配給論の限界と現代の流通法則」福岡大学『商学論叢』31（3・4）

阿部真也・但馬末雄・前田重朗・三国英実・片桐誠士編（1995）『流通研究の現状と課題』ミネルヴァ書房

阿部真也（2009）『情報流通革命―リアルとバーチャルの多元市場―』ミネルヴァ書房

本間重紀編（2009）『コンビニの光と影』（新装版）花伝社（初版、1999 年）

風呂勉（1968）『マーケティング・チャネル行動論』千倉書房

Hilferding, R.(1910)『金融資本論』（林要訳）、大月書店

一般財団法人・食品産業センター（各年）「食品産業における取引慣行の実態調査報告書」

加藤義忠 (1986)『現代流通経済の基礎理論』白桃書房

金顕哲（2001）『コンビニエンス・ストア業態の革新』有斐閣

公正取引委員会（2020.9）「コンビニエンスストア本部と加盟店との取引等に関する実態調査報告書」

川辺信雄（2003）『新版 セブン-イレブンの経営史―日本型情報企業への挑戦―』有斐閣（初版、1994 年）

Lenin, V.I.（1917）「資本主義の最高の段階としての帝国主義」『レーニン全集』第 22 巻、大月書店

Marx, K.（1867）『資本論』（『マルクス・エンゲルス全集』第 23 巻 a ～ 25 巻 b）、大月書店

見田石介（1956.10）「平均利潤法則について」大阪市立大学『経済学雑誌』33（3・4）（『価値および生産価格の研究』新日本出版社、1972 年、所収）

見田石介（1963）『資本論の方法』弘文堂出版（『見田石介著作集』第 4 巻、大月書店）所収

見田石介（1965）「資本の一般的理論とその発展段階の理論との関係について」大阪市立大学『経済学雑誌』第 53 巻 5・6（『見田石介著作集』第 3 巻、大月書店、所収）

Morgan, R.M. & Hunt, S.D.（1994）"The Commitment-Trust Theory of Relationship Marketing", Journal of Marketing, Vol.58.

森下二次也（1974）『現代の流通機構』世界思想社

森下二次也（1977）『現代商業経済論（改訂版）』有斐閣（初版、1960 年）

仲上哲編著（2009）『「失われた 10 年」と日本の流通』文理閣

仲上哲（2019）『格差拡大と日本の流通』文理閣

小川進（2000）『イノベーションの発生論理―メーカー主導型の開発体制を越えて―』千倉書房

尾崎久仁博（1998）『流通パートナーシップ論』中央経済社

佐久間英俊（2010）「現代流通研究の方法に関する一考察―『商業資本排除の傾向』の再検討―」斯波照雄編著『商業と市場・都市の歴史的変遷と現状』（中央大学企業研究所研究叢書第 29 号）、中央大学出版会、第 9 章所収、193-219

佐久間英俊（2017）「マーケティング理論の再検討」流通経済研究会監修、木立真直・佐久間・吉村純一編著『流通経済の動態と理論展開』同文舘出版、第 1 章所収、2-20

佐久間英俊（2021.9）「流通・サービス業の低賃金の実態と構造」「誌上シンポジウム『全国一律最賃 1500 円』で日本経済の再建を―最低賃金を国政の焦点に―」『経済』313 号、2021 年 10 月号、新日本出版社、74-78

佐久間英俊（2023）「マーケティングの概念」坂爪浩史監修・日本流通学会編『現代流通事典（第 3 版）』2-1、白桃書房（初版、2006 年）、34-35

鈴木武（1979）「商業独占」『大月経済学辞典』大月書店、489

田村正紀（1996）『マーケティング力―大量集中から機動集中へ―』千倉書房

田村正紀（2014）『セブン―イレブンの足跡―持続成長のメカニズムを探る―』千倉書房

田村正紀（2019）『流通モード進化論』千倉書房

上野俊樹（1985）「労働価値論と現代」『経済』523 ～ 526 号（5 月～8 月号）、新日本出版社（『上野俊樹著作集』第 5 巻、文理閣、2001 年、所収）

上野俊樹（1987）「現代資本主義分析の方法」、上野俊樹・鈴木健編著『現代の国家独占資本主義（上）』大月書店（『上野俊樹著作集』第 2 巻、文理閣、2001 年、所収）

上野俊樹（1993）「競争と独占―現代資本主義の基礎的法則―」、上野俊樹・清野良榮編著『現代資本主義を見る目』文理閣（『上野俊樹著作集』第 5 巻、文理閣、2001 年、所収）

矢作敏行（1994）『コンビニエンス・ストア・システムの革新性』日本経済新聞社

矢作敏行（2021）『コマースの興亡―商業倫理・流通革命・デジタル破壊―』日本経済新聞社

第11章

デフレ経済下の低賃金とコロナ禍の
影響を受けた消費生活

はじめに

　日本社会は 2023 年になって、新型コロナウイルスへの対応に振り回された生活からやや落ち着きを取り戻しはじめた。同年 5 月 8 日をもって、新型コロナウイルスはインフルエンザと同じ第 5 類感染症へと移行し、抑え込まれていた旅行関連を筆頭に消費に勢いが戻る産業が増えた。コロナ禍で消費に回らなかっただぶつきぎみのお金を当面の消費に回す行動がみられたが、こうした消費活動復活と同時に、生活必需品を中心とした値上げに対する引き締め消費も存在している。

　日本は先進諸国に比べて低い失業率を維持しているが、非正規雇用者の増加や低賃金、低価格を好む消費者とデフレーション（物価がほとんど上がらない、または、下がること。以下、デフレと略す）を容認する企業の存在などを理由として、経済活動の低迷が続いてきた。そうしたなか、2023 年の春闘は平均 3% を超える賃上げが達成され、久々の高い水準となった。賃金が上がらないことに長年にわたって慣れてしまった日本の労働者にとっては、「賃金はあがる」こともあると知る機会となった。この背景には、明確な人手不足問題がある。また、2022 年半ばから始まった物価高騰は生活を直撃している。コロナ禍により引き起こされた生産や物流現場での混乱による値上げの波が落ち着きをとりもどしつつあるなかで、ロシアによるウクライナ侵攻（2022 年 2 月 24 日）が始まり、穀物、資源を中心とした物価急騰が欧州を中心に加速した。資源や原材料価格の世界的な高騰は日本経済にも及んだ。そのため、名目賃金（企業により支払われる賃金）があがったとはいえ、実質

賃金（名目賃金を物価で割ったもの）の伸びは物価高騰を補うものにはなっていない。つまり、税金や社会保険料を支払ったあとに手元に残る賃金（可処分所得）よりも物価上昇のペースが速いため、賃上げの恩恵は消費者には届いていない。また、生活資金の大半を年金に頼る割合が高い高齢者世帯が増加していることにより、賃金引き上げの恩恵があったとしても全世帯を包み込むわけではない。生活がよくなる見通しを消費者が持つためにはなによりも可処分所得の増加が大事である。

　本章では、1990年代後半以降の日本の賃金と雇用の動向に焦点をあて、それらの消費生活へのインパクトを探る。1節では、平均所得と賃金の推移、2節では、日本の低賃金の理由−賃金格差（性、企業規模、産業、雇用形態別）、3節では、物価と消費の関係をとりあげ、デフレ経済のなかで消費者に染みついた消費行動とコロナ禍以降の消費者意識の変化について概観し、現状での消費生活の実態を明らかにする。

1.　停滞する所得

　日本では、名目国内総生産に占める家計消費の割合は50％をやや超える水準にあり、経済全体の消費の中心を担っている[1]。そして、わたしたちの生活を支える収入にはいくつかの種類がある。厚生労働省「2022（令和4年）国民生活基礎調査」における「所得の種類」は、5つで構成されている（①稼動所得、②公的年金・恩給、③財産所得、④年金以外の社会保障給付金、⑤仕送り・企業年金・個人年金・その他の所得）。同調査によると、日本の年間平均所得は、1990年代後半以降に停滞がみられる。平均所得の世帯別にみたピークは、「全世帯」が1994年の664万2千円で、2021年の545万7千円と比べると約120万円の低下である。「高齢者世帯以外の世帯」のピークは1996年の713万9千円で、2021年の665万円との差は約49万円のマイナスである。「高齢者世帯」のピークは1998年の335万5千円で、2021年の318万3千円と約17万円の低下がみられる。世帯の経済格差や教育格差の広がりが指摘されて久しいが、「児童のいる世帯」の所得だけは2021年の785万円がピー

クとなっている。「子育て世帯」の平均所得は、「全世帯」の平均所得の 1.4
倍であることから、所得が比較的高い世帯ほど子どもを産み育てやすい環境
にあるとも推測できる[2]。

　また、同調査の所得金額の分布状況では、平均所得金額の 545 万 7 千円以
下が全体の 61.6％ を占めている。さらに、中央値は 423 万円で、これよりも
所得の低い世帯がおよそ 5 割を占めている。同調査における各種世帯の所得
の種類によると、「稼働所得」（働いて得る所得）の構成割合が最も高く、「全
世帯」では 73.2％、「児童のいる世帯」91.9％、「高齢者世帯以外の世帯」
85.3％、「母子世帯」82.5％、「高齢者世帯」25.2％である。2022 年に、児童（18
歳未満の未婚者）がいる世帯数は初めて 1 千万世帯を下回り 991 万 7 千世帯
となり、全世帯に占める割合は過去最低の 18.3％（2019 年の前回調査から 3.4
ポイント低下）となった。高齢者世帯は 1,693 万 1 千世帯で、1986 年の 2,362
世帯の 7 倍以上になっている。

2.　伸び悩む賃金

（1）上昇しない賃金と低い失業率

　現役世帯における所得の大半を占める賃金（平均）は、1990 年代後半から
ほとんど上昇がみられない。先進諸国と比較しても日本の年間平均賃金はか
なり低い水準にある。2022 年の日本の年間平均賃金は 41,509 ドル（1 ドル＝
140 円換算で 581 万 1,260 円）で、OECD 諸国（35 か国）中で 22 番目である。
最も高いアメリカは 77,463 ドル（同 1,084 万 4,820 円）で日本の賃金はアメリ
カの 53.6％ しかない（図 1）。賃金の伸び率について、OECD 諸国（38 か国）
の平均賃金の年間成長率（対前年比）[3] で 2000 年から 2022 年までを通した 38
カ国の年間平均成長率をはじきだすと 0.9％ であった。これらの加盟国のな
かで成長率が 0.1％ 未満であったのは、ギリシャのマイナス 0.3％、スペイン
のマイナス 0.1％、イタリアと日本の 0％ である。

　さらに、日本は失業率でも低い水準を維持し続けている。新型コロナウイ
ルスによるパンデミックの発生は、世界では 6.8 億人近い感染者数と 680 万

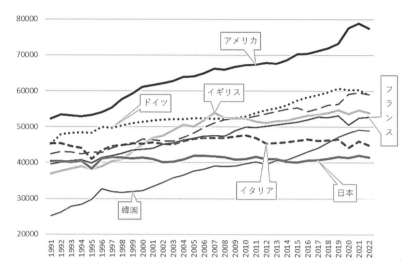

図1　主要国の年間平均賃金の推移　[1991 〜 2021、単位：米 $]
出所：OECD,stat.Salaires annuels moyens より筆者作成。

人を超える死亡者数（2023 年 3 月 10 日、14 時時点）を出した。各国が人々の
行動制限を伴う感染予防対策を優先したことで、生産・物流・消費面におけ
る打撃が世界を覆った。生産活動の停止や縮小は多くの国で失業率の増加を
もたらした。だが、日本の失業率は主要国と比べてかなり低いままであった。
OECD の調査[4] によると、2023 年 4 月時点での加盟国平均の失業率は 4.8%
であり、そのなかで失業率が 2% 台は 6 カ国で、チェコと韓国が 2.6%、メ
キシコ 2.7%、ドイツと日本とポーランドが 2.8% であった。反対に、失業率
の高い国で 10% を超えていたのは、トルコ 10%、コロンビア 10.2%、ギリシャ
10.9%、スペイン 12.8% である。この時期になると、コロナ禍からの経済回
復を優先した先進諸国では人手不足等の影響により、急速に高まった失業率
は落ち着きを見せ始めた。

(2) 非正規労働者の増加─1990 年代後半以降

　1997 年に始まる大企業の経営破綻をきっかけにして、また、労働や生活
に関連する法律の改正等も手伝い、非正規労働者の増加、上昇しない賃金、

さらにはコスト削減を優先する企業経営による工場の海外移転や技術開発投資の衰退等で日本経済全体の活発さに影がさすようになった。日本の賃金が低い理由には複数の要因が考えられる。具体的には、非正規労働者の増加、賃金格差（男女、企業規模、産業別など）の存在、企業は収益をため込んでもそれが賃金にまわらない状況の継続、低賃金でも生活できる環境に慣れてしまった消費者の存在、転職が活発でないことによる労働需要の弱さなどである。

　1997 年から 2017 年の 20 年間で日本の就業者人口は増加し、かつ、非正規労働者も大幅に増加した。以下では、この期間の非正規労働者の増加について、伍賀（2022）に基づいてまとめる。

　伍賀は、非正規雇用・半失業に焦点をあてて、21 世紀の日本の就業に関する特徴を分析している。その分析では、「労働力調査」における「完全失業者」は失業者の一部にすぎず、他にも「半失業」や「潜在失業」が存在していることを指摘する。現実の社会では短時間しか働くことができなかったり、就業と失業を繰り返したり、働いてはいるが十分な生活費を稼ぐことが困難な状態にあったりする労働者がおり、こうした人たちを「半失業」として失業に含めるべきである（伍賀 2022：18）という。

　1950 年代から 1960 年代の日本の労働行政には、半失業状態にある労働者をかかえながら実現している低失業状態を問題とみなし、不完全就業の解消を図ろうとの意図があった。また、この方向性は高度経済成長を推し進める政策とは整合的であった。1960 年代前半までは、日本の労働行政は半失業への対応を考えていたが、生活保障に関しては「男性稼ぎ主を企業福祉によって支えることが中心」（同前：19）であったし、また、臨時工や社外工の常用雇用への転換の対象は男性に限定されていたうえに、1970 年代になるとそうした反失業対応の視点も消え去ってしまった。

　1990 年代後半以降の「労働市場の構造改革」は、「半失業者（半就業者）を積極的に活用する政策」（同前：18）、「非正規雇用・半失業の活用による顕在的失業解消政策」（同前：19）へと変わっていく。それらの促進策として、雇用・労働をめぐる規制緩和が実施された。例えば、労働者派遣法（1985 年

制定）では 1999 年の改正で派遣対象業務を原則自由化し、2003 年の改正で製造ラインへの派遣を解禁した。それまでの日本では非正規雇用の主な担い手は女性であったが、この時期以降、男性の派遣労働者が急増していく。また、雇用保険制度の失業給付の切り下げも実施された。これらの改革により、戦後最長の好況期（2002 年 2 月から 2008 年 2 月まで）を実現する一方で、ワーキングプア、ネットカフェ難民、日雇い派遣、偽装請負（違法派遣）が増加していった。また、2008 年 9 月のリーマンショック後には大手企業による派遣切り、非正規雇用切りが話題となった。

　1997〜2017 年の 20 年間で正規労働者は約 400 万人減少しており、非正規労働者は約 873 万人増加している。非正規比率は 1997 年の 24.6％から 2017 年の 38.2％へと 13.6 ポイントも上昇している（表1）。また、「賃金構造基本統計調査」の分析から、伍賀は「標準労働者」[5] が減少していることを指摘している。2018 年になると就職氷河期世代（およそ 1973 年から 1983 年生まれの世代）では、「男性稼ぎ主モデル」の常識は通用なくなっている（同前：21）。他方、女性労働者に関しては、2012 年以降両極化がみられる。「就業構造基本調査」によると 2012〜2017 年にかけて女性の正規雇用が増えており、その理由は高齢化社会を背景として医療・福祉部門の専門職での正規雇用が背景にある（同前：23）。コロナ禍における失業の特徴は、完全失業者が増加したこと、ただし、失業者の形態は休業者として発現したことであった。「労働力調査」では、休業者は就業者に分類される。だがコロナ禍による休業者には収入がない人が多かったと想定される。また、デジタル・プラットフォームを利用した労働者[6] が増加したことも特徴の一つであった。コロナ禍では非正規雇用が減少した代わりに、個人事業種（フリーランス）が増加した。

　つぎに、伍賀（2022）の分析に補足して、2017 年から 2022 年にかけての雇用形態の変化をみてみよう。「令和 4 年就業構造基本調査」によると、2022 年 10 月 1 日現在の有業者は 6,706 万人、無業者は 4,313 万 5 千人であった。2017 年の有業者総数は 6,621 万 3 千人で、この 5 年で 85 万人近く増加している。男女別にみた有業率の推移は、男性が 2017 年の 69.2％から

表1　正規雇用数、非正規雇用数、非正規比率の推移（単位：千人）

	年	1997	2017	2022	1997→2017	1997→2022	2017→2022
男女計	役員を除く雇用者	51,147	55,839	57,225	4,692	6,078	1,386
	正規雇用	38,542	34,514	36,115	−4,028	−2,427	1,601
	非正規雇用	12,590	21,326	21,110	8,736	8,520	−216
	非正規率	24.6	38.2	36.9			
男性	役員を除く雇用者	30,157	29,980	30,040	−177	−117	60
	正規雇用	26,787	23,302	23,398	−3,485	−3,389	96
	非正規雇用	3,358	6,678	6,642	3,320	3,284	−36
	非正規率	11.1	22.3	22.1			
女性	役員を除く雇用者	20,990	25,859	27,185	4,869	6,195	1,326
	正規雇用	11,755	11,211	12,717	−544	962	1,506
	非正規雇用	9,231	14,648	14,468	5,417	5,237	−180
	非正規率	44	56.6	53.2			

注1：「正規雇用」と「非正規雇用」を合計しても「役員を除く雇用者」に一致しない場合がある。雇用形態を回答していないケースが含まれているためと考えられる。なお、「役員を除く雇用者」は雇用されている労働者を意味する政府統計の表記である。
注2：在学者を含む。
注3：非正規率とは「役員を除く雇用者」に占める非正規雇用の比率である。
　※ 伍賀（2022）の表1(p.20) の一部を抜粋、「就業構造基本調査」（2022年）のデータを付加して作成。

69.1％へとほぼ変わらず、女性は50.7％から53.2％へと2.5ポイントの上昇である。有業率の推移を過去20年で比較しても、男性は2.9ポイントの低下（2002年72.0％）、女性は5.3ポイントの増加（2002年：47.9％）であることから、有業率の増加に貢献しているのは女性であることがわかる。

　同調査による有業者の雇用形態の推移をみると、「正規の職員・従業員」は2017年の3,451万4千人（有業者全体に占める割合：52.3％）から2022年の3,611万5千人（有業者全体に占める割合は54％）へと増加している。「非正規の職員・従業員」は2017年の2,132万6千人（同前32.3％）から、2022年には2,111万人（同前31.6％）へとやや減少している。とくに、この間の雇用形態の変化では女性の正規雇用の増加が目立つ。女性の有業者に占める「正規の職員・従業員」は2017年の38.6％から42.0％へと3.4ポイントの増加、

「非正規の職員・従業員」は 2017 年の 50.4％から 2022 年の 47.8％へと 2.6 ポイントの減少を示している[7]。男性の「正規の職員・従業員」は 2017 年の 63.0％から 2022 年の 63.9％へと 0.9 ポイントの増加、「非正規の職員・従業員」はともに 18.1％で変化はない。

(3) 性、年齢階級、学歴、企業規模別での賃金格差

　男女の賃金格差を先進各国と比較すると、日本はその差が最も大きい国の一つである。OECD の 2020 年の賃金ジェンダーギャップ指標[8] によると、賃金のジェンダーギャップがほぼみられない国はベルギー（1.2）、とても小さい国はニュージーランド（4.6）、ノルウェー（4.8）、デンマーク（5.0）、反対に順位が低いのは日本（22.5）、韓国（31.5）である。日本の経済面・政治面でのジェンダーギャップはいまだに大きく、世界経済フォーラムによる 2023 年のジェンダーギャップ指数[9]（4 指標：経済、教育、健康、政治）では調査参加国 146 のうち日本は 125 位であった。

　では、厚生労働省「令和 4 年賃金構造基本統計調査の概況」に基づき、日本の賃金格差の現状についてみていこう。この調査における「賃金」は、調査実施年 6 月分の所定内給与の平均のことである。また、所定内給与とは支給された現金給与額（残業手当、深夜勤務手当、休日出勤手当等の超過労働給与額を含まない）で、税引き前の額である。就業形態は、常用労働者を「一般労働者」[10] と「短時間労働者」に区分している。

　2022 年の「一般労働者」の月額平均賃金[11] は、男女計で 31 万 1,800 円、男性 34 万 2,000 円、女性 25 万 8,900 円であり、短時間労働者の 1 時間当たりの賃金[12] は、男性 1,624 円、女性 1,270 円であった。1990 年代前半頃までは年ごとの伸び率に違いはあるものの「一般労働者」の賃金は対前年比で上昇していた。また、2022 年の年齢階級別の賃金（図 2）をみると、男女ともに「一般労働者」に関しては「55〜59 歳」がもっとも高い賃金を得ていることがわかる。同年齢階級の男女計の月額平均賃金は、男性が 41 万 6,500 円、女性が 28 万円である。

　最終学歴を「高校」、「専門学校」、「高専・短大」、「大学」、「大学院」に分

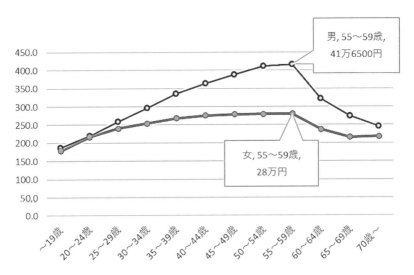

図 2　性、年齢階級別賃金（2022 年、単位：千円）

出所：厚生労働省「令和 4 年賃金構造基本統計調査の概況」、第 2 表。

けた場合、年齢階級計でみた「男女」の月額平均賃金は、「高校」で 27 万
3,800 円、「大学」で 36 万 2,800 円と両者に 8 万 9,000 円の差がある。同じく
「男」の「高校」は 29 万 7,500 円、「大学」は 39 万 2,100 円で 9 万 4,600 円
の差がある。「女」の「高校」は 22 万 2,900 円、「大学」は 29 万 4 千円で、
両者には 7 万 1,100 円の差がみられる。「大学」と「大学院」との月額平均
賃金の差は、「男女計」で 10 万 1,400 円、「男」で 8 万 6,300 円、「女」で 11
万円をやや超えている[13]。企業規模間の賃金格差は　「大企業」の賃金を 100
とした場合、「男女・年齢計」で「中小企業」が 87.0、「小企業」が 81.7 であっ
た。性別でみると、「男」よりも「女」のほうが格差は小さい。「男」の「中
小企業」は 85.7、「小企業」は 79.7、「女」の「中小企業」は 92.4、「小企業」
は 86.7 である[14]。

(4)　産業別、雇用形態別にみた賃金格差

　2022 年の 3 分類の産業別就業者人口割合（第 2 章図 1 参照）は、第 3 次産

業が74%（1951年：31%）、第2次産業が23%（同前23%）、第1次産業が3%（同前46%）である。総務省統計局「労働力調査（基本集計）」第1表によると、産業別就業者数と全就業者数に占めるその割合（2022年平均）は、男性（就業者数3,699万人）では「製造業」19.8%、「卸売業、小売業」13.4%、「建設業」10.7%、「運輸業、郵便業」7.4%、「サービス業（他に分類されないもの）」7.4%であり、女性（就業者数3,024万人）では「医療、福祉」22.5%、「卸売業、小売業」18.1%、「製造業」10.3%、「宿泊業、飲食サービス業」7.8%、「教育、学習支援業」6.7%である。女性での「医療、福祉」の就業割合の高さが目立つ。

産業別にみた2022年の月額平均賃金[15]の上位産業を男女別にとりあげるとつぎのとおりである。「男・年齢階級計」で最も賃金が高いのは「金融業・保険業」の48万600円、「教育・学習支援業」の43万6,600円、「学術研究、専門・技術サービス」の41万6,200円、「電気・ガス・熱供給・水道業」の41万3,700円、「情報通信業」の40万2,200円で、5つの産業で40万円を超えていた。「女・年齢階級計」は上位から「電気・ガス・熱供給・水道業」の32万6,500円、「教育・学習支援業」の31万6,500円、「情報通信業」の31万4,500円、「学術研究、専門・技術サービス業」の31万2,300円と上位4つの産業で30万円をこえており、5番目の「金融業・保険業」は28万7,800円であった。順序の違いはあるが、男女ともに月額平均賃金が上位にある産業は共通している。

だが、これらの平均賃金の高い産業と前述の就業者数の多い産業とは一致していないことがわかる。「男」で就業者数の最も多い産業は「製造業」で月額平均賃金は32万6,300円、2位「卸売業、小売業」は35万1,000円、3位「建設業」は35万900円、4位「運輸業、郵便業」[16]は29万3,100円、5位「サービス業（他に分類されないもの）」が28万5,400円である。これらの5産業の平均賃金は、20万円台後半から30万円台半ばであることがわかる。「女」では、1位「医療、福祉」が27万1,700円、2位「卸売業、小売業」で24万6,400円、3位「製造業」で22万9,300円、4位「宿泊業、飲食サービス業」で21万6,100円、5位「教育、学習支援業」で31万6,500円であ

る[17]。女性のこれら5業種の平均賃金は25万6,000円である。

　つぎに、雇用形態別の賃金をとりあげよう。2022年の「正社員・正職員」の賃金を100とした場合、「正社員・正職員以外」の賃金は、男性では70.0、女性では72.0%となっている。「正社員・正職員」と「正社員・正職員以外」の年齢階級別の月額平均賃金（図3）を比較すると、男性では「正社員・正職員」は50歳代にむけて賃金の上昇カーブは明確に右肩あがりで、「55～59歳」で最高の43万1千円になる。それに対して、「正社員・正職員以外」での賃金上昇カーブはきわめて緩やかで、「60～64歳」で最高の28万3,600円である。女性では「正社員・正職員」の賃金上昇カーブは「55～59歳」にむけて男性よりもかなりなだらかながらも上昇しており、この年齢階級での

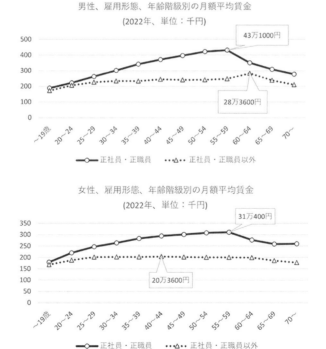

図3　雇用形態、年齢階級別の月額平均賃金

出所：厚生労働省「令和4年賃金構造基本統計調査の概況」、第6-1表より作成。

賃金は 31 万円余りである。女性の「正社員・正職員以外」の賃金上昇カーブはほとんどみられず、20 代後半以降 50 代前半まで一貫して 20 万円をわずかに超える額を示している。日本では男女の賃金格差がいまだに大きいとはいえ、女性の進学率と就業率の上昇等の影響もあり、男女の賃金格差は徐々に縮小していきている。2022 年の男性の賃金を 100 とした場合、女性の賃金は 75.7（1980 年 58.9、1990 年 60.2、2000 年 65.5）である[18]。

3. 物価と賃金

(1) 2023 年春闘－約 30 年ぶりの高額回答

　2023 年の春闘では、大企業に加えて中小企業やサービス業においても賃上げ方向に動いた。連合の加盟労組の回答集計結果（最終）[19]によると、賃上げ（加重平均）は 3.58%（昨年同時期比 1.51 ポイント増）、300 人未満の中小組合においても 3.23%（同前 1.27 ポイント増）となり、比較可能な 2013 年以降で最も高く、低賃金だと指摘される流通・外食業界も巻き込んだ動きがみられた[20]。また、民間企業の大卒事務員平均初任給は、2022 年 4 月で 20 万 7,878 円（人事院調査）であるが、デジタル人材の獲得競争を繰り広げる大手企業の一部では、初任給でも大幅な引き上げがみられた[21]。

　どの分野においても、賃上げの背景にあるのは深刻な人手不足である。将来の景気悪化への対応として、長年にわたり賃上げに慎重な姿勢を示してきた企業も人手不足解消が優先課題となっている。日本は少子高齢化と人口減少、外国人労働者の受け入れが緩やかなこと、仕事に関する負担や責任感に比べてかなり低い賃金水準の業種が存在することなどからますます人手不足は深刻化するとみられる。リクルートワークス研究所の「未来予測 2040」（2023 年 3 月発表）では、経済成長がほとんどない場合を前提にして、2040 年には 1,100 万人を超える労働力が不足すると予測している。また、国立社会保障・人口問題研究所によると、2070 年に人口は 8,700 万人になり、15～64 歳の生産年齢人口は 4,500 万人（2020 年 7500 万人）への減少が予測されている。外国人労働者は 2070 年には 940 万人、人口に占める外国人労働者は 10% 程

度になると見込まれている。日本に住む在留外国人数は、2022年末時点で307万5,213人であり、コロナ禍の影響により2020年と2021年は対前年比で減少したものの、2022年には対前年末比11.4％増加ではじめて300万人を超えた[22]。とはいえ、在留外国人が日本の人口に占める割合は2％程度である。仮に、国内需要が旺盛になるなら（実質賃金の引き上げ、所得税や法人税の増加などを前提）、外国人労働者の受け入れは経済活性化、財政への好影響を及ぼすことも考えられるだろう。

(2) 消費者物価指数の動向

　賃金が上がると消費は活発になる。だが、つねにそうなるとは限らない。では、どういった場合にその関係が成り立つのだろうか。名目賃金（企業が従業員に支払う賃金）があがっても物価が同程度に上昇すれば、自動的に消費が拡大するわけではない。また、名目賃金が上がってもそれ以上に物価が上昇すれば、消費者の購買力は抑制される。ここでは、コロナ禍前後（2023年半ば以降をコロナ禍による人々の行動制限がとりあえず緩和されたという意味で「後」を使う）での物価の推移について、消費者物価指数（Consumer Price Index。以下、CPIと表記）を中心に検討していく。

　総務省統計局が毎月作成・公表するCPIは、消費者が購入する財（モノ）とサービスを対象とした価格を集計した指数である（以下、財（モノ）は財と表記）。「総合」指数は消費者が購入する財とサービスを合わせた全体を表している。「生鮮食品を除く総合」は、天候等の影響を受けやすい生鮮食品を除いた指数、「生鮮食品及びエネルギーを除く総合」は生鮮食品に加えて変動幅の大きいエネルギーを除いた指数である。

　まずは、財とサービスのCPIについてみていく。もともと財とサービスを比べた場合、サービスのほうが財よりも人件費に依存する割合が高いため価格は変動しにくいという特徴がある。2000年以降では財とサービスの両方で物価はほとんど上昇せず、0％付近に張り付いていたが、グラフにするとピークが2つ現れる。1つは、「総合（財とサービス）」でみた年間平均では、リーマンショックの起こった2008年が1.38％であった。もう1つは、消費

234

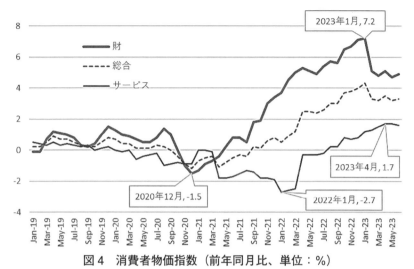

図4　消費者物価指数（前年同月比、単位：％）

出所：総務省「消費者物価指数」、2020年基準消費者物価指数、長期時系列データより作成。

税が5％から8％に引き上げられた2014年は「総合」で2.73％であった。

　つぎに、コロナ禍以降の変化についてである。2019年以降のCPI（前年同月比）を財とサービスに分けて示したのが、図4である。コロナ禍による影響には、出勤制限による工場の生産停止や生産量の減少、物流現場の停滞（運ぶものがない、運ぶ人がいない、運ぶ手段の不足）などにより生じたモノ不足と値上がりがみられた。財は、2020年12月の−1.5％のボトムをつけ、2023年1月には7.2％まで急速な上昇を示し、その後は低下し2023年7月には3.6％まで下がった。反対に、子どもたちの学校でさえ休校になるなど日本各地で密を避けるための行動が広がったことにより、サービスは2020年4月から2022年7月までは一貫して0％以下で推移し、2022年8月になってかろうじてプラスに転化した。

　つぎに、図5の「生鮮食品を除く総合（前年同月比）」をみると、2019年1月から2020年の3月までは0.3〜0.9％の間を推移している。2020年3月下旬には政府による感染予防のための行動制限が出され、また、マスクやアルコール消毒関連商品などは一気に不足しインターネットサイトでの値上がり

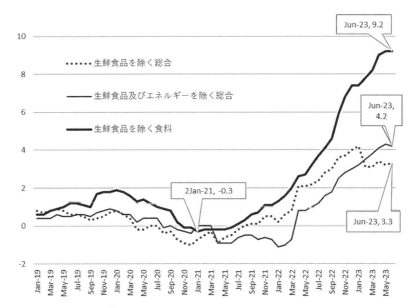

図 5　消費者物価指数（2020 年基準、前年同月比、単位：%）

出所：総務省「消費者物価指数」、2020 年基準消費者物価指数、長期時系列データより作成。

がみられはしたが、同年 4 月から 2021 年 7 月までは 0〜−1% 台で推移した。ステイホームの広がりによる財の消費は増えても、サービスでの支出は大幅に減ったことによると考えられる。この指数に大幅な変化がみられたのはロシアによるウクライナ侵攻後で、2022 年 4 月以降は 2〜3% 台が中心となる。「生鮮食品及びエネルギーを除く総合」では、2019 年 1 月から 2020 年 7 月までは 0〜1% 未満のプラスで推移し、その後 2022 年 3 月までは最大−1.1% を含むマイナス傾向になり、2022 年 4 月以降は急速に上昇し、2023 年 5 月には 4.3% に達した。先にみた「生鮮食品を除く総合」には、衣類や交通・通信費や教育関係費など多くの項目が含まれているため、食料に焦点をあて「生鮮食品を除く食料」をグラフ化した。それによると、2019 年 1 月から 2020 年 10 月までは 2% 未満のプラスで推移し、2020 年 11 月から 2021 年 6 月まではわずかなマイナス傾向を示した。2021 年 7 月からはプラスで上昇を続け、2023 年の 5 月と 6 月はともに 9.2% に達しており、必需品である食

料において大幅な価格上昇がみられた。

　では、同期間の企業間の取引で物価はどのように変化したのだろうか。国内企業物価指数は、国内生産され国内需要家向けの財を対象（輸出するものを除く）とし、生産者段階における出荷時点の価格（消費税を含む）が示されている。輸入物価指数は通関段階における荷降ろし時点の価格、輸出物価指数は通関段階における船積み時点の価格を示しており、ともに消費税を含まない。「総平均」の指数がマイナスから常にプラスに振れはじめるのは、2021年3月である。時期を同じくして「輸入物価指数」は跳ね上がり、2021年の年間平均は22.3%、2022年の平均は39.2%の高い指数となり、2022年7月には49.2%のピークを示した（図6）。

　つぎに、企業物価指数とCPIを見比べながら（図7）、物価高騰の現状について分析しよう。前年同月比でみた「国内企業物価指数（総平均）」は2021年半ば以降に急激に上昇し、2022年12月10.6%のピークをつけ、その

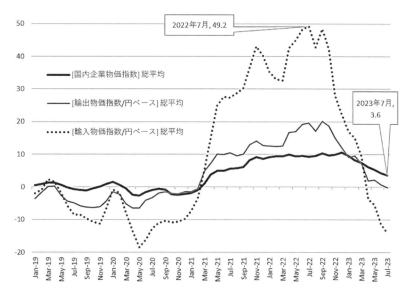

図6　企業物価指数（2020年基準、前年同月比、単位：%）

出所：日本銀行「企業物価指数」

後は急降下し 2023 年 7 月は 3.6％となった。しかし、CPI「生鮮食品及びエネルギーを除く総合」は 2019 年 1 月から 2022 年 5 月までは－1％以上 1％未満のきわめて上下変動の少ない範囲で動いており、その後は上昇傾向となり、2023 年 6 月には 4.3％であった。この両者間にみられた大幅な開きは、輸入価格の上昇分を国内企業が商品価格に転嫁できずにいたことを示している。しかしながら、このグラフからは、2023 年 6 月には「国内企業物価指数（総平均）」4.3％と CPI「生鮮食品及びエネルギーを除く総合」4.2％とがほぼ並んだことがわかる。つまり、この二つの指数を比べる限りでは、企業による価格転嫁が進みつつあり、消費者にとっての物価上昇が企業コストの上昇分と同程度になり始めたと考えることができる。なお、すでに触れたように CPI には価格が変動しにくいサービスも含まれており、また、財にも輸入物価の影響を受けやすいものと受けにくいものとがあることを考慮する必要がある。いずれにせよ、企業によるコスト上昇分の商品価格への転嫁がスムーズにおこなわれるようになると、消費者物価はあがっていく。また、「生

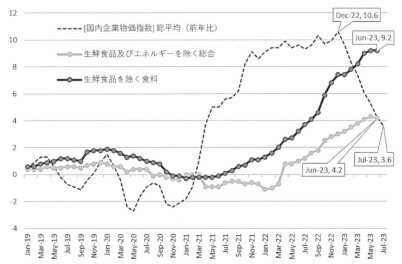

図 7　消費者物価指数、企業物価指数（2020 年基準、前年同月比、単位：％）
出所：日本銀行「企業物価指数」、総務省「消費者物価指数」より作成。

鮮食品を除く食料」をみると「生鮮食品及びエネルギーを除く総合」よりも急上昇している。消費者には物価高を気にしながら買い物をせざるを得ない状況がつきつけられているといえよう。物価の上昇に不慣れな日本の消費者にとって、今後の最大の関心は税金や社会保険料などを差し引いて手元に残る自由なお金（可処分所得）が増えるかどうかである。

(3) デフレ経済からの脱却のシナリオ

　日本で暮らす私たちは、長年にわたるデフレのなかで物価はなかなかあがらないものだと思い込んできた。物価はあがらず賃金にも変化がない状況は、国内だけで生産と消費がすべて完結するならば、この形でも生活はできる。しかし、エネルギー資源と食料の多くを海外に頼る日本は、世界的なパンデミックの発生や海外で起こる突発的な出来事に極めて弱い経済構造を抱えている。これからの日本経済は成長軌道に転換し、かつ、企業の収益増加は私たちの賃金にもプラスの影響として跳ね返ってくるのだろうか。

　長濱（2022）は、デフレの続く日本では「低所得・低物価・低金利・低成長」が「ふつう」になりつつあり、この「4低」状況を「日本病」と名付けている（長濱 2022:4）。また「日本病」の本質はデフレ経済にあるといい、日本の給与が上がらない理由について、①労働分配率が低いこと、②労働者の流動性が低いこと、③独特の雇用慣行にあると指摘している（長濱 2022:40-47）。金融政策とともに財政政策が適切に実施されること、また、労働市場の流動性を高めるために職業訓練や就業支援などの充実が大事であること、そうした下支えの仕組みによって日本が「安心して失敗できる国」（長濱 2022:50）になるとよいだろうと指摘している。

　渡辺（2022a）は、慢性デフレは日本にだけ存在していると述べ、その理由とデフレからの脱却の条件について、つぎのように分析している。CPIの600品目の品目別インフレ率を一目で分かるように描いた「渡辺チャート」（2022年6月の数字を用いて説明）によると、日常的に購入する財やサービスの約4割が前年とほぼ変わらない価格で販売されており、かつ、前年比でみた場合、インフレ率ゼロの近辺に多くの品目が集中している。この日本の企

業が値上げをしない状況を日本企業の「価格据え置き慣行」（渡辺 2022a:174、2022b:263）と名づけ、日本の消費者は「値上げ嫌い」（渡辺 2022a:184）であり、財やサービスの値上げを嫌う消費者と値上げをすれば消費者が自社の商品やサービスから離れていってしまうことを知っている（恐れている）企業との「落としどころ」（渡辺 2022a:180）がデフレの現状、つまり物価も上がらず賃金も伸びない状況を作り出している。だが、日本の消費者にもインフレ予想での変化がみられ始めた。渡辺研究室で毎年実施している調査（5 か国の消費者を対象）によると、2022 年 5 月の集計では、それまでインフレ予想が他国に比べて徹底して低かったが、日本の消費者も 1 年後の物価は上がると予測する割合が一気に増えた（渡辺 2022a:191-192）。

　また、賃金・物価のスパイラルは欧米ではうまく循環している。欧米の「賃金・物価スパイラル」は「高インフレの進行→生活者の生活費が上昇→労働者が賃上げを要求→企業が人件費の増加分を価格に転嫁→」（渡辺 2022a:226）を繰り返すものである。つまり、「自分の順番のひとつ前のところで発生したコスト増を自分の価格に転嫁する」（渡辺 2022a:253）ことが行われている。それに対し日本はデフレから脱却できていない。その理由は、「日本版賃金・物価スパイラル」が「企業は毎年、価格を据え置き→生活者の生活費は前年と変わらず→労働者は賃上げなしでも前年並みの生活を維持できる→人件費は変わらず企業は価格転嫁の必要なし→」（渡辺 2022a:247）の循環になっているためである。日本で実施された異次元緩和の初期には、高いインフレ目標、企業に対する価格引き上げ要請、官製春闘などの働きかけがあったものの、この「賃金・物価スパイラル」の回転の向きが逆だったため、誰も引き上げの方向に動かなかった。当時の日本政府は企業の内部留保を賃金にまわすように企業に働きかけたが、この動きは企業の「余剰」を賃上げの原資にあてるというものであったため、欧米型にみられるスパイラルの回転をおこしたいという要求がどこにも存在しなかった。日本で物価が上がる方向での賃金・物価スパイラルを引き起こすためには、3 つの条件が必要となる。それらは、①労働需給がひっ迫し、労働者の交渉力が強くなっていること、②企業の価格決定力が強いこと、人件費増加分を価格に転嫁できること、③ラ

イバル企業も②の行動をとることである（渡辺 2022a:257-258）。

　今後の日本では2つのシナリオが考えられる。1つは、物価は上がるが賃金はあがらないというものであり、もう1つは、急性インフレをきっかけに、日本の消費者のインフレ予想が上がり、「値上げ嫌い」が治っていく、そして、企業の価格転嫁、労働者の賃金上昇へと向かう動きである。以上が、渡辺による日本がデフレから脱却できない理由とデフレ脱却のシナリオについての概要である。

　アメリカでは経済活動再開のもとで消費需要が大きく伸び、供給が追いつかないことによる急激な物価上昇が起きたため複数回にわたる金融引き締め政策が実施された。日本では、賃金・物価スパイラルを引き起こすための3つの条件が揃いにくいため、どの方向に進んでいくかを正確には予測できないものの、渡辺のいう1つ目のシナリオにならないことが望ましい。そのためには消費を活発にするための賃上げや可処分所得を増やす対策（ex. 消費税や社会保障費の引き下げ、教育費の無償化）が早急に求められる。

（4）　消費者の意識

　消費者の物価予想が消費者の行動を変え、回りまわって賃金の引き上げにもつながっていく。消費者は生活実感を自分の買い物対象の価格変動から知ることがほとんどであり、そのため消費者の生活実感から得られる物価に関する数値がCPIからは乖離することがある[23]。だが、消費者の物価予想が消費者行動を決めるきっかけにもなるため、生活実感には意味があるといえる。そこで、日銀の「生活意識に関するアンケート調査」（第94回〈2023年6月調査〉）の結果から、実際の消費者の景況感をみてみよう。図8は、生活者の景況感を示している。景況感 D.I. は、回答の「良くなった（良くなる）」から「悪くなった（悪くなる）」を引いて導き出される。2019年には消費税率の引き上げが実施されたため、景況感 D.I. は「1年前」と比べて悪化している。さらに、コロナ禍の影響が出始めた2020年6月調査では一気に低下し、同年9月調査で−75.6を示した。その後、やや回復がみられ、2022年のロシアのウクライナ侵攻以降に再び低下し、その後は改善がみられる。2023

図 8　景況感 D.I. の推移（% ポイント）※

※「% ポイント」は、構成百分比（%）同士の差を示す単位。
出所：日本銀行「生活意識に関するアンケート調査」（第 94 回〈2023 年 6 月調査〉）の結果より作成。

年 6 月調査結果では、同年 5 月には新型コロナウイルスが第 5 類へと移行されたこと、抑制されていた消費活動の活発な動き等もあり、景況感 D.I. は改善している。さらに、同じ 6 月調査での質問項目「1 年前と比べた物価の実感」では、「かなり上がった」29.2（2021 年 6 月：6.6）と「少し上がった」66.3（同前 49.8）で回答の大半が物価上昇を感じており、2 年前同月と比べても大幅増である。また、世帯の収入と支出（図 9）については、「1 年前と比べた世帯の収入」での回答で「増えた」は 11.4（2022 年 3 月：9）と 2.4% ポイントの増加に対して、「1 年前と比べた世帯の支出」での回答で「増えた」は 59.4（同前：36）と 23.4% ポイントの増加である。これらから 2023 年 6 月には、景気が上向きであると実感しながらも、収入には大きな変化はないままに支出だけが大幅に増えていると認識している消費者が多いと推測できる。久我（2023a）によると、購入頻度の高い商品（食パン、牛乳、ガソリンなど）は 2021 年前半から価格の上昇が始まり、消費者はやむを得ず値上げを受け入れていると分析されている。

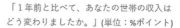

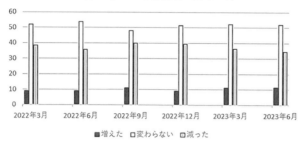

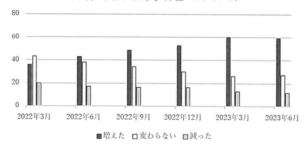

図9　1年前と比べた世帯の収入と支出の変化

※「%ポイント」は、構成百分比（%）同士の差を示す単位。
出所：日本銀行「生活意識に関するアンケート調査」（第94回〈2023年6月調査〉）の結果より作成。

　今後、賃金があがる局面がでてきたとしても、節約志向が染みついた生活習慣をもつ日本の消費者は活発な消費活動をおこなうとは限らない。若者（30歳未満の単身勤労者世帯）は、コロナ禍前から可処分所得の増加ほど消費支出は増えていないとの分析もある[24]。これらを考慮すると、可処分所得が増える条件が整わない限り[25]、大多数の消費者はインフレにさらされながら地道な支出抑制で生活を守ろうとすると想定でき、デフレ脱却の道は容易ではないといえる。

おわりに

　過去四半世紀にわたって日本では、物価上昇がほとんどないことを前提にして、多くの場合、各世帯の収入と支出のバランスがとりやすい状態にあったといえる。増えない収入を想定しその範囲内で消費を組み立てていけばよかったからである。日本の賃金が伸びない理由について、伍賀（2023）はその要因を 3 点―「非正規雇用・半失業（産業予備軍）の堆積」、「最低賃金制の脆弱さがある」こと、「労働運動の機能低下」―で指摘している。また、デフレ経済は日本にのみ存在していると指摘する渡辺（2022a）は、日本型の賃金・物価スパイラルは欧米型のインフレをもたらす循環とは逆方向に向いていたとし、日本では値上げを嫌う消費者と値上げにより消費者が離れていくことを避けたい企業との「落としどころ」として長年のデフレが維持されてきたと分析している。

　コロナ禍の影響のもと、いつから、どのような形で経済活動を再開するかについては各国で対応が分かれた。米国や欧州諸国では、パンデミックによる患者の発生が続く中でも経済を動かす方向で早めの政府判断がなされた。国民に対する感染回避のための行動を法律により制限した国もあり、こうした国では政府によって非常事態宣言の終わりが告げられるとともに、企業も国民も窮屈な生活から一挙に解き放たれたかのように動き出した。その結果、コロナ禍で抑制されていた消費が一気に活性化し、同時に、職場に復帰しない人たちも一部で現れ、拡大する需要に供給が追いつかない事態が生じ、物価も人件費も高騰していった。

　日本では、2013 年に始まる黒田東彦日銀総裁による異次元緩和の金融政策開始時には、デフレ脱却（物価と賃金の両方が安定的に上昇すること）が掲げられたものの、10 年続いたデフレ脱却策は功を奏しないまま、2023 年 4 月に新総裁（植田和男）にバトンタッチした。低賃金労働者が多く存在する日本社会において、現在は企業による輸入物価高騰に対する商品への価格転嫁があり、その影響を受けた物価高に消費者の生活はさらされている。企業

のコスト上昇分が消費者物価に上乗せされる（コスト・プッシュ型の値上げ）と企業にとっては収益を減らさずに済むが収益が増えるわけではない。買い物頻度の高い商品の値上げは消費生活を直撃するが、物価の上昇幅に追いつくような賃金の引き上げは見られない。企業の輸入物価の高騰はすでにピークを過ぎたが、企業はコストアップ分を価格転嫁で補おうとし、また、消費者には物価上昇を容認する（仕方なく受け入れる）機運が広がりつつある。とはいえ、可処分所得が増えない限り、社会全体の購買力は弱いままである。デフレからの脱却のためには、労働需要の高まり、企業の価格転嫁とセットになった人件費の引き上げ（ライバル企業も同じ動きになること）、労働運動の力量アップとそれを支持する世論の広がりなどが必要である。だがその前に、労働需要を旺盛にするような勢いのある消費が必要になる。そのためには、消費税の引き下げが最も効果的であるだろうし、育児や教育、介護の支援のための公的支出もその助けになるだろう。また、AIの活用による生産性向上、企業の収益改善と賃金引き上げの好循環が期待されており、それと同時に、AI導入による雇用現場の減少や国際的な賃金競争に対する歯止めなどをいかにして実現できるかも課題である。

第11章で学べるキーワード

所得、賃金、非正規労働者、デフレーション（デフレ）、
可処分所得、消費者物価指数

注
1) 内閣府「国民経済計算」。
2) 子育て世帯の所得は他の世帯よりも高いとはいえ、出費も多いことから家計としては苦しい状況がある（久我：2023b）。
3) OECD. stat, Datase: Annual average wage growth.
4) OECD, stat. 失業率（Unemployment rate） Total, % of labour force, Apr 2023 or latest available.) の2023年4月時点（もしくはその時点で入手可能な最新の数値。
5) 「学校卒業後直ちに企業に就職し、同一企業に継続勤務しているとみなされる労働者」、伍賀（2022）p.21。
6) 伍賀（2019、2023）を参照されたい。

7) 長濱（2022、p.141）は、雇用形態にかかわらず女性の有業者が増えること（高齢者にもあてはまる）は給与所得ゼロの人たちに給与が渡ることになるため、肯定的に評価すべきとの意見である。この点は筆者も同様に考える。また、生活条件がよくないからといってすぐに働きに出るわけではないといった専業主婦志向についての分析は周（2019）を参照されたい。

8) OECD. stat, Decile ratios of gross earnings: Gender wage gap.

9) World Economic Forum, Global Gender Gap Report 2023, p.9, p.11, p.17, p.19.

10) 一般労働者（短時間労働者以外の常用労働者 [注；常用労働者とは、「次のいずれかに該当する労働者をいう。(1) 期間を定めずに雇われている労働者、(2) 1 か月以上の期間を定めて雇われている労働者」のこと。出所：同調査「主な用語の定義」より引用。

11) 厚生労働省「令和 4 年賃金構造基本統計 調査の概要」、第 1 図、および、第 1 表。

12) 同前、第 10 表。

13) 同前、第 3 表。

14) 同前、第 4 表。

15) 同前、第 5 表。

16) トラック業界の人手不足と賃金水準の現状と問題点については、首藤若菜（2018、2020）を参照されたい。

17) 厚生労働省「令和 4 年賃金構造基本統計調査の概況」、第 5 表。

18) 同前、付表 1。

19) 連合（日本労働組合総連合会）、2023 春季生活闘争 第 7 回（最終）回答集計結果について（2023 年 7 月 3 日集計・7 月 5 日公表）。

20) 賃金改定額は、ゼンショーホールディングス（「すき家」など）9.5%（約 3 万 3 千円、正社員平均）、しまむら 6.52%（26,952 円）、王将フードサービス 6.96%（22,000 円）。出所：『日経 MJ（流通新聞）』、2023 年 5 月 17 日、9 ページ。

21) 例えば、三菱商事は 2023 年 4 月入社の大卒初任給を 30 万 5000 円（前年比プラス 5 万円）に引き上げ実施。出所：『日本経済新聞』2023 年 5 月 17 日、朝刊 1 ページ。

22) 法務省、令和 4 年末現在における在留外国人数について、第 1 表。

23) 『日本経済新聞』2023 年 8 月 25 日付、朝刊 29 ページ。

24) 『日経産業新聞』2019 年 6 月 11 日、13 ページ。久我尚子氏による総務省「全国消費実態調査」の 2014 年と 2019 年の比較分析で、可処分所得は男性 4.6 万円増、女性 1.9 万円増に対し、消費支出は男性 0.2 万円増、女性 0.8 万円増だけである。

25) 森永（2023b）p.123 の図表 8 では、2022 年度の国民負担率が 47.5% に達していることが説明されている。p.130 の図表 10 では、消費税導入前の 1988 年度と 2022 年度の比較で、税金・社会保障料の増加具合がよくわかる。

参考文献

河合雅司（2021）『世界 100 年カレンダー――少子高齢化する地球でこれから起きること―』朝日新書

河合雅司（2022）『未来の年表　業界大変化　瀬戸際の日本で起きること』講談社現代新書

久我尚子（2019）『日経産業新聞』2019 年 6 月 11 日、13 ページ。

久我尚子（2022）「物価高進行下の消費者の状況—低収入層や子育て世帯で負担感強、高収入層は海外ブランド品や不動産で実感」2022 年 10 月 21 日、ニッセイ基礎研究所

久我尚子（2023a）「物価高の家計への影響と消費者の要望—やむを得ず値上げを受け入れる素地の形成、企業には監視の目も」2023 年 6 月 13 日、ニッセイ基礎研究所

久我尚子（2023b）「世帯年収別に見たコロナ禍 3 年の家計収支—給付金や消費減少で貯蓄増加、消費は回復傾向だが子育て世帯で鈍さも」2023 年 3 月 20 日、ニッセイ基礎研究所

経済同友会 [著]、小林善光 [監修]（2019）『危機感なき茹でガエル日本—過去の延長線上に未来はない—』中央公論新社

伍賀一道（2019）「働き方改革」と個人事業主化」『社会政策』10(3)：1-3

伍賀一道（2023）「不安定就業の新局面　プラットフォーム労働に着目して」『経済』2023 年 6 月号：11-20

伍賀一道（2022）「日本型雇用解体過程の非正規雇用・半失業—21 世紀日本の就業の特徴」『経済理論』59(3)：18-31

伍賀一道（2014）『「非正規大国」日本の雇用と労働』新日本出版社

国立社会保障・人口問題研究所「日本の将来推計人口（令和 5 年推計）」

小林美希（2022）『年収 443 万円—安すぎる国の絶望的な生活』講談社現代新書

財務省統計局「消費者物価指数」

周燕飛（2019）『貧困専業主婦』新潮社

周燕飛（2022）「コロナ禍の格差問題　雇用、所得、資産をめぐる動向」『公衆衛生』86：482-492

首藤若菜（2018）『物流危機は終わらない—暮らしを支える労働のゆくえ』岩波新書

首藤若菜（2020）「トラック業界の人手不足と「物流危機」」、『計画行政』43(2)：3-8

総務省「消費動向指数」

照山博司・木村匡子（2022）「新型コロナパンデミックと日本の家計行動—就業・消費・家庭—」『経済分析』204：7-42

長濱利廣（2022）『日本病 なぜ給料と物価は安いままなのか』講談社

中藤玲（2021）『安いニッポン「価格」が示す停滞』日経 BP

ニッセイ基礎研究所「第 12 回　新型コロナによる暮らしの変化に関する調査」調査結果概要、2023 年 4 月 27 日

日本銀行「企業物価指数」

森永卓郎（2023a）『増税地獄　増負担時代を生き抜く経済学』角川新書

森永卓郎（2023b）『ザイム真理教』三五館シンシャ

内閣府（2023）「消費動向調査令和 5 年」5 月 31 日、結果の要点

渡辺勉（2022a）『世界インフレの謎』講談社

渡辺勉（2022b）『物価とは何か』講談社

OECD、stat.

執筆者紹介

加賀美太記（かがみ・たいき）　第1章

1981年生まれ。京都大学大学院経済研究科博士後期課程修了、阪南大学流通学部教授。
「消費生活協同組合における組合員参加の意義と現状―無店舗事業と組合員活動の視点から」『阪南論集 社会科学編』第58巻第1号、2022年、89-100頁。
「生協の無店舗事業における事業モデルの変遷と競争力」『経済論叢』第196巻第4号、2022年、101-113頁。
「格差社会の進展とマーケティングの変化」大野・佐々木・番場編著『格差社会と現代流通』同文舘出版，2015年。

森脇丈子（もりわき・たけこ）　第2章、第11章

1966年生まれ。立命館大学大学院経済学研究科博士後期課程修了、流通科学大学人間社会学部教授。
「フランスの食品スーパーにみる click & collect：<drive> がもたらす消費者の利便性向上と企業戦略」『流通情報』No.555、vol.53（6）、2022年3月、15-26頁。
「フランス大手食品小売業の‘Drive’の現状と課題」『日仏経営学会誌』第36号、2019年、18-36頁。
「現代的貧困と消費の変化」流通経済研究会監修、大野哲明・佐々木保幸・番場博之編著『格差社会と現代流通』同文舘出版、2015年、24-46頁。

佐久間英俊（さくま・ひでとし）　第3章、第10章

1961年生まれ。京都大学大学院経済学研究科博士後期課程単位取得中途退学、中央大学商学部教授。
「マーケティング理論の再検討」流通経済研究会監修、木立真直・佐久間英俊・吉村純一編著『流通経済の動態と理論展開』同文舘出版、2017年。
「安全問題とソーシャル・マーケティング」小野雅之・佐久間英俊編著『商品の安全性と社会的責任』（日本流通学会創立25周年記念出版プロジェクト第3巻）、白桃書房、2013年。
「現代流通研究の方法に関する一考察―『商業資本排除の傾向』の再検討」斯波照雄編著『商業と市場・都市の歴史的変遷と現状』（中央大学企業研究所研究叢書第29号）、中央大学出版会、2010年。

宮﨑崇将（みやざき・たかまさ）　第 4 章

1978 年生まれ。大阪市立大学大学院経営学研究科後期博士課程修了、追手門学院大学
経営学部准教授。
「熟練・分業の観点から見たアマゾンシステムの特質」『社会安全学研究』第 13 号、
2023 年。
「産業構造の変化とアメリカの小売業」河音琢郎・豊福裕二・野口義直・平野健編『21
世紀のアメリカ資本主義』大月書店、2023 年。
「外資系小売企業の日本市場への参入」仲上哲編著『「失われた 10 年」と日本の流通』
文理閣、2009 年。

仲地二葉（なかち・ふたば）　第 5 章

1992 年生まれ。中央大学大学院経済学研究科経済学専攻博士前期課程修了、中央大学
大学院経済学研究科経済学専攻博士後期課程在籍。
「管理監督者として扱われる『管理職』の働き方」『労務理論学会誌』第 29 号、労務理
論学会（研究奨励賞受賞）、2019 年。
「コンビニオーナーの就業時間が長時間化する構造的要因の分析」『中央大学経済研究所
年報』（52）、中央大学経済研究所、2020 年。

杉田宗聴（すぎた・むねあき）　第 6 章

1970 年生まれ。京都大学大学院博士課程単位取得満期退学、阪南大学流通学部教授。
「加工食品の中間流通と物流センター」仲上哲編著『「失われた 10 年」と日本の流通』
第 5 章、文理閣、2009 年。
「国内ファストファッションによるクイック・レスポンスとグローバル化の現状」『阪南
論集 社会科学編』52 巻 1 号、2016 年。
「中小製造企業のブランド戦略—中島重久堂の事例をもとに」『阪南論集 社会科学編』
53 巻 2 号、2018 年。

田中　彰（たなか・あきら）　第 7 章

1967 年生まれ。京都大学大学院経済学研究科博士後期課程研究指導認定退学、博士（経済学）（京都大学）、京都大学大学院経済学研究科教授。
『戦後日本の資源ビジネス—原料調達システムと総合商社の比較経営史』名古屋大学出版会（国際ビジネス研究学会賞、日本流通学会賞受賞）、2012 年。
塩地洋・田中彰編『東アジア優位産業—多元化する国際生産ネットワーク』中央経済社、2020 年。
Tanaka, A., & Wang, Y. (2023). Procurement systems and industry dynamics: The case of the steel industry. In M. Kipping, T. Kurosawa, & E. Westney (Eds.), The Oxford Handbook of Industry Dynamics. Oxford University Press. https://doi.org/10.1093/oxfordhb/9780190933463.001.0001

井上　博（いのうえ・ひろむ）　第 8 章

1961 年生まれ。京都大学大学院経済学研究科博士後期課程単位取得退学、阪南大学流通学部教授。
『21 世紀のアメリカ資本主義』（共著）大月書店、2023 年。
『米中経済摩擦の政治経済学』（共著）晃洋書房、2022 年。
『国際比較によるプライベート・ブランド商品の再検討』（共著）ふくろう出版、2020 年。

下門直人（しもかど・なおと）　第 9 章

1987 年生まれ。京都大学大学院経済学研究科経済学専攻博士後期課程修了、博士（経済学）、京都橘大学経営学部専任講師。
「インドにおける日系家電メーカーの製品戦略とチャネル構築」佐藤隆広編『インドの産業発展と日系企業』神戸大学経済経営研究所、2017 年、219-249 頁。
「インドの牛乳・乳製品市場を巡る競争と酪農業協同組合」『アジア経営研究』28、2022 年、53-68 頁。
「インドにおける酪農業協同組合と台頭するミルク生産者企業」『経済論叢』196（4）、2022 年、133-148 頁。

編者紹介

加賀美太記（阪南大学流通学部教授）

佐久間英俊（中央大学商学部教授）

森脇丈子（流通科学大学人間社会学部教授）

コンビニエンスストアと日本の流通

流通経済論からの分析

2024 年 4 月 10 日　第 1 刷発行

編　者	加賀美太記・佐久間英俊・森脇丈子	
発行者	黒川美富子	
発行所	図書出版　**文理閣**	

京都市下京区七条河原町西南角〒 600-8146
TEL（075）351-7553　FAX（075）351-7560
http://www.bunrikaku.com

印刷所　㈱吉川印刷工業所